考古学リーダー3

# 近現代考古学の射程
～今なぜ近現代を語るのか～

メタ・アーケオロジー研究会 編

六一書房

## 刊行にあたって

　本書は2004年2月14・15日に江戸東京博物館で開催されたシンポジウム「近現代考古学の射程—今なぜ近現代を語るのか—」の記録および発表者、並びにその後執筆を依頼した方々の論考をまとめたものです。

　本シンポジウムでは、わが国の考古学界で最近話題になりつつある近現代考古学を取り上げました。開催にあたっては都市、国家、制度、身体、技術という5つのセッションを設定し、その中で近代を特徴づける13のトピックについて発表をお願いしました。また、本書を作成するにあたり、新たに2つのトピックに関して原稿の執筆を依頼しました。いまだ発掘資料の少ない近現代考古学のシンポジウムを開催することに対し、時期尚早という意見もあるでしょうが、わが国に近現代考古学が確立する前に、近現代考古学がどのような時代や資料を研究対象とする分野であるかを認識したうえで、近現代考古学の射程を示すことが必要であると我々は考えました。この試みがわが国の近現代考古学発展の契機となることを願っています。

　シンポジウムの開催や本書の刊行に際して、シンポジウム会場となった江戸東京博物館の小林 克氏をはじめ本会の会員以外の方々に快く発表・執筆を承諾していただきました。また、考古学だけでなく歴史学、文化人類学、米文学の研究者の方々にも参加していただき、本書が学際的で充実した内容となったことを皆様に感謝いたします。最後に、発足当初から本会の活動に御理解をいただき、本書にも玉稿を賜る予定でした鈴木公雄先生が昨年逝去されました。先生の御冥福をお祈り申し上げます。

メタ・アーケオロジー研究会

考古学リーダー3
近現代考古学の射程〜今なぜ近現代を語るのか〜
目　次

　刊行にあたって ……………………… メタ・アーケオロジー研究会　1
　目　　次……………………………………………………………………　2

## 第Ⅰ部　シンポジウムの概要
　シンポジウムの趣旨 ………………………………… 桜井　準也　7
　シンポジウムの経過………………………………………………… 13

## 第Ⅱ部　近現代考古学の射程
### 1．都　市
　考古学からみた江戸から東京 ……………………… 小林　　克　22
　計画空間としての都市の時空 ……………………… 津村　宏臣　43
　　―江戸－東京の絵図／地図のTime GIS―
　避暑・保養の普及と物質文化 ……………………… 桜井　準也　52
　都市近郊漁村における村落生活 …………………… 渡辺　直哉　64
　　―神奈川県三浦市における近現代貝塚の調査事例から―
　考古学からみた近現代農村とその変容 …………… 永田　史子　77
　　―東京都多摩地区の調査事例から―

### 2．国　家
　日系移民にとっての「近代化」と物質文化……… 朽木　　量　90
　旧日本植民地の物質文化研究とはどのようなものか？… 角南聡一郎　106
　　―台湾を中心として―

### 3．制　度
　「兵営」の考古学―考古資料にみる軍隊生活― ………… 浅川　範之　122
　物質文化にみる「お役所」意識の変容 …………… 小川　　望　141
　　―御門訴事件をめぐる公文書と高札―

　　　　　　　　　　　　　　　　　　　　　　　　　　　　目　次

〈モノ―教具〉からみる「近代化」教育 …………… 大里　知子　154
　　―自由学園の「時」に関する資料から―
**4．身体**
衛生博覧会と人体模型そして生人形 ……………… 浮ヶ谷幸代　166
胞衣の行方―東京の胞衣神社と胞衣会社― …… 野尻かおる　183
身体の近代と考古学 ………………………………… 光本　順　200
**5．技術**
近現代における土器生産 …………………………… 小林　謙一　214
「江戸－東京」における家畜利用 ………………… 姉崎　智子　226

## 第Ⅲ部　近現代考古学の諸相

近現代考古学調査の可能性 ………………………… 角南聡一郎　237
　　―民俗学・民具学と近現代考古学、連携調査実践の試み―
近現代考古学と現代社会 …………………………… 桜井　準也　240
歴史考古学とアメリカ文化の記憶 ………………… 鈴木　透　242
社会科学と物質文化研究 …………………………… 朽木　量　244

# 第 I 部

# シンポジウムの概要

# シンポジウムの趣旨

桜井　準也

　この数年、都市部での埋蔵文化財の調査数が減少する傾向のなかで、近代化遺産や戦争遺跡(十菱・菊池編 2002・2003)が注目を浴びています。しかしながら、わが国ではいまだにシンポジウム等で近現代考古学について議論されることはほとんどなく、近現代考古学の学問的位置づけも非常にあいまいです。我々メタ・アーケオロジー研究会では物質文化研究という枠組みの中でモノの本質とは何かを議論し、その中で近現代遺物についても言及してきました(メタ・アーケオロジー研究会 2000)。そして、近現代考古学がどのような特徴をもつ分野であり、どのような学問的位置づけや社会的意義をもちうるのかといった議論を行うことが急務であると考えています。本シンポジウムでは都市、国家、制度、身体、技術というセッションを設定し、その中で近代を特徴づけるトピック(都市生活、都市計画、避暑・保養、村落生活、移民、殖民・植民、軍隊生活、役所、衛生観念、胞衣処理、近代的身体、土器生産、家畜)について13名の発表者に発表をお願いしました。発表と討論を通じて近現代がいかなる時代であるかを理解し、近現代考古学を行うことの意義、そして物質文化研究としての近現代考古学の役割について考えることが本シンポジウムの目的です。

## 1. 近代とはどのような時代か

　わが国の歴史は、古代・中世・近世・近代・現代という五期に区分されています。その中で近代は一般に「広義には近世と同義で一般には封建制社会のあとをうけた資本主義社会についていう。日本史では明治維新から太平洋戦争の終結までとするのが通説」(『広辞苑　第5版』)と定義されています。し

かし、このような政治史的な時代区分は他の分野にとって必ずしも重要視されません。例えば、経済史では開国、生活史では日清・日露戦争の頃が画期として捉えられるように、研究者の立場や研究対象によって近代の画期や近代に対するイメージは様々なのです。

　それでは、近代という時代をどのように理解していくべきなのでしょうか。ウエーバーはかつて、近代を語るキー概念として「市民社会」、「資本主義」、「官僚制」をあげ、近代を中世的な魔術や迷信から開放され、計算と数量の論理に従って人間の存在や生活の諸活動を事象や物象として整序する「事象化」によって目的と手段の関係が非人格化され、業績が自己目的化する時代であるとしました(堀田　1996)。また、近代は目的合理性や形式合理性など多様な合理性概念が発達する時代でもあります。これに対し、ギディンズは近代の制度的特徴として、資本主義(私的所有・競争を旨とする資本蓄積)、産業主義(自然界の変容・「創出環境」の発達)、監視(国民国家の集権的な情報管理と社会的監視)、軍事力(国民国家の暴力手段の管理)をあげました(ギディンズ　1993)。そして、近代化の背景の一つとして「時間と空間の分離(と再結合)」(機械時計の発明・普及、暦の標準化、時間の社会管理)をあげ、近代的時間意識としての歴史、直線的時間軸の設定、進歩の概念が登場したとしています。また、消費の概念をめぐってボードリヤールは、消費を主体の欲求とモノの使用価値との間に生じる関係として把握する経済的・心理学的側面だけでなく、記号のシステム生産としてのモノの消費の存在、つまり使用価値や交換価値だけでなく記号を媒介とする象徴価値が存在することを示しました(ボードリヤール　1979・1980)。わが国における近代化は「西洋化」、「都市化」、「工業化」、「国家の台頭」といった要素のみ強調されますが、このような近代を特徴づける様々な概念を視野に入れながら近代という時代の本質に迫る研究が要求されます。

## 2．近現代考古学の役割

　それでは文献史料が豊富である近代や現代という時代を語る際に、近現代考古学に期待されるものは何でしょうか。まず近現代考古学は、発掘調査や

型式学といった考古学的独自の手法を用いて調査研究を行うことが前提となります。その際に層位発掘、フルイを用いた微細遺物の回収、詳細な考古学的記録が有効であり、使用痕分析や各種の理化学的分析も有力な武器となります。そして、過去の生活の再構成や解釈を行うことは近現代考古学においても重要な目的の一つですが、その中でも文献史料の乏しい地域や記録を残さなかった階層、さらに日常生活に関わる事項に対する近現代考古学への期待は大きいと言えます。実際、アメリカにおいては黒人奴隷など記録を残さなかった当時のマイノリティーの生活の再構成が、歴史考古学が評価される要因の一つとなっています(鈴木透 2000)。また、エリート集団と非エリート集団の生活財を比較検討することは、階級や階層による文化的財の所有実態を表出させ(ブルデュー 1990)、軍隊や学校といった空間における生活財のあり方は、異質な諸個人を均質化させ管理するという国家政策を反映するものです(浅川 2000)。また、移民や殖民・植民の生活財は、異文化接触による文化変容やエスニック・アイデンティティーの問題を探るための貴重な資料となります(朽木 2000)。

　次に、考古学が遺物や遺跡の時間的な変化や、継続性を把握することを得意とすることは、近現代考古学にとっても重要な意味を持ちます。例えば、漁村のゴミ塚の層位発掘によって、近世的生活が近代的生活へ変化する様子が特定の生活財の出現や消滅によって知ることができます(三浦の塚研究会 2003)。また、近現代考古学は人とモノとの関係を探る物質文化研究の一分野としても期待されます。つまり、階級や階層による文化的財の選択、モノの象徴価値、記号としてのモノ(桜井 2000)、モノの領有／流用あるいはハイブリッド(メタ・アーケオロジー研究会 2001)など、物質文化研究としての近現代考古学が果たすべき役割は大きいと考えられます。

　これに対し、考古学という学問分野の中で近現代考古学に期待される部分もあります。この点について、アメリカにおける歴史考古学の推進者の一人であるディーガンは、人間行動と遺物の関係を探るという行動考古学的な側面(Schiffer 1976、Deetz 1977)や伝統的な考古学理論の検証という役割(South 1977)を指摘し、先史考古学では扱うことが難しい物質文化を通じた

人間の心的構造や認知システムの解明という方向性も提示しています（Deagan 1982）。その中でも、遺跡や遺物に残された様々な痕跡から当時の人間行動を復元する行動考古学的な方法を近現代に適用することは、先史考古学では判然としない痕跡と人間行動の因果関係を明らかにできることが期待されます。

最後に、近現代考古学はより古い時代を対象とする従来の考古学とは異なり、歴史学、建築学、民俗学、文化人類学、社会学、経済学などの多くの分野との関わりを持っており、学際的な研究姿勢が要求されます。そのためには近現代考古学の学問分野としての性格や位置づけを明確にする必要があり、それによって他の分野において遠い存在であった考古学に対する理解を深めることになるのです。

## 3．シンポジウムにむけて

わが国の近現代考古学は、文化財行政という枠の中で厳しい現状に直面しています。この状況は欧米においても同様であり、近現代考古学は発掘担当者の努力によって成立している分野であるとも言えます。この背景には、「考古学の研究対象である近現代遺跡」と「文化財としての近現代遺跡」との乖離が存在しますが、この状況を打開するためにも近現代考古学の存在意義や向かうべき方向を示す必要があります。本シンポジウムの開催が、わが国の近現代考古学が新たな段階をむかえる契機となることを願っています。

(慶應義塾大学)

**参考文献**

浅川範之　2000「旧日本陸軍における飲食器使用—軍隊生活の考古学にむけて—」『メタ・アーケオロジー』第2号

五十嵐彰・阪本宏児　1996「近現代考古学の現状と課題—「新しい時代」の考古学をめぐって—」『考古学研究』43巻2号

今村仁司　1994『近代性の構造』　講談社

ギデンズ．A．(松尾精文・小幡正敏訳)　1993『近代とはいかなる時代か？』　而立

書房
朽木　量　2000「生活財からみたニューカレドニア日系移民の暮らし―モノの保有状況とそのパターン―」『メタ・アーケオロジー』第2号
坂詰秀一　2000「考古学と近・現代史」『季刊考古学』第72号
桜井準也　2000「近代遺物の表象―機能・記号・身体―」『メタ・アーケオロジー』第2号
桜井準也　2004『モノが語る日本の近現代生活―近現代考古学のすすめ―』慶應義塾大学出版会
桜井哲夫　1990『「近代」の意味　制度としての学校・工場』日本放送出版協会
十菱駿武・菊地実編　2002『しらべる　戦争遺跡の事典』柏書房
十菱駿武・菊地実編　2003『続　しらべる　戦争遺跡の事典』柏書房
鈴木公雄　2000「古戦場の考古学―最近のアメリカ歴史考古学の新しい試み―」『史学雑誌』2000-11号
鈴木　透　2000「アメリカン・スタディーズと歴史考古学―ポスト多文化主義の足音―」『メタ・アーケオロジー』第2号
フーコー．M.（田村俶訳）　1975『狂気の歴史』新潮社
フーコー．M.（田村俶訳）　1977『監獄の誕生』新潮社
ブルデュー．P.（石井洋二郎訳）　1990『ディスタンクシオン』藤原書店
堀田　泉　1996「マックス＝ウエーバーの近代世界」堀田泉編『「近代」と社会の理論』有信堂
ボードリヤール（今村仁司・塚原史訳）　1979『消費社会の神話と構造』紀伊國屋書店
ボードリヤール（宇波彰訳）　1980『物の体系』法政大学出版局
三浦の塚研究会　2003『漁村の考古学』
三浦雅士　1994『身体の零度　何が近代を成立させたか』講談社
メタ・アーケオロジー研究会　2000『メタ・アーケオロジー第2号　特集　近現代物質文化研究』
メタ・アーケオロジー研究会　2001『メタ・アーケオロジー第3号　特集　領有／流用の物質文化学』
Deagan, K. 1982 Avenues of Inquiry in Historical Archaeology. *Advances in Archaeological Method and Theory, vol. 5.* Academic Press.

第Ⅰ部　シンポジウムの概要

- Deetz, J. 1977 *In Small Things Forgotten : The Archaeology of early American life.* Anchor Press.
- Funari, P. P. A., Hall, M. and Jones S. (ed.) 1999 *Historical Archaeology.* Routledge.
- Little, B. J. 1994 People with History : An Update on Historical Archaeology in the United States. *Journal of Archaeological Method and Theory* 1-1.
- Orser, Jr. C. E. (ed.) 1996 *Images and the Recent Past : Readings in Historical Archaeology.* Altamira Press.
- Rathje, W. R. 1979 Modern Material Culture Studies. In M. Shiffer (ed.) *Advances in Archaeological Method and Theory, vol. 2,* Academic Press.
- Rathje, W. R. and C. Murphy 1992 *Rubbish! The Archaeology of Garbage.* Harper Collins Publishers.
- Schiffer, M. B. 1976 *Behavioral Archaeology.* Academic Press.
- South, S. 1977 *Method and Theory in Historical Archaeology.* Academic Press.

## シンポジウムの経過

　本シンポジウムは以下のスケジュールで実施されました。当日の参加者は発表者も含め約60名でした。

タイトル：近現代考古学の射程―今なぜ近現代を語るのか―
日　程　：2004年2月14日(土)　13：00～16：00
　　　　　　　　　　15日(日)　　9：30～16：15
場　所　：江戸東京博物館会議室
発　表　：第1日
　　　　　①趣旨説明（桜井準也）　　　　　　　　13：00～13：15
　　　　　②近現代考古学の射程
　　　　　　セッション1―都市
　　　　　　都市生活（小林　克）　　　　　　　　13：15～13：45
　　　　　　避暑・保養（桜井準也）　　　　　　　13：45～14：15
　　　　　　村落生活（渡辺直哉）　　　　　　　　14：15～14：45
　　　　　　　　　　〈休　憩〉　　　　　　　　　14：45～15：00
　　　　　　セッション2―国家
　　　　　　移　　民（朽木　量）　　　　　　　　15：00～15：30
　　　　　　殖民・植民（角南聡一郎）　　　　　　15：30～16：00
　　　　　※懇親会（両国ビア・ステーション）　　17：30～
　　　　　第2日
　　　　　　セッション3―制度
　　　　　　軍隊生活（浅川範之）　　　　　　　　 9：30～10：00
　　　　　　役　　所（小川　望）　　　　　　　　10：00～10：30
　　　　　　　　　　〈休　憩〉　　　　　　　　　10：30～10：45
　　　　　　セッション4―身体
　　　　　　衛生観念（浮ヶ谷幸代）　　　　　　　10：45～11：15

第Ⅰ部　シンポジウムの概要

　　　　　　　胞衣処理（野尻かおる）　　　　　　　11：15〜11：45
　　　　　　　　　　〈 昼休み 〉　　　　　　　　　11：45〜13：00
　　　　　セッション5―技術
　　　　　　　土器生産（小林謙一）　　　　　　　　13：00〜13：30
　　　　　　　家　　畜（姉崎智子）　　　　　　　　13：30〜14：00
　　　　　　　　　　〈 休　憩 〉　　　　　　　　　14：00〜14：15
　　　　　③ディスカッション　　　　　　　　　　　14：15〜16：00
　　　　　④コメント　　　　　　　　　　　　　　　16：00〜16：15
　　　　　　　コメンテーター　五十嵐　彰氏（東京都埋蔵文化財センター）
　　　　　　　　　　　　　　　西海賢二氏（東京家政学院大学）
　　　　　⑤閉会のあいさつ　　　　　　　　　　　　16：15
誌上発表：都市計画（津村宏臣）
　　　　　近代的身体（光本　順）
事　務　局：池山由宣・竹内稔人（慶應義塾大学大学院）、森茉莉子（慶應義塾大学学生）

シンポジウム参加者（敬称略）
　五十嵐　彰、池田敏宏、石文佑弥、磯山　晃、伊藤　圭、大坪宣雄、岡本孝之、金井安子、金成玲子、川部裕幸、韓　盛旭、菊池　実、木下光生、國見　徹、黒尾和久、崎野千代美、猿渡土貴、新免歳靖、須田英一、武川夏樹、田中藤司、地代広信、土居　浩、戸塚ひろみ、鳥越多璃、中島光世、永田史子、中野高久、仲光克顕、西海賢二、野部真希子、宝月理恵、間宮郁子、水山昭宏、村上弘子、両角まり、八木環一、山田麻美、山根洋子、横山恵美、渡辺文久

シンポジウムの経過

目次

| | 都市生活 Urban Life | 都市計画 Urbanization | 災害・保健 Disaster/Health | 経済生活 Country Life | 移民 Immigration | 植民生活 Colonization | 軍隊生活 Military Life | 役所 Government | 衛生観念 Public Health | 胞衣処理 Disposal of Afterbirth | 近代的身体 Modern Body | 土器生産 Production of Ceramic | 筆者 Author | 頁 |
|---|---|---|---|---|---|---|---|---|---|---|---|---|---|---|
| 時間 Time | 連続（街並・広小路）を設けとした不連続（塔） | 連続（街並・広小路）を設けとした不連続（塔） | 不連続（インフラ整備・法治の変化） | 非連続 | 非連続 | 連続（社会習慣変化・境界的）不連続（軍政事業・教育土木） | 不連続（タイムラグあり） | 連続（生活品、イベ化）と洋医学（公的衛生が入る）の浸透 | 連続（胞衣袋あり→胞衣不連続） | 連続（法知）不連続（生活基盤空間） | 連続（名称教育）不連続（大量生産）| 小林克 | 1-2 |
| 空間 Subspace | 偶然果積／機能集積→最適配置 | 拡散（出郷町外） | 集落の拡散 遺構の移動 経済圏拡大 | 拡散 | 集中 | 兵営空間→地域社会 | 集中（権力）対象拡散 | 拡散（都市地域中央から地方へ） | 開放的空間の拡散 都市の脱中心化（脱集中） | 集中→拡散 | 散在・集中拡散 | 津村 | 3-8 |
| 時間・空間 | 継続所絶対に代わる限界効用 比較生産費限界効用 | 西洋階級・階層 | 伝統生活様式と近代生活様式 | エスニックアイデンティティー | 「日本人」 | 軍隊内務民兵民（標準化） | 強い拘束 | 民俗信仰 閉じた装置 ↑ 衛生思想 産業、医術 | 規律・訓練 規格化 均質化 排除・忘却 | 窯業農村・在来→一軒化 規格変化 | 桜井 | 9-18 |
| 物質文化 Material Culture | 木製水道管 敷設水道網 ランプ ガス灯 | 別荘 （建造、ガラス）洋装器 清涼飲料 薬瓶 | 生活財 道具類 農器具 食物残渣 | ミックスプレート 手製の生活財道具 器物 | 日式生活 日式墓 | 官給品と系統品 軍用食器・酒ブランキ | 公文書 社 | 胞衣神社 胞衣会社 胞衣容器 | 監獄 工場 学校 鏡検 食器など | 窯 窯道具 製品 | 渡辺 | 19-23 |
| | 連続（生活文化）を具体とした不連続（他） | 別邸・湖沼治 別荘→避難 行楽 | 遺跡 古地図 絵図 | 朽木 | 角南 | 浅川 | 小川 | 浮ヶ谷 | 野尻 | 光本 | 小林謙 | 姉崎 | | |
| | | | | 24-29 | 30-35 | 36-44 | 45-58 | 59-65 | 66-69 | 70-73 | 74-78 | 79-80 | | |

15

第Ⅰ部　シンポジウムの概要

会 場 風 景

シンポジウムの経過

# 第 Ⅱ 部

# 近現代考古学の射程

# 1．都市

移動の自由に伴う新たな人口集中によって膨張していった都市は近代社会を象徴する存在であり、都市と村落という近代を特徴づける二重構造が生まれました。ここでは「都市生活」「都市計画」「避暑・保養」「村落生活」についてとりあげます。

第Ⅱ部　近現代考古学の射程

# 考古学からみた江戸から東京

小林　克

## 1. はじめに

（1）江戸東京学と考古学

　江戸東京学とは小木新造氏が提唱した学問体系(小木 1986)で、都市江戸と東京の連続・非連続を実証的かつ多角的に明らかにしていこうという目的を持っています。小木氏の提案の背景には、日本歴史学会における、研究対象とする時代間の断絶がありました。つまり、近世史の研究者は幕末以後に言及しようとせず、近代史の研究者は近世について論述しないといった状況があったのです。また、江戸東京学のもう一つの特徴は、文献史学だけではなく、関連するさまざまな学問分野との連携や、学際的研究を重視し、実践した点にあります。このような江戸東京学の学際性は、『江戸東京学事典』(小木他 1987)を始めとする各種の書籍に、その成果をみることが出来ます。江戸東京学とは、都市史の切り口としては斬新な、そして期待されたタームでした。

　こうした江戸東京学の集大成と実践の場として構想・構築されたのが江戸東京博物館と言えます(小木他 1995)。江戸東京博物館の開館直前に開設された都市歴史研究室は、江戸東京学のセンターとなるべく、その使命がうたわれていました(東京都江戸東京博物館 1995a)。1996年、小木氏は二代目の館長に就任し、江戸東京学の実践が本格的にスタートするかにみえましたが、僅か2年で館長を辞め、その後、健康を害してしまいました。そうしたこともあってか、江戸東京博物館内外で、江戸東京学を第一の専門としている研究者は、あまり見あたらないと言うのが実際の所です[1]。

　筆者の専門は近世考古学ですが、江戸東京博物館開館前後に小木氏から受

けた江戸東京学の薫陶は、頭の片隅に残り続けていました。近世考古学から物質文化研究を志し、出土資料から民具等の、いわゆる伝世資料の通時的編年を試みた(小林 1994)ことも、江戸東京学の一翼を担いたいという意識の顕れでした。今回、筆者の力不足を省みず、このような論題に取り組んだのは、江戸東京学に、考古学からアプローチしたい為です。

東京の遺跡を発掘すると、近世都市江戸の上層に、必ず近代都市東京が存在します。これは都市東京が、江戸と同じ地域で引き継がれたことから、必然的に起きる現象です。江戸遺跡、そこに重層する「東京遺跡」の事例の蓄積は、江戸東京学の実践の一つとして、考古学によって江戸から東京への変遷がどうであったのか、語るべき資料が蓄積されつつあると言えましょう。発掘調査で得られたデータから、都市江戸・東京の変遷が、連続的なのか、非連続的なのか、そしてそれはどのような性格で捉えられるのか議論して行くことが可能となると思います。これにより近代化の画期を明らかにし、更に近代化とは、近世とはどういう性格なのか検討できるようになるでしょう。なお本稿で言う画期とは、考古学的に遺物や遺構からみて大きな差異が認められる段階を言います。文献等の豊富な近世と近代との時代区分は、政治史的な物差しで区分されたものです。こうした政治史的な時代区分と、考古学的な区分＝画期に、どのような形で差違が出るのか、出ないのか見ていきたいと思います。

（2）　江戸遺跡と「東京遺跡」

日本考古学は、戦後長らく、原始・古代を中心とした古い時代を対象とした学問であるという認識が、考古学者自身も、周辺学問分野の中でも、自明の事となっていました。しかし戦後の埋蔵文化財保護法は、あらゆる時代を対象としていましたし、考古学の定義も「つい昨日」[2]までであることは、考古学者にとっては、建て前的ではありましたが、明らかなことでした。そうした中で、高度成長期が終了した頃からは、近世を対象とした考古学研究が、江戸遺跡を中心として、主体的に認識[3]されるようになっていきました。

東京では、いわゆるバブル期の再開発に伴い、都心各地で近世を主な対象とした発掘調査が実施され、研究も盛んになりました。こうした成果は江戸

第Ⅱ部　近現代考古学の射程

遺跡研究会編の『図説江戸考古学研究事典』(江戸遺跡研究会　2001)等に詳しく盛り込まれています。江戸遺跡の多くは、大名屋敷跡、寺院跡、町屋や旗本屋敷跡で、発掘調査は、2001年現在、255遺跡以上(江戸遺跡研究会　2001)となり、毎年実施され増加してきています。こうした江戸遺跡のほぼ100％で、明治〜現代までの遺構や遺物もみつかります。しかし近・現代の遺構や遺物の多くは、調査されないことも多く、調査報告書に盛り込まれることは更に少ない状況です。この理由の大半は、行政的、金銭的事情によりますが、考古学者の近・現代遺構に対する認識のなさも何割かは存在します。

本稿では、近・現代までを発掘調査し、報告書にも掲載されている幾つかの遺跡を取り上げ、そうした遺跡毎の画期を明らかにし、近世と近代の連続性、非連続性について検討してみます。

## 2．幕末〜明治期の遺跡

（１）　真砂遺跡(東京都文京区本郷 4 丁目：真砂遺跡調査会　1997)

発掘調査は真砂遺跡調査会により、1984年から85年にかけて行われました。18世紀前半から大名屋敷地の一角であり、幕末には長野県上田の松平家の中屋敷となります。そのエリアの約1/7の面積、それも裏手の部分を発掘調査しています。この松平氏の中屋敷は、藩主から上田県知事となった松平忠礼氏の東京屋敷として利用されます。その後、明治 7 年(1874)に東京警視庁が誕生すると、出張所が造られ、警察病院が建てられます。この警察病院は、梅毒病院として、娼婦等の梅毒治療を行いました。その後、明治21年(1888)に病院は廃止され、土地は細かく分割されて民間に払い下げられました。

○水道：真砂遺跡では江戸時代中頃には千川上水が屋敷内に導水されており、その水道管である木樋を埋設した遺構が検出されています。遺跡の立地が台地上であり、木樋の木質部分は残存していませんでしたが、特徴的な点は、掘り方の掘削方法にありました。木樋を埋設する部分を、全て上から掘り下げるのではなく、一部をトンネル状にして、地中で木樋をつなぎ合わせています(図 1 参照)。この土木工法を真砂パターンと命名しておきます。こ

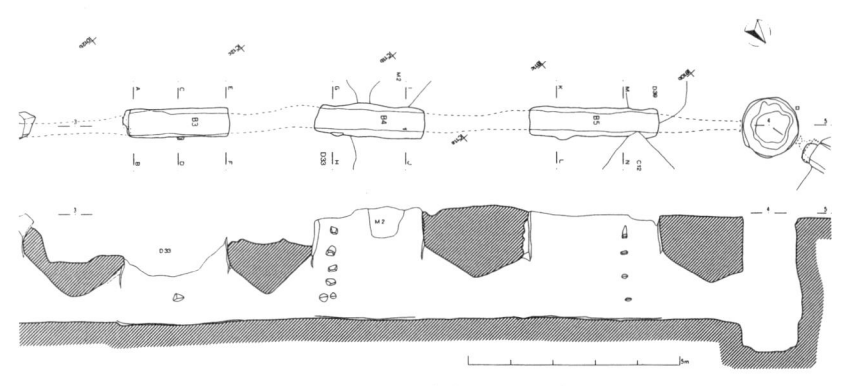

図1　真砂遺跡　上水道の平面と断面

図2　真砂遺跡　明治期の上水井戸と鉄パイプ

図3　真砂遺跡　明治期以降の建物の基礎　蠟燭地業

図4　真砂遺跡
明治期の病院に伴う出土遺物

上段より、小形の土鍋(陶器)、
染付型打角皿、白磁小皿、
ガラス質クリーム容器(資生堂)、
ガラス質歯磨粉入(資生堂)

の工法は外神田四丁目遺跡(東京都埋蔵文化財センター 2004)等、幾つかの遺跡でも見つかっており、こうした工法が都市江戸の中でよく行われていた事が分かってきています。

　明治期の水道遺構も見つかっていますが、この掘り方も真砂パターンです。水道管は鉄管となっていましたが、江戸時代と同じ掘り方で鉄パイプが埋設されていました(図2)。この水道は岩崎弥太郎らが明治13年(1880)に設立した千川水道株式会社が作った千川水道と考えられます。こうした改良水道の工法が、真砂パターンであると言うことは、江戸からの系譜を引く土木職人が、この埋設工事を行ったと考えられます。鉄パイプ自体は明治13年(1880)かそれ以降埋設されたと思われますが、井戸の断面には、縦に細い管状の痕跡が残り、井戸から水を汲み上げるにはポンプが使われていたと考えられます。

　このように明治になると、鉄管使用の改良水道になりますが、埋設工法には江戸時代の技術的系譜が認められ、江戸期の技術を引き継ぎ、一部に西洋の技術を取り入れたと言えます。

○家の基礎：明治期の家の基礎が検出されていますが、この工法には図3中央にみえるような、蠟燭地業が認められました。蠟燭地業とは、礎石を置く場所の地盤が悪い時に、その下層に石や砂利をあたかも蠟燭のように地中に埋めて付き固める工法です。真砂遺跡では明治期のものが検出されましたが、江戸川区昇覚寺鐘楼の基礎では江戸時代の蠟燭地業が確認されています(昇覚寺鐘楼保存修理工事報告書編集委員会 1984)。真砂遺跡の基礎の遺構では、江戸期のゴミ穴(108・109号土坑等)が深く、関東ロームまで4.5m程の深さの地点では、長い木を深く何本か埋め、その先端が関東ローム層に届いた場所に、石を設置していた例が見つかっています。

○遺物と出土遺構：明治初期の病院に伴うゴミ穴は、特徴的でした。ガラス容器(ビーカー、フラスコ類含む)、染付角皿、白磁小皿、土鍋、歯磨粉入れなど同型の物が多数出土しています(図4参照)。こうした食器類は病院に伴うもので、同型の食器類が共同使用物として多数揃えられたと考えます。小さな土鍋は、主にお粥を作ったりしたものでしょうか。歯磨粉入れの容器は、

資生堂製です。江戸時代の歯磨きは、房楊枝であり、西洋式の歯磨きが既に明治初期には広がりつつあったことが分かります。このような遺物は、ゴミ穴から出土していますが、江戸期のゴミ穴とは明確に区分されます。江戸期のゴミ穴のように何回も掘り返した痕跡はなく、覆土の性格も異なり、人骨や標本などが入ったガラス製の容器が多く、また江戸期のようなバラエティーに富んだ食器類の出土する割合は非常に少なくなります。近年は、尾張藩上屋敷跡などの大規模な大名屋敷跡では、江戸後期に画一的な食器も検出されていますが(内野 2000)、少なくとも真砂遺跡ではそうした傾向は江戸期では顕著ではありません。そのかわり明治期初の病院が作られた時代では、同型の陶磁器が、とても多く出土する傾向が認められます。

画期：真砂遺跡では、明らかに警察病院が成立する時期に画期が認めらます。この画期は病院時代のゴミ穴と、それまでのゴミ穴の様子が峻別されると言うことで、明治7年(1874)以降、松平氏所管から切り離され、警察病院となる時期が画期と言えます。

（2）　汐留遺跡(東京都港区新橋：東京都埋蔵文化財センター　1997　他)

1991年より2001年まで、東京都埋蔵文化財センター等により発掘調査が行われ、約31haという広大な面積が調査されました。この地点は、江戸時代初期には海であったところですが、17世紀中頃に埋め立てられ、会津藩、仙台藩、龍野藩などの大名屋敷地になりました。

江戸時代のこれらの大名藩邸は、明治3年(1870)には新政府に収公されますが、その年末には火災により、大部分が更地になってしまいます。そして明治4年(1871)にはこの場所に鉄道の起点(始発)として汐留駅が建設され始め、明治5年(1872)に新橋ステーションとして開業します。開業当時から、駅舎の他に、工場や御雇外国人の住居があり、明治14年(1881)には既に比較的規模の大きな工場等も設置されていました(図5参照)。

新橋ステーションに伴う遺構は、江戸時代の大名屋敷とは断絶して新しく設置されます。新しく作られた施設の土台は、図6にみるように、松杭を多数打ち込み、その上に横木を渡して礎石を設置するという、独自の土木工法です。この工法はヨーロッパの技術が使われたものですが、ところが実は、

第Ⅱ部　近現代考古学の射程

図5　汐留遺跡　明治14年の新橋駅の状況（前掲調査報告書より）

図6　汐留遺跡　機関車用転車台の基礎遺構

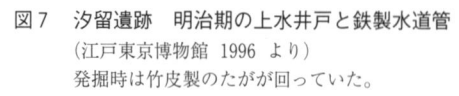

図7　汐留遺跡　明治期の上水井戸と鉄製水道管
（江戸東京博物館　1996　より）
発掘時は竹皮製のたがが回っていた。

一橋高校遺跡(東京都教育委員会　1985)や、小石川牛天神下遺跡(都内遺跡調査会　2000)など、低地遺跡で検出される蔵の礎石下部にも同様に確認されている土木工法です。
　江戸時代には玉川上水が木樋により屋敷内に引き込まれ、上水井戸から汲み上げて利用されていました。こうした上水関係の遺構は、全て木製です。

明治初期にも玉川上水が引き続き利用されますが、部分的に鉄パイプが利用されるようになります。図7のように江戸時代と同じ木製の上水井戸に、ベルギー製の鉄パイプが接続されているものや、木樋と鉄パイプが連結された例が検出されています。明治期の新橋ステーションに伴う施設や工場でも、ベルギーから輸入された水道管等を使った上水道が、重要な水源として利用され続けるのです。こうした江戸時代の上水を改良した水道は、加圧式の水道が布設される明治32年(1899)まで利用され続けました。

　遺物は、お雇い外国人が使用したと考えられる食器類、カップアンドソーサーやクレイパイプなどヨーロッパ製の陶磁器類が多数出土しています。また、汽車土瓶のように、鉄道に伴う特殊な遺物も出土しています。汽車土瓶は現在のプラスチック容器までその系譜が辿れる容器で、鉄道の開通に伴って、「旅のお茶」として開発されたものです。

　以上のように、江戸時代までは大名藩邸として利用されていた汐留地域は、鉄道の駅という都市の公共サービス施設に生まれ変わりました。この明治4年(1871)前後が本遺跡の画期です。それが近年まで鉄道の基地として引き継がれ、平成に入り、民間により新都心として再開発されたわけです。

　（3）　明石町遺跡(東京都中央区：明石町遺跡調査会　2003)

　平成12年(2000)に中央区教育委員会により発掘調査されました。この地点は、江戸時代初期までは海でしたが、17世紀中頃には埋め立てられ、大名屋敷となり、江戸時代後期には豊後岡藩中川家の上屋敷の一角となっていました。幕末には、外国人居留地とされることが決まっていましたが、実際には明治元年(1868)、東京開市に伴い決定され、明治3年(1870)から築地外国人居留地として整備されて利用されます。発掘地点はフランス人が住んでいた区域で、その時期のゴミ穴から、図8のように、西洋磁器やワインボトル、ジンボトル、ソーダ瓶、食用にしたと考えられる大量の牛骨が出土しています。また、図9のようなジェラール瓦と言われる西洋式の桟瓦も出土しました。ただし日本製の磁器碗やその他の食器類や磁器の戸車なども出土しており、日本の物と西洋の物が両方使われていました。この地域にはミッションスクールも存在していましたが、明治32年(1899)外国人居留地が廃止され、

第Ⅱ部　近現代考古学の射程

図8　明石町遺跡　築地外国人居留地のゴミ穴出土資料

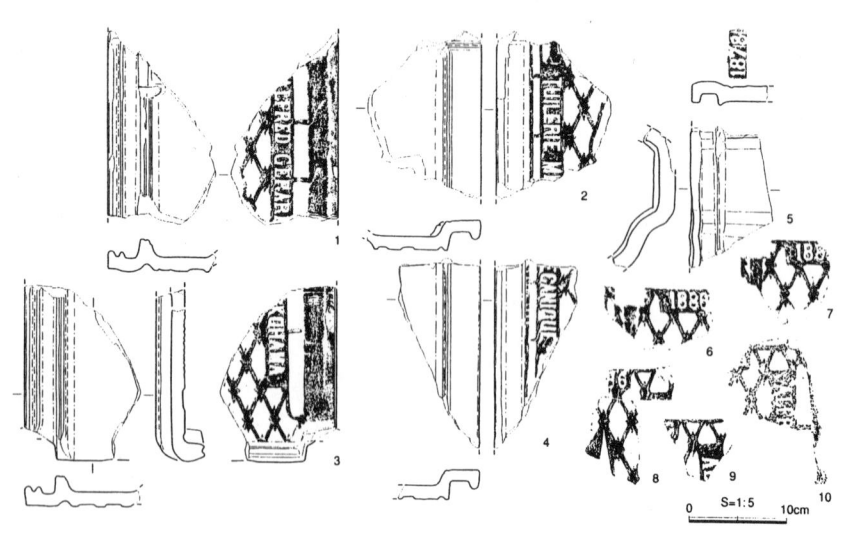

図9　明石町遺跡　出土ジェラール瓦

明石町が成立します。

　この地が外国人居留地として選ばれた理由は、隅田川河口に近い点、当時外国人の多く住んでいた横浜へ船で短時間で行ける点、そして幕末の火災で焼け野原となり、従来の建物の撤去解体の費用が掛からない点、全体が大名屋敷地で、移転交渉がし易かった点が指摘されています。

　本遺跡の画期は、明治3年(1870)、外国人が居住を開始した年と考えられます。

（4）　四谷一丁目遺跡(東京都新宿区：新宿区生涯学習財団　2000)

　本遺跡は新宿区教育委員会によって平成10年(1998)まで、数回発掘調査された遺跡です。ＪＲ四谷駅の北東側に位置し、江戸時代には「四谷塩町一丁目」と呼ばれた地域でした。江戸後期から明治に続く長屋の跡が発掘されましたが、ここで注目されることは、この地域の人別書上と呼ばれる文書が江戸東京博物館に存在し(東京都江戸東京博物館　1998)、その分析により幕末から明治にかけて居住した人々の実体や変遷が辿れたことです。人別書上とは戸籍帳のようなもので、ここには安政4年(1857)から明治3年(1870)までの居住者のデータが存在します。つまり、発掘した場所にどのような人が居住していたのか分かるのです。この地域の住人は、職人や商人が約3/4と多かったのですが、発掘地点は医者の千葉元昌の家があった場所でした。この発掘で明らかになった点は、江戸の町の生活が、そのまま明治になっても継続することで、明治初期には発掘調査された遺構や遺物からは目立った変化は認められず、画期は明治初期には無いということです。

（5）　染井遺跡(日本郵船地区)（東京都豊島区：豊島区教育委員会　1990)

　昭和63年(1988)から平成元年(1989)にかけて豊島区遺跡調査会により発掘調査されました。本遺跡を含む地域は、江戸時代前期には農村の一部でしたが、都市江戸の拡張に伴い、植木の里として、江戸に住む人々の行楽地的な場所になっていきました。江戸時代後期には畑の跡や、地下室など、植木屋に伴う遺構や遺物が多数出土しました。

　この地域では江戸後期から明治前半に植木屋の隆盛をみますが、明治43年(1910)に山手線駒込駅ができ、染井通が線路で分断されてしまいます。こ

第Ⅱ部　近現代考古学の射程

図10　染井遺跡(日本郵船地区)　近代の地下室

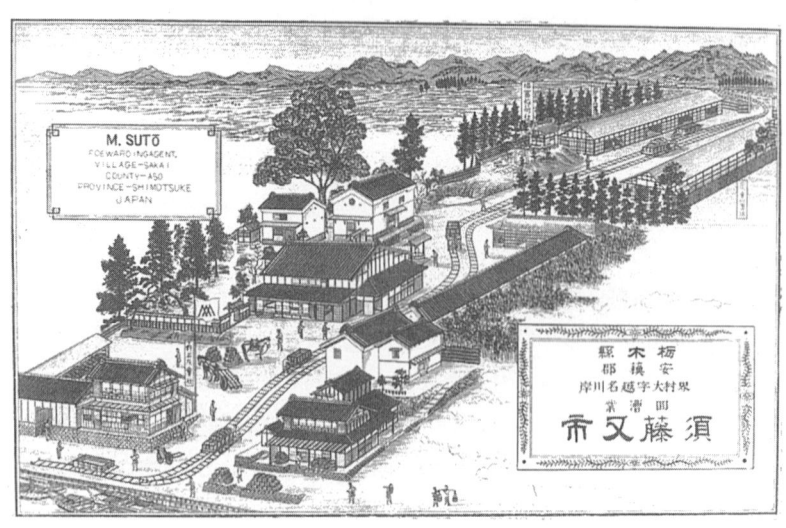

図11　越名河岸の様子(明治期)　「越名河岸回漕業須藤又市家」

の頃から、住宅地化が進み、植木屋は埼玉県川口市などに移転していきました。本遺跡地も明治末には製薬会社の工場敷地となり、幾つかの建物の基礎やレンガ作りの地下室(図10参照)が検出されています。この遺跡の画期は明治36年(1903)の山手線の開通後、明治後半と言えます。

（6） 越名河岸遺跡(栃木県佐野市：栃木県埋蔵文化財センター 1996)

平成3年(1991)から4年(1992)にかけて栃木県埋蔵文化財センターが発掘した、江戸時代から明治後期まで続いた河岸の遺跡です。江戸初期には渡良瀬川の支流秋山川の一番上流の河岸として機能していました。彦根藩領の河岸であり、江戸との間で様々な物資の流通が行われ、また多くの人々も舟運を利用して、江戸から越名河岸にやってきました。幕末には尾形乾山も江戸から佐野に行く際、越名河岸に立ち寄っています(佐野市郷土博物館 1994)。

この河岸は、明治になっても東京との物資輸送の拠点として利用され続けます。明治23年(1890)に葛生から越名河岸まで鉄道が開通しますが、この時点では鉄道と水運が連結され(図11参照)、越名河岸の利用は続き、蒸気船通運丸が東京・両国と越名河岸の間を運行していました。しかし明治末に、鉄道が東京から佐野まで全線開通すると、物資輸送が鉄道に奪われ、越名河岸は急速に衰退していきました。

江戸期の遺構からは都市江戸と同じような陶磁器類や土器類が出土しています。一般的に土器類は在地のものが利用される場合が多く、地域的特色が強いので、この遺跡からは江戸と同形、同質のものが多数出土した事が興味深い点です。出土遺物からも都市江戸との強い結びつきがあった事が分ります。河岸は江戸の生活文化が入ってくる入り口として機能していたと言えるでしょう。

特徴的な出土遺物として、明治期の土瓶が多数出土しています。しかし明治期に入っても他の食器類などの遺物には殆ど変化は認められません。本遺跡では鉄道が開通しても河岸の利用は継続しています。これはある意味で両国と同じです。両国も水運と鉄道の接点でした。越名も同じでしたが、鉄道が全て東京までつながると急速に衰退していきます。発掘調査の時点では、数件の家があるだけでした。本遺跡の画期は、東武鉄道が東京まで開業して

急速に河岸が廃れた時期、すなわち明治末と言えるでしょう。

## 3．考古学からみた幕末～明治

　前節では、幾つかの遺跡の江戸から明治への変遷をみてきましたが、画期は遺跡毎に様々でした。全ての遺跡で明治元年(1868)に画期はなく、その後、明治3年(1870)だったり、明治中頃や後半に画期が認められました。これは各遺跡の性格や位置の相違により、画期が異なると言うことです。つまり遺跡からみる限り、近代化の画期は明治元年以降に進行したと言えるでしょう。個別の遺跡からみた近代化の画期は個別的で、全体がドラスティクに変化したのではなく、急激に変る場合もありますが、徐々に新しい物や、折衷した物が入り込んでいったと理解されます。

　では次に考古学的により広い視点から、近世と近代の画期がどこにあるのか考えてみましょう。

　（1）　水

〇上水：汐留遺跡にみるように、江戸時代の上水道がそのまま明治期にも引き続き使われます。江戸時代は主要の水路は神田上水遺跡(文京区神田上水遺跡調査会 1991)にみるように石組みのものもありましたが、大体が木製の水道管、つまり木樋を使っていました。明治期には汐留遺跡では、木樋は鉄パイプとなり、真砂遺跡にもあったポンプで汲み上げる方式も導入されます。こうした方式が明治前半のいわゆる改良水道[4]です。改良水道は、その埋設の土木技術を含め、江戸期の水道技術との合体でした。江戸期には、人工河川(玉川上水等)により都市部まで導水し、都市部では道路の地下などにパイプを通して、家や施設まで通水していました。それらは自然流水で、いったん上水井戸に溜めてそれを汲み上げて使うのです。ポンプ[5]が明治期には導入されますが、基本的な技術や性格は、江戸時代のものと同じでした。

　これは上水道という江戸の都市インフラが、近代に入っても継続して利用されていたという事です。この江戸から続く水道が、急速な近代化、工業の発生に不可欠なインフラであったのです。汐留遺跡に見たように、鉄道を維持するための工場に水は不可欠でしたし、真砂遺跡のような病院という多く

の患者がいる場所でも水は不可欠だったのです。またマッチ生産が明治最初の殖産興業の「トップバッター」でしたが、この動力は水車(東京都江戸東京博物館 1993)であり、水車は江戸時代から続く青山上水を利用して回されていました。

○下水：江戸時代の下水とは、雨水や生活雑排水が流れるもので、大きな下水は、自然の小河川が暗渠化されたものでした(東京下水道史探訪会1995)。大小便や生ゴミは近郊農村

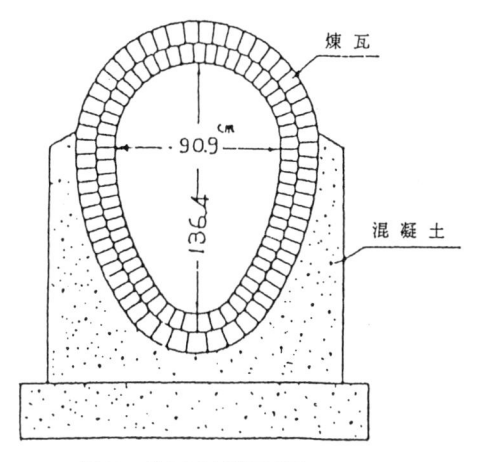

図12　神田下水断面略図

へ運ばれ、作物の肥料として利用されていました(小林 2003)。しかし明治になると、西洋式の、汚物までもそのまま流すレンガ作りの下水が作られるようになります。図12は、神田に明治初期に敷設された断面卵形のレンガの下水です(東京都教育庁生涯学習部文化課 1995)。この下水は、大小便を始めとする全ての汚物を流す、ヨーロッパ的な下水で、こうした下水が横浜・神戸そして東京へと普及していったのです。

（2）　あかり

あかりは夜間の都市生活において必須のものです。江戸時代後半にはあかりの道具は多種多様となり、生活の中で活発に利用されていたことが、江戸遺跡から多数のあかりの道具が出土していることから分かります。江戸期のあかりの燃料は灯油と和ローソクで、灯油には菜種油などの植物油や、鰯油などの動物性油が利用されていました。幕末になると無尽灯など、様々な技術的に工夫されたあかりの道具が登場しますが、これらも様々な西洋の技術を元に改良したものでした。

幕末には石油ランプが日本にもたらされ、明治初期に国産化されます。同時に石油の本格的生産も開始されます。ガス灯も銀座レンガ街を始めとする都心部に明治6年(1873)には設置されますが、その準備として明治5年

第Ⅱ部　近現代考古学の射程

(1872)に、ガス製造工場(6)が芝に造られます。この工場では、石炭を燃焼させてガスを製造していました。ガス灯については、ヨーロッパ人の技術指導によるところが大ですが、その背景として、ガスの素である石炭の生産技術が幕末より発達し、石炭生産も本格化していたことがあったのです。

前述したようにマッチ製造は、明治の最初に発達した工業でしたが、初期のマッチ工場の動力は、青山上水で回す水車でした。このようにマッチが明治初期から急速に広まるため、それまでの発火具の重要アイテムであった火打石の生産は明治中期以降、急速に衰退します(東京都江戸東京博物館 2002)。ただ、火打石生産も全くゼロになったのではなく、細々と一部地域で生産が続けられていきます。またあかりの道具としての陶器の灯火皿も明治初期に、直ぐに無くなるのではなく、引き続き生産は続けられていました(小林 1994)。

(3)　生活文化

四谷一丁目遺跡にみるように、都市江戸に住む人々の暮らしも、明治元年に画期はありません。彼らの生活には、明治元年以降、徐々に西洋的なものが入り込んでいったと考えられます。食器などは江戸期のものと殆ど変わらない物が明治初期には使われていました。その「江戸時代的な食器」に、徐々に明治の物が購入され入り込み入れ替っていくのでしょう。しかし、ガラス容器は、明治中頃から急速に普及していくようです。あかりの道具も江戸時代の灯油を使った物がしばらく続き、明治中頃から都市東京の中では石油ランプが広まります。水道も20世紀を迎えるまでは、江戸時代と同じように改良水道とはいえ、溜井戸に溜めた水を汲み上げて利用することが、良くあるスタイルでした。また水売りは江戸時代から継続し、19世紀の間中、繁盛しました。東京で水売りが急激に減少するのは20世紀になり、加圧、濾過式の水道が敷設された以後のことでした。やはり生活文化の画期は、近代水道が急速に普及した1900年前後と捉えたほうが良さそうです。

明石町遺跡にみる食器などの生活用具は、基本は日本製品ですが、西洋の皿やガラス瓶なども出土しています。また汐留遺跡でもお雇い外国人の居住エリアからは西洋食器や、クレイパイプなどが出土しています。一方、染井

遺跡では、江戸後期のゴミ穴からワインボトルが出土しており、他の遺跡の事例からも、既に幕末からヨーロッパの容器類が江戸に入ってきていたことが分かります。

便利な生活道具は少しずつ自分達のくらしに取り入れられますが、当初は高価であり、生活のスタイルが急に変わることはなく、徐々に従前の生活スタイルに新しい物が部分的に入り込み、その積み重ねが続くことにより、全体的な生活スタイルも変化を遂げのでしょう。

(4) 都市施設

真砂遺跡にみるように、市民が対象となる病院が整備されるのは、ガス製造や鉄道には遅れ、明治前半以降徐々に進みます。各地に花柳病病院を設立し、明治新政府としては梅毒などの病気を早急に下火にさせるべく努力したことが分かります。

明治政府は、鉄道の駅や病院も、その他大学や官庁も、その多くが旧大名屋敷を利用しました。そうした大規模施設は、大名屋敷の建物をそのまま行政機関の施設として利用する場合と、火災で更地となった後、新しく建築して利用する場合があったようです。真砂遺跡の事例は、建物は継続していたのかもしれませんが、ゴミ穴などからみると明治期の病院に伴う物は、それ以前の時期のものと断絶しています。明石町遺跡にみるように、築地居留地もやはり火災を受けて更地となった大名屋敷地を召し上げて土地を区分して貸し付けし、新規の建物を建築しています。

江戸時代に大名屋敷の一角であった所は明治期になり、公的機関の敷地としてその広い面積がそのまま引き継がれた場所が多くあります。その中で、真砂遺跡は明治末に病院は廃止され、分割して民間に払い下げられています。ここでは、現代にいたるまで、大名屋敷地は様々な時期に、順次民間に払い下げられていきました。

(5) 輸送

江戸時代から輸送の中心は水運であり、江戸や周辺各地にも多数の河岸が存在しました。越名河岸遺跡にみるように、明治期に入っても河岸は継続しています。鉄道が敷設された当初も、鉄道は河岸で舟運と接続され、繁盛し

ていました。しかし明治後半になり、東京まで通して鉄道が延びた時以降、河岸は急激に廃れます。江戸時代には船は全て小名木川を通り、中川番所でチェックを受けたから江戸に入っていました。越名河岸と東京で対応するのが、両国でした。蒸気船通運丸は利根川流域の各地に就航していましたが、越名河岸から両国まで運行しており、両国は鉄道と蒸気船の結節点として繁栄していました。つまり、東京や周辺地域を鉄道網が覆う前は、水運と鉄道が共存し、鉄道と水運の結節点が繁栄していたのです。

(6) 産業

マッチ生産が明治初期、最初の近代的産業でしたが、これも上水という、江戸時代に整備されたインフラを水車の動力として利用していました。汐留遺跡にみるように明治3年(1870)には西洋的な鉄道が敷設され始め、明治5年(1872)には開業します。石炭からのガス製造工場が明治の初期に設立され、ガス灯は明治7年(1874)には開設されます。このように余りにも急激に、近代的な施設が誕生します。この背景には、優秀な西洋の技術者をお雇外国人として招聘したこともありますが、それだけではなく、当時の日本人の技術水準の高さ、更には幕末からの技術輸入の成果があると考えられます。幕府は薩摩・長州藩などに対抗し、フランスの協力と援助で西洋技術や制度を積極的に導入していました。例えば海軍の創設やドックの建設、ネジの製造も幕府が始めた工業化の一端でした(湯本 1996)。大砲の製造も幕府が韮山に反射炉を築き始めていましたし、幾つかの藩でも反射炉を造り大砲の製造が幕末から開始されていました。

維新の際、混乱があったとはいえ、比較的スムーズに権力の移動が行われます。これにより江戸幕府の開始した工業や文化が、それに携わった人々と共に、明治新政府に引き継がれ、断絶することなく、明治初期に産業化が行われたと言えましょう。

## 4．まとめ

(1) 考古学からみた近世〜近代

以上、幾つかの遺跡を取り上げ、江戸時代から明治にかけて、江戸から東

京へ移り変わるとき、実際の遺跡からどのようなことが分かるのかみてきました。以下に要約します。

**町の生活**

町に暮らす人々の生活は、明治元年に急激な変化はなく、江戸期と同じ生活の道具に徐々に新しい明治期の食器や歯磨きなどが加わっていきます。飲料水は江戸期の水道システムを改良して使用し、所謂近代水道が布設されるのは20世紀に入る段階です。あかりは石油ランプやガスが明治初期から東京の町の一部には敷設されますが、生活レベルではこれも徐々に明治後期に入り込んできます。

**都市施設や産業**

明治初期から急激に新しい物が作られます。その背景には江戸時代末からの西洋技術の導入や、江戸時代を通じて培われた高い技術や施設をベースとして西洋化がなされました。さらには、江戸・東京に関して言えば、徳川政権から明治新政府への比較的穏やかな交代により、人、技術、施設も引き継がれ、これをなし得たと考えられます。大名屋敷は、明治初期には行政等の施設として利用されますが、現代まで段階的に民間に引き渡され利用されます。また現代までも引き続き都市の大規模施設地として利用され続けている場所も多くあります。つまり大名屋敷地は都市東京の活力源として、貴重な資源として現代まで利用され続けてきたと言えるでしょう。

考古学的にみて、政治的な変革期である明治維新以後、各遺跡で、その性格の違いにより画期がバラバラに認められたという事が判り、それが全体として重要です(H.J.エガース 1981)。また江戸東京学の視点からみても、考古学分野から様々な検討ができる事が重要です。個別の学問には固有の条件や性格がありますが、幾つもの学問分野を通して、一つの事実が確からしいと確認されることは、江戸東京学の方法論の一つです(小木 1986)。

以上のように考古学からは、現状では個別遺跡の検討という些細なことしか指摘できていませんが、今後更に事例が増えていけば、個別の地域、そして江戸・東京の全体にまで迫れるでしょう。果たして考古学上では社会構造の変化は、どのような形で現れるのでしょうか。こうした問いに対しても、

第Ⅱ部　近現代考古学の射程

近・現代の考古学では検証することは可能です。原始・古代では文献等、検証可能なデータはないので難しいのですが、考古学の方法論の検証という意味でも近現代考古学の意義が有ります。

　明治初期の西洋技術の導入の意味を考える時には、江戸時代の捉え方、江戸時代の西洋文明の接触方法等を明らかにする必要が有ります。江戸時代でも、書物やオランダ人からの聞き取りを通じて科学技術を受け入れていました。その中では医学や科学技術が有名ですが、農産技術の輸入・国産化は非常に重要です。例えば、白砂糖、白糸、タバコなども手探り状態で書物等で学び、分析しつつ国産化に成功するのです。つまり、江戸時代から分析し模倣するという伝統が存在していたのです。

　考古学的にみると生活文化の画期が明治初期にないのに、西洋からの科学技術がすぐに受け入れられ、広まった理由としては、江戸時代に準備が整っていたと言えましょう。人、インフラ、都市施設、基本工業等です。こうした中で、江戸期の段階で生産を国産化し発展させた、茶、白糸、陶磁器、白砂糖などが、明治初期の輸出品として活用されるのです(川勝　1997)。

（2）　考古学から近代、現代をどう捉えるか―現代への提言―

　21世紀の社会はグローバル化が進み、世界中が近くなった反面、テロが続き、貧困に苦しむ人々は世界中にあふれています。はたしてアメリカ中心のグローバル化は必然的な歴史の流れなのでしょうか。私は、グローバル化すべきものと、地域の特性を大事にしていく、つまり地域化すべきものの両方が必要だと考えます。自分達の住む地域や国の伝統を守り、大事にしていくべきものは、アイデンティティーを確立していくためにも必要です。地域化すべきものとしては、言語、文化、生活様式、歴史、町並みなどがあるでしょう。また逆に、グローバル化していった方がよいものも存在します。グローバル化すべきものとしては、環境保護・病気対策・生命維持や生活に関わるものがあげられます。政治もまたしかりで、地域化とグローバル化の両方が重要だとの認識に立つことが必要です。

　今は、近代世界システムから、次の世界のあり方へと変容している時期です。帝国主義や近代化を凌駕し、上記のような「地球と地域主義」(グローバ

ル化と地域化両方が大切という認識)を目指すべきです。そしてこのような考え方は、実は江戸時代にその萌芽があり、江戸から明治への変遷を明らかにすることで、より明確にされていくと考えられます。

(江戸東京博物館)

註
(1) 近世史、近代史の研究者は多く、江戸から東京へと移り変わる時期を研究対象とする場合もありますが、それは「江戸東京学」とは別の興味からの研究であり、小木氏の系譜を主体的に引き継ぐ研究者はほとんどいません。
(2) 浜田耕作『通論考古学』(浜田 1922)。しかし浜田はやはり考古学の研究の主体は文献の余り多くない時代としています。
(3) 加藤晋平・中川成夫の「近世考古学の提唱」(中川・加藤 1969)を端緒とし、さらに1986年に江戸遺跡情報連絡会が設立され、江戸遺跡の研究が活発に進められました。
(4) ここで言う改良水道とは、江戸時代の上水を利用、改良した自然流水式の水道で、千川水道と麻布水道がありました。もちろん玉川上水、神田上水も使われていました。
(5) ポンプは、江戸時代にオランダからその技術が伝わりましたが、主に鉱山で使われていました。これがオランダにあるように井戸に設置されるのは明治に入ってからのことです。
(6) 芝のガス工場のガス管配置図(東京都江戸東京博物館 1995b、p.77)が存在します。

## 引用・参考文献

明石町遺跡調査会　2003『東京都中央区明石町遺跡』
内野　正　2000「江戸と国元、その接点―尾張藩上屋敷遺跡出土遺物を中心として―」『江戸と国元』(発表要旨)　江戸遺跡研究会
H.J.エガース(田中琢・佐原真訳)　1981『考古学研究入門』
江戸遺跡研究会(編)　2001『図説江戸考古学研究事典』　柏書房
小木新造　1986「江戸東京学の提唱」『江戸とは何か　江戸東京学』現代のエスプリ別冊　至文堂
小木新造他　1987『江戸東京学事典』　三省堂

第Ⅱ部　近現代考古学の射程

小木新造他　1995『江戸東京博物館常設展示図録』　東京都江戸東京博物館
川勝平太　1997『文明の海洋史観』　中央公論社
小林　克　1994「近世考古学と民具研究の協業の可能性―民具資料と考古資料との対比」『江戸在地土器の研究』2号　江戸在地土器研究会
小林　克　2003「江戸のゴミのゆくえ―その一つの可能性―」『遺跡からみた江戸のゴミ』　江戸遺跡研究会第16回大会発表要旨
佐野市郷土博物館　1994『越名・馬門河岸展』（展示図録）
昇覚寺鐘楼保存修理工事報告書編集委員会　1984『昇覚寺鐘楼保存修理・発掘調査報告』
新宿区生涯学習財団　2000『四谷一丁目遺跡』
東京下水道史探訪会　1995『江戸・東京の下水道の話し』
東京都江戸東京博物館　1993『博覧都市江戸東京展』
東京都江戸東京博物館　1995a『江戸東京博物館要覧1994』
東京都江戸東京博物館　1995b『あかりの今昔』
東京都江戸東京博物館　1996『掘り出された都市』（展示図録）
東京都江戸東京博物館　1998『四谷塩町一丁目人別書上（上）』江戸東京博物館史料叢書1
東京都江戸東京博物館　2002『火打ち道具の製作　調査と映像記録』
東京都教育委員会　1985『都立一橋高校地点』
東京都教育庁生涯学習部文化課　1995『文化財の保護』第27号
東京都埋蔵文化財センター　1997『汐留遺跡Ⅰ』
東京都埋蔵文化財センター　2004『千代田区外神田四丁目遺跡』
豊島区教育委員会　1990『染井Ⅰ』
栃木県埋蔵文化財センター　1996『越名西遺跡・越名河岸跡』
都内遺跡調査会　2000『小石川牛天神下』
中川成夫・加藤晋平　1969「近世考古学の提唱」『日本考古学協会第35回総会研究発表要旨』　日本考古学協会
浜田耕作　1922『通論考古学』　大鐙閣（1984年雄山閣出版より復刻）
文京区神田上水遺跡調査会　1991『神田上水石垣遺構発掘調査報告書』
真砂遺跡調査会　1997『真砂遺跡』
湯本豪一　1996『図説明治事物起源事典』　柏書房

# 計画空間としての都市の時空
― 江戸－東京の絵図／地図のTime GIS ―

津村　宏臣

## 1．モノ・コト・情報

　物質文化研究としての考古学は、モノからコトを復原することを目的に、モノの「3つの基本属性情報と1つのメタ情報」を検討してきました。3つの基本属性情報とは、"モノが何か"という物性情報、"モノの形"という形状情報、"モノの存在"という時空情報で、メタ情報とは、そのモノ(物質)とコト(事象)をつなぐ存在のコンテクストをさします。

　基本属性情報の検討に重点を置いているのが先史考古学です。なぜなら、対象の時代が古く、モノ以外の具体情報が少なくなるにつれ、メタ情報の検討は困難になるためです。モノとコトの間隙の内挿に、資料とは異なった歴史的過程を持つ民族(俗)事例を援用することもありますが、往時のコンテクストの決定的な欠如が歴史解釈に与える影響は否めません。逆に、近現代考古学の場合、資料と同時代の文書や絵図などメタ情報は豊富であり、その研究は考古学一般の方法論研究に大きな意義があると言えます。ここでは、近現代考古学の射程を鑑み、新しい研究手法と概念の導入を試行します。

　我々が復原しようとする歴史事象は、常に空間的に展開しています。しかし、モノの研究では、その方法論上の制約から、人間の〈生きられる時空〉の視点が置き去りにされることもしばしばです。どんな広域調査によっても、〈生きられる時空〉の全貌が明らかになることはほとんどありません。モノの存在はあくまでも点的で、それを時系列としての線分に、空系列としての面分に昇華するには、モノの基本属性情報とコンテクスト情報を、等質概念に基づいて的確に組み合わせ、その多次元属性情報の連関を探る必要があります。そのために、このような時空間情報科学の考え方(津村 2004)と

GISを用いた研究手法の開発を、近現代考古学の主題に沿って行います。

## 2．都市の時空

　近世・近現代で表徴される〈生きられる時空〉の１つに都市があります。定義によっては、先史・古代・中世にも「都市」は存立しますが、一般に言われる「農村」との対比での都市は、やはり近世・近現代的な時空と言えます。この対比を前提にした場合、"人口密度の高い農業非従事者の定住地"を都市と定義できますが、これを成立させるには、異時空間におけるコミュニケーション機能（商品の経済的機能、意思の文化的機能、互酬の政治的機能など）と、これを媒介とした物質の移動（資源の移動経路や集団の空間分布のあり方）が要件となります。ここでは、職能集団としての農業非従事者が、情報や物質を集約的に利用する定住空間を都市と定義します。

　このように都市を定義するとき、都市の空間的実体と時系列動態を評価するには、農業非従事者の情報や物質利用の集約度の変化を、空間機能の時間的展開—情報や物質の移動に関連する土地利用の変遷—から読み取る必要があります。より具体的な対象に言及するなら、都市空間における街区や街路の変遷を標準化されたデータから計量的に把握し、あわせてその変遷を抽出して歴史的イベントとの相関を測る、ということになります。

　しかし、物質文化研究としての考古学的には、上記が検討できる状況は整っていないのが現状です。都市の街区の変遷を遺跡や遺構の調査結果から検討できる好条件は、一部の事例（例えば Börner 2001）を除き難しいと言えます。また、特定のモノの分布から物資の移動を評価することは可能ですが、これもあくまで点実体としての資料を時空間に配置したアナロジーであり、手続き的再現性を伴った時空間的実体の復原とは言えません。本研究では、近現代都市である東京を対象に、江戸から東京への時空間変遷を絵図や地図の幾何補正と道路や街区のデータベース化を機軸とした検討から明らかにし、この過程で都市空間構築の時間的計画性の有無や空間的偏在性の多寡を考えたいと思います。こうした研究は、Time GIS（≒Time Map: Johnson 1999）とよばれ、時空間情報科学の新しい研究の方向性として認知されつつあり

ます。

## 3．絵図・古地図のデータベース化と分析
### 江戸－東京の変遷を示す資料

　幕府開府以降、江戸は約300年間にわたり空間機能を拡充しつつ発達した都市で、道路や街区プランの発達は、絵図や古地図などの主題図から知ることができます。江戸を記録した主題図には切絵図(吉文字屋板・近江屋板・平野屋板〈幕府測量の「御府内割絵図」原図か〉・尾張屋板)や各種の鳥瞰図などがあり、大判の版図には寛永古刊図の系統(「武州豊島郡江戸庄図」「江戸大絵図」「新添江戸図」「江戸小図」など)や「寛文五枚図」の系統(「新板江戸大絵図」と「新板江戸外絵図」)、「分間江戸大絵図」の系統などがあります。また、東京となった明治期以降では、「明治東京全図」(1876〈明治9〉)、「東京実測全図」(1886～88〈明治19～21〉)、「東京実測全図」(1895〈明治28〉)、などがあり、その後も基本図として大縮尺の地図が刊行されています。

　ここでは、『五千分の一　江戸－東京市街地地図集成』(柏書房　1988)、および『五千分の一　江戸－東京市街地地図集成Ⅱ』(柏書房　1990、以下『集成』)を参照し、ここに収録されている原図を対象とします。この『集成』には、①「江戸大絵図」(1657〈明暦3〉)、②「新板江戸大絵図」(1670～73〈寛文10～延宝元〉)、③「分間江戸大絵図　完」(1779〈安永8〉)、④「分間江戸大絵図　完」(1859〈安政6〉)、⑤「明治東京全図」(1876〈明治9〉)、⑥「東京実測全図」(1886～89〈明治19～22〉)、⑦「東京実測全図」(1895〈明治〉)、⑧「東京全図」(1887〈明治20〉)、⑨「番地界入東京全図」(1887)、⑩「番地界入東京全図」(1919～22〈大正8～11〉)、⑪「大東京市各区別地図」(1930～32〈昭和5～7〉)、⑫「東京都五千分之一地図」(1951〈昭和26〉)、⑬「東京三千分の一図」(1956～59〈昭和31～34〉)、が収録されており、江戸から東京への変遷が伺える①～⑤について検討します。

　都市の空間機能を知るうえでは、上記のような主題図類の他に、都市景観の変化に関わる土木開発や災害などの出来事を情報化することも重要です。表1では、①～⑤の各主題図の製作年代を参照し、主題図に反映されている

第Ⅱ部　近現代考古学の射程

表1　江戸―東京の都市空間の動態に関わる出来事（柏書房　1988・1990　ほかより作成）

| | 政治・経済関連 | 土木・建築関連 | 災害関連 |
|---|---|---|---|
| 『江戸大絵図』 1657 | | 1592　日比谷入江埋立<br>1594　千住大橋架設<br>1600　六郷橋架設<br>1603　日本橋架設<br>　　　　豊島洲崎埋立・市街地造成<br>1616　神田川掘削<br>1635　江戸川開鑿<br>1654　玉川上水完成 | 1601　江戸全城焼失<br>1604　津波・死者多数<br>1627　大火<br>1641　京橋桶町より出火・大火<br>1642　疫病・大飢饉 |
| | 1657　武家屋敷・寺院敷地割変更 | 1655　玉川上水・江戸城まで延長 | 1657　振袖火事・丸山火事 |
| 『新板 江戸大絵図』 1670〜1673 | | 1658　お茶の水堀完成<br>1659　両国橋架設 | 1668　牛込より出火・大火 |
| | 1687　生類憐れみの令 | 1693　新大橋完成<br>1712　日本橋―江戸橋間に広小路<br>1723　三田上水復活 | 1682　お七火事<br>1695　大火・6万戸焼失<br>1698　勅額火事<br>1703　水戸様火事 |
| 『分間 江戸大絵図 完』 1779 | 1733　江戸・打ちこわし | 1725　永代築地・ゴミ捨て場に<br>1765　深川洲崎に汐除土手築造<br>1766　霊岸島埋立地完成 | 1716　疫病流行<br>1745　六道火事<br>1760　明石屋火事<br>1772　目黒行人坂大火・疫病流行 |
| | 1787　寛政の改革 | 1808　永代橋・新大橋の架替 | 1793　大火で筋違橋門外が広小路<br>1806　牛町火事<br>1808　江戸大地震<br>1829　佐久間町火事 |
| 『分間 江戸大絵図 完』 1859 | 1833　江戸・打ちこわし<br>1841　天保の改革<br>1846　アメリカ艦隊・浦賀来航<br>1849　イギリス船・江戸湾測量<br>1853　ペリー来航<br>1854　日米和親条約 | 1848　品川に砲台築造<br>1853　品川台場築造開始<br>1854　石川島を造船施設に | 1834　甲午大火<br>1837　疫病流行<br>1855　安政大地震<br>1856　江戸・暴風雨災害<br>1858　コレラ流行 |
| 『明治東京全図』 1876 | 1867　5関門廃止<br>　　　　江戸開城⇒東京<br>1869　東京府・町名改正施行<br>1871　廃藩置県<br>　　　　壬午戸籍<br>1872　旧武家屋敷地に町名<br>1873　地租改正条例布告 | 1869　外国人居留地（築地）<br>1872　青山などに共同墓地設置<br>1873　浅草寺など5公園決定<br>　　　　万世橋完成<br>1876　吾妻橋開通 | 1868　寛永寺周辺焼失<br>1872　神田・京橋で大火<br>　　　　銀座・京橋・築地で大火<br>1873　神田・日本橋で大火<br>1874　京橋霊岸島で大火 |

可能性のある出来事についてまとめています。例えば、土木・建築関連の1808年（文化5）、永代橋の架替がありますが、これについては①〜③には記されていない場所に④から記されています。また、政治・経済関連の1872年（明治5）、旧武家屋敷地に町名が付されたことは、⑤の地図に明確に反映されています。

**主題図のデジタル化とデータベース化、およびGISへの格納**

　表1のような出来事データベースを参照しつつ都市景観の変遷を記述的に抽出することも可能ですが、文書などに記録されない小さな変化を知るには限界があります。特に、長期的な都市開発などのトップダウンな事情や大規模災害ではなく、都市に住む職能集団の利便性に起因するような突発的で小規模な街区改変については、各主題図相互の変化を時系列で丹念に抽出する

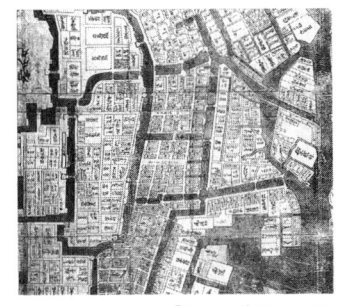

計画空間としての都市の時空（津村）

『江戸大絵図』1675 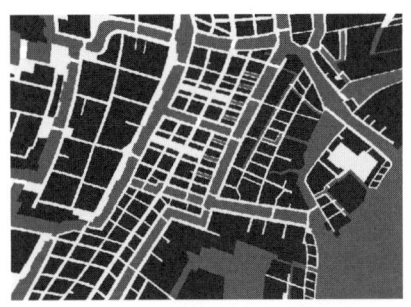　　　　　　　　『江戸大絵図』1675（幾何補正済み）

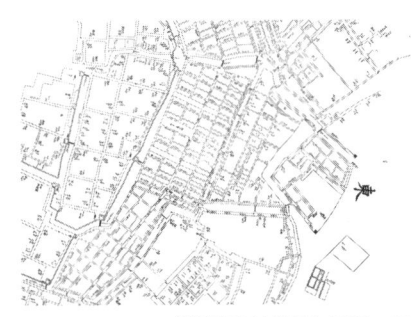

『新板江戸大絵図』1670〜73 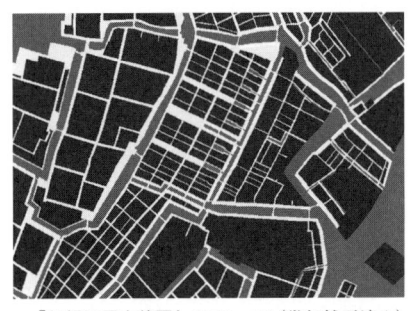　　　　『新板江戸大絵図』1670〜73（幾何補正済み）

『分間江戸大絵図　完』1779 　　　　『分間江戸大絵図　完』1779（幾何補正済み）

図1-a　各主題図と街区単位のデジタル化

必要があります。GISでは、この変化を画像(論理)演算機能のオーバレイ処理によって抽出します。

　各主題図は、様々に非規格的な座標系によって描かれているため、アナログ手法で正しく重ね合わせることは難しく、デジタル化して3次元的に主題

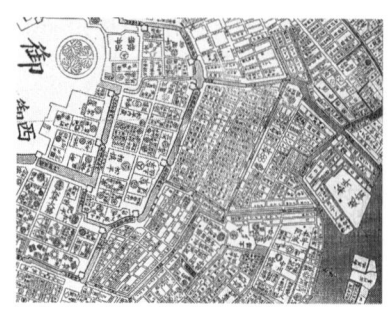

第Ⅱ部　近現代考古学の射程

『分間江戸大絵図 完』1859

『分間江戸大絵図 完』1859（幾何補正済み）

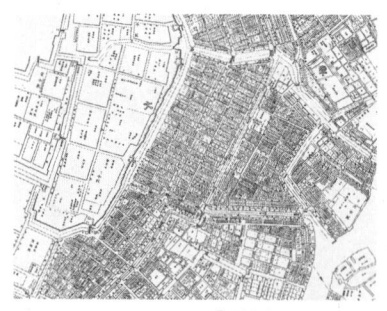

『明治東京全図』1876

『明治東京全図』1876（幾何補正済み）

図1-b　各主題図と街区単位のデジタル化

　図を"歪める"作業が必要となります。この面的データを歪める作業を幾何補正（ないしはオルソ補正）とよび、各主題図に規格化された統一の座標系を与えます。まずスキャニングによってラスターデータとしてデジタル化し、その後街区を単位にデジタイズによりベクターデータを作成、再度ラスター化の過程を経た後、幾何補正を実施します。幾何補正には、Richards(1986)のアルゴリズムを採用しました。また、コントロールポイントについては、街路の交差点や橋、寺社など大規模な変化が予想されないオブジェクトを採用しました。各街区は個別のIDによって管理され、その場所の地番や土地利用のデータベースとリンクさせており、オーバレイ処理によって異なった主題図間で変化が認められる場合には、街区IDを参照して変化情報を検索できるようGISを構築しました。

48

|  | 〜1657年 | 〜1673年 | 〜1779年 | 〜1859年 | 〜1876年 |  |
|---|---|---|---|---|---|---|
| 街区数 | 178 | 222 | 300 | 339 | 532 | (block) |
| 街区面積標準偏差 | 267.99 | 234.15 | 133.78 | 133.36 | 143.77 | (pixel) |
| 街区面積平均 | 196.56 | 206.66 | 123.3 | 123.47 | 101.42 | (pixel) |

表2・図2 街区の変遷

#### 都市空間の時系列動態の評価

最初に述べたように近現代的な都市を定義すると、その空間的実体の変遷は、街区や街路の変化、特に空間機能の差異と物資の移動に関する項目に着目する必要があります。構築した街区の属性データベースを利用する方法もありますが、ここではより資料情報に依拠した方法を指向して、前者については街区の規模の変遷から、後者については橋や内水路(運河施設)の変遷から、それぞれ検討します。

表2および図2は「江戸大絵図」から「明治東京全図」までの、現在の千代田区および中央区の範囲の街区の変遷を評価した図表です。一見して分かるように、江戸時代を通じて街区数は増加し、逆に個々の街区の面積は減少しています。標準偏差値も参照すれば、面積の大きな街区が先行的に分割さ

表3 物資の移動に関わる施設の変遷

|  | ～1657年 | ～1673年 | ～1779年 | ～1859年 | ～1876年 |  |
|---|---|---|---|---|---|---|
| 橋数 | 56 | 65 | 59 | 53 | 78 |  |
| 内水路(運河) | 28 | 28 | 19 | 16 | 27 | (line) |
| 設数 | 0 | 58 | 5 | 5 | 121 | (block) |

れ、比較的均等な規模の街区編制へ収束していく傾向が明確に看取できます。また、スムージングしたグラフの推移から、1800年代あたりから明治にかけては、平均面積が減少するのに対し、その標準偏差は微増する傾向も看取できます。街区個数の飛躍的な増加と併せて考えれば、江戸文化期の都市とは異なった空間論理が明治時代に向けて展開し始めたと理解することもできます。

表3は、物資移動の要とも言える橋と内水路、および河岸地を含めた武家地・寺社地・町屋以外の記載のある施設の数量をあらわしています。1600年代後半に向けて橋数は増加し、その後減少する傾向が見られます。運河施設としての利用も可能な内水路も、橋などで区切られた範囲を1単位とすると、同様に減少します。この現象は水路の埋設と橋の不要化によるものと思われます。明治期に入り両者ともに増加しますが、これは石川島周辺の造船施設および懲役所の整備に関連した変化です。

まとめると、対象とした地域では、江戸時代を通じて街区の細分化と規模の均質化が進行し、同時に内水路の埋設による陸運環境の整備が進められ、明治にいたる過程で都市化の機構が転換する様相が捉えられます。

## 4．近現代考古学とTime GIS

物質文化のメタ情報を、近現代考古学の脈絡で応用し、都市空間の変遷を垣間見ました。Time GISの発想による計量的評価は、現象をバルクで把握してしまう傾向もありますが、ここで述べたコトは、モノや出来事史をどれだけ丹念に読み込んでも見えてこない、都市に暮らす人々の〈生きられた空間〉の一端である可能性があります。今後はこのTime GISに遺跡情報をリ

ンクさせ、より具体的な空間的実体にアプローチすることで、近現代考古学の方向性を鮮明にできると考えます。

(東京藝術大学)

### 引用参考文献

飯田龍一・俵元昭　1988『江戸図の歴史』　築地書館

柏書房　1988『五千分の一　江戸-東京市街地地図集成』

柏書房　1990『五千分の一　江戸-東京市街地地図集成Ⅱ』

津村宏臣　2004「環境史研究と時空間情報科学」『環境史研究の課題』吉川弘文館

矢守一彦　1974『都市図の歴史』　講談社

吉成勇・井筒清次・内山みゆき編　1997『江戸時代「古地図」総覧』新人物往来社

正井泰夫　1987『城下町東京―江戸と東京の対話』　原書房

Börner, W. 2001. Vienna Archaeological GIS (VAGIS): A Short Outline of a New System for the Stadtarchaologie Wien. Computing Archaeology for Understanding the Past - CAA2000 -. BAR International Series 931. Stancic, Z. and Veljanovski, T. ed.

Johnson, I. 1999. Mapping the fourth dimension: the TimeMap Project. Proceedings of the 1997 CAA conference, Birmingham.

Richards, J. A. 1986. Remote Sensing Digital Image Analysis, (Berlin: Springer).

# 避暑・保養の普及と物質文化

桜井　準也

## 1．避暑・保養の普及
### （1）　避暑・保養と近代

　避暑や保養という概念は極めて近代的な概念ですが、避暑や保養はその目的に合った場所、つまり通常生活を営んでいる場所とは異なる地点に移動することが前提となります。イギリスでは貴族や紳士階級の子弟によるグランドツアーが17世紀終わりに確立され、18世紀後半になると中産階級、19世紀になると労働者階級に大衆観光が生まれ、海浜保養地が発展しました。その背景には鉄道の敷設による集団旅行の一般化がありました(アーリ　1995)。ただし、避暑地や保養地での過し方は時代によって異なっていたようです。例えば、現在のようにレジャー化した海水浴とは異なり、ヨーロッパにおける海浜利用は19世紀末までは娯楽というよりも主に治療目的で利用されてきました。波の衝撃が横隔膜と神経組織に作用して不安、憂鬱症、ヒステリーを治療してくれるとされていたのです(コルバン　2002)。これと似た状況はわが国にもみられます。明治10年代に後藤新平や松本順によって海水浴の効用が説かれ(後藤　1882、松本　1886)、明治21年(1888)の夏に海水浴の最初の流行がみられましたが、初期の海水浴は遊泳ではなく治療という側面が強かったようです。これは愛知県大野に代表される江戸時代以来の「潮湯治」という入浴療法に繋がるものです。そのため、「潮湯治」の場や初期の海水浴場は外洋に面した波の強い場所が選ばれています(図1・2)(小口　1985)。また、温暖な気候に恵まれた湘南地域では、明治20年頃から大正時代にかけて鎌倉の海浜院や茅ヶ崎の南湖院に代表される結核療養所(サナトリウム)が相次いで建設されるようになります。

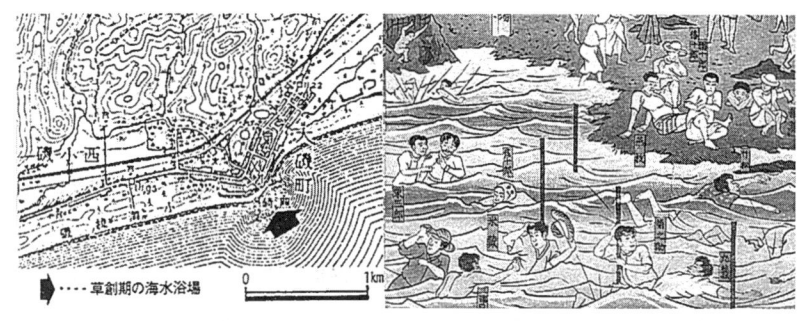

図1　大磯海水浴場の位置（小口 1985）　　図2　『大磯海水浴場浜辺景』
　　　　　　　　　　　　　　　　　　　　　　　（大磯町郷土資料館蔵）

　わが国における避暑や保養の概念は、開国によりわが国に居住するようになった外国人によってもたらされましたが、明治20年頃からは外国人の避暑願望や上流階層のライフスタイルの西洋化により、軽井沢などの高原や大磯・鎌倉などの海浜に別荘が建築されるようになりました。その後、第一次大戦頃からは大戦による好景気で新たな富裕層が出現し、避暑や保養の思想が庶民に浸透したことに伴って箱根や軽井沢の別荘地の大規模な開発分譲が行われるようになったのです。そして、戦後になると避暑や保養という目的だけでなく行楽のための拠点として別荘を購入することが一般化しました。

（２）避暑地・保養地の発達

　わが国の避暑地や保養地に建設された別荘の発達に関して、安島博幸氏・十代田朗氏は大きく三期に区分できるとしています（表１）（安島・十代田 1991、安島 2004）。第Ⅰ期は明治維新から明治20年頃までで、江戸の下屋敷スタイルの継承期として位置づけられます。この時期は新興財閥によって近郊賓客接待型の別荘が東京や横浜に建設されました。東京の隅田川沿いや横浜の野毛・本牧・根岸などに建てられた別邸がこれにあたります。当時は鉄道よりも人力車や馬車による移動が主な時代でした。第Ⅱ期は明治20年頃から第一次大戦頃までで、別荘には近郊賓客接待型に加え、高原避暑型、温泉保養型、海浜保養型、農場経営拠点型が登場します。欧米からやってきた外国人（外交官、宣教師、貿易商、お雇い外国人）によって避暑などの西洋的リゾート思想が導入され、日本の上流階級（皇族や政財界人）の旺盛な西洋文化

第Ⅱ部　近現代考古学の射程

**表1　避暑地・保養地の変遷**（安島 2004）

| 別荘タイプ | 代表例 I | 代表例 II | 代表例 III | 立地 | 所有者の職業 I | 所有者の職業 II | 所有者の職業 III | 建物 I | 建物 II | 建物 III | 使い方 I | 使い方 II | 使い方 III | 滞在 I | 滞在 II | 滞在 III |
|---|---|---|---|---|---|---|---|---|---|---|---|---|---|---|---|---|
| a. 近郊賓客接待型 | 岩崎別邸(深川) | 三井別邸(三田) | 山縣別邸(京都) | 川べり・高台 | 政財界指導者 皇族 | | | 和洋併設 | | | 接客・園遊会 風流生活 | | | 週1回程度 | | |
| b. 高原避暑型 | | ショー別荘(軽井沢) | 法政大学村(北軽井沢) 徳川別荘(軽井沢) | 眺望のよい開放的空間(外国人) 木に囲まれ閉鎖的空間(日本人) | | 外国人・西洋志向の日本人 | 上流日本人 | | バンガロー | 洋館 | | 避暑 | 洋式生活学習 | | 夏の長期滞在 | |
| c. 温泉保養型 | | 御用邸(熱海) | 東伏見宮別邸(箱根) | 温泉に近く、高原・海浜に準ずる | | 皇族 政財界人 | | | 和館中心 | | | 温泉・避寒 | | | 夏・冬の長期 | |
| d. 海浜保養型 | | 伊藤別荘(大磯) | 西園寺別荘(興津) | 浜の近く(外国人) 山を背後に(日本人) | | 皇族・政財界人 | 上流日本人 | | 和館と洋館両方 | | | 海水浴 避寒 会合 風流生活 | | | 夏・冬の長期 | 週末利用 定住隠居 |
| e. 農場経営拠点型 | | 青木農場(那須) 乃木別荘(那須) | | 農場 田園 | | 政財界指導者 | | | 洋館 和館 | | | 欧州の荘園 日本の農耕生活 | | | 月1回程度 | |
| f. 近郊保養型 | | | 石橋別荘(府中) | 見晴らしの良い斜面(ハケ) | | | 上流日本人 | | 和館中心 | | | 保養 | | | 週1回程度 | |

Ⅰ期／近世継承期（明治維新から明治20年頃まで）　Ⅱ期／西洋思想導入期（明治20年頃から第一次大戦まで）　Ⅲ期／西洋思想浸透期（第一次大戦から第二次大戦まで）

吸収欲によって別荘が建築された時期です。この背景には明治32年(1899)の外国人内地雑居制の実施、休暇制度の定着といった制度的な側面や明治20年(1887)の東海道線(横浜−国府津間)や明治26年(1893)の信越線(高崎−直江津間)の開通にみられるように鉄道網の拡がりが重要な役割を果たしていました。また、この頃には、鎌倉の海浜ホテルや軽井沢の万平ホテルなどのホテルや旅館が相次いで開設され、旅行案内や新聞・雑誌などのメディアに避暑地や保養地の記事や広告が掲載されるようになりました。第Ⅲ期は第一次大戦頃から第二次大戦までの時期で、近郊保養型の別荘が加わります。別荘の大衆化とリゾートや避暑の思想の浸透・定着期として位置づけられます。この頃になると、外国人や皇族、政財界人だけでなく第一次大戦の好景気による富裕階級や文化人による別荘所有が流行しました。明治44年(1911)の中央線、大正8年(1919)の内房線、大正14年(1925)の横須賀線・東海道線(国府津まで)の電化にみられるように列車による輸送力が高まったことも別荘の大衆化に拍車をかけました。また、この時期は海浜別荘の住宅地化が進み、高原別荘地では俗化した軽井沢を嫌った人々が野尻湖や北軽井沢に新たな別荘地を形成する一方で軽井沢の繁栄に倣って妙高・富士見・山中湖・那須などに分譲別荘地が作られるなど、別荘地のあり方も多様化してきました。

次に、これらの避暑地や保養地の発達状況を地域別に検討してみたいと思います(表2)。まず、湘南地域ではベルツ・松本順・長与専斎が海水浴場や保養地としての湘南地域を推奨し、初期の別荘である大磯の吉田健三邸や鎌倉の有島武郎邸が建設されたのが明治10年代です。その後、明治20年(1887)の東海道線、明治22年(1889)の横須賀線の開通を経て別荘が急増しています。鎌倉では明治24年(1891)に50戸程度、明治38年(1905)に200戸程度となり、大磯でも明治40年(1907)に150戸存在したとされています。また、大正4年(1915)に片瀬や鎌倉の各地に町営海水浴場が開設されたことは、海水浴が大衆化し日帰り客が増加する契機となったと考えられます。これに対し、軽井沢は外国人の避暑地として発達した別荘地です。アレキサンダー・ショーがはじめて軽井沢で避暑を過ごしたのが明治19年(1886)で、明治22年(1889)には外国人の避暑客が約50名あったとされています。その後、碓氷線(横川－軽井沢間)が開通し、初めて日本人が別荘を建てたのが明治26年(1893)、万平ホテルが開業したのが翌明治27年(1894)でした。その後、大正3年(1914)に星野温泉が開業し、大規模な別荘開発が行われることにより日本人の別荘も増え、軽井沢の雰囲気も様変わりしました。それを嫌った外国人が大正10年(1921)頃から別荘を野尻湖などに移すという現象も生じています。

　このように、わが国の避暑地や保養地は明治20年頃に成立し、大正時代初期に画期を迎え大衆化していったことがわかります。そして、避暑地や保養地を成立・発展させた背景として、鉄道網の広がりや輸送力の増加、休暇制度の定着、外国人の内地雑居制の実施などが存在したことを認識しておく必要があるでしょう。これらの要素は、インフラの整備や各種の制度改革がわが国の近代化にとっていかに重要なことであったかを示しています。

## 2．避暑・保養と物質文化

（1）　避暑地・保養地における物質文化研究

　物質文化から避暑や保養について考えるためには、家具や調度品をはじめ日常的に使用していた小物に至るまで数え上げる生活財調査を行うことが必要です。しかし、登録文化財に指定されている建物を中心に建築物に関する

第Ⅱ部　近現代考古学の射程

表2　避暑地・保養地の変遷（島本 1993、宮原 1991 などから作成）

| 年代 | 鎌倉・片瀬・鵠沼 | 大磯 | 軽井沢 | その他・一般 |
|---|---|---|---|---|
| 1872（明治5） | ブスケ(仏)、片瀬で海水浴 | | | 横浜−品川間に鉄道開通 |
| 1876（明治9） | ギメ(仏)、片瀬で海水浴 | | | 官庁、日曜全休・土曜半休制 |
| 1877（明治10） | | | | 西南戦争 |
| 1878（明治11） | | | 長野−軽井沢間に乗合馬車開業 | |
| 1880（明治13） | ベルツ博士、鎌倉を保養地として称賛 | | | |
| 1882（明治15） | | 松本順、小田原で海水浴場誘致を断られ、大磯で鈴木柳斎を訪れ、リューマチを海水治癒 | | 横浜本牧海岸で外国人の海水浴流行 |
| 1884（明治17） | 長与専斎「鎌倉の海は海水浴に理想的」と紹介 | 吉田健三別荘建つ | 碓氷新道、坂本−離山間開通。雨宮敬次郎、離山に邸宅 | |
| 1885（明治18） | 有島武別荘建つ（由比ヶ浜） | 松本順、日本最初の海水浴場を大磯に開設 | 日本鉄道線、高崎−軽井沢間開通 | 内閣制度施行 |
| 1886（明治19） | 海浜院開設 | | アレキサンダー・ショーなどの外国人、初めて軽井沢で避暑 | |
| 1887（明治20） | 東海道線（横浜−国府津）開通。藤沢駅開業 | 東海道線（横浜−国府津）開通。大磯駅開業、寿龍館建つ | 横川−軽井沢間に鉄道馬車（碓氷馬車鉄道会社） | |
| 1888（明治21） | 井上馨別荘建つ（稲村ヶ崎）。海浜院がホテルとして営業。直島岩本楼が「汐遥泉広告」（『女学雑誌』） | 山県別荘、英人別荘、松本別荘、宍戸別荘、三島別荘、有村別荘、高木別荘、佐々原別荘など（『朝陽大磯駅全図』） | ショー、大塚山に別荘を建築。直江津線（直江津−軽井沢間）開通 | 海水浴流行。神奈川県水浴場取締規則により海水浴の男女「混浴」「混泳」を禁止。週末のレクリエーション避暑が広がる |
| 1889（明治22） | 横須賀線開通（大船−横須賀）。東屋旅館（鵠沼）開業 | 大磯海岸で泳ぐ水着姿の婦人が話題 | 外国人約50名避暑、頌栄女学校生徒20数名夏季合宿 | 大日本帝国憲法公布 |
| 1890（明治23） | 別荘三十余名（『鎌倉江ノ島名勝記・全』） | 伊藤博文、滄仙閣にて宿泊し大磯に移住を決する | 駐日英国公使フレイザー、二手橋近くに別荘を建てる | 第一回衆議院議員総選挙。各地の温泉場が繁昌する |
| 1891（明治24） | 「別荘（中略）其数五十余、前田公・芳川子・山尾子・吉田子・大村伯・富田鉄之助・ワットン・テーラー等諸代の別荘」（『毎日新聞』） | 前田別荘、柴山別荘、本田別荘、吉田別荘、林別荘、英人別荘、黒川別荘、村田別荘、山内別荘、樺山別荘など（『相模大磯全図』） | | |
| 1892（明治25） | 東屋旅館（鵠沼）開業、尾崎三良別荘材木座、星野天知山荘笹目に建つ。皇太子（大正天皇）・皇族、鵠沼海岸で学習院の水泳訓練を見学 | | | |
| 1893（明治26） | 鎌倉海岸通りの別荘、有島武・芳川顕正・山本達雄・山尾庸三・柳谷謙太郎・吉田清成 | | 碓氷線の横川−軽井沢間、アプト式線路使用で開通。八田裕二郎、日本人初の別荘を建てる。外国人別荘21戸 | |
| 1894（明治27） | 葉山御用邸竣工 | | 外国人宣教師による「軽井沢会議」始まる。万平ホテル開業 | 日清戦争開戦 |
| 1895（明治28） | | 大磯の海水浴場が人気、5万人以上の人出 | | 神奈川県の海水浴場として大磯・国府津・小田原・鵠沼・逗子・富岡など紹介（風俗画報） |
| 1896（明治29） | 江見水蔭が田山花袋らと片瀬の貸別荘に滞在 | 伊藤博文、滄浪閣を建てる | | |
| 1897（明治30） | 『鎌倉・江の島案内』刊行 | 大隈重信別荘建つ | | |
| 1899（明治32） | 鎌倉御用邸完成。鎌倉病院開院（長谷）。恵風園療養所開院（腰越） | 西園寺公望別荘建つ | 外国人、900年または999年の地上権を別荘に設定。軽井沢ホテル開業。外国人避暑客約900名 | 外国人内地雑居制実施。高嶋吉三郎『海水浴・附録海水浴場案内』刊行 |
| 1900（明治33） | 茅ヶ崎海岸に南湖院開設 | | | |
| 1902（明治35） | 江ノ電（藤沢−片瀬間）開通。鎌倉養生院開院（雪ノ下） | 加藤高明、三島弥太郎、三井、三菱の別荘建つ | 万平ホテル、桜の沢に移転 | |
| 1904（明治37） | | | 陸軍傷病兵転地療養所が軽井沢、沓掛、追分に建てられる | 日露戦争開戦 |
| 1905（明治38） | 鎌倉の「別荘は年々数を増し本年は二百戸内外となれり」（『貿易新報』）。江の島片瀬に避暑客300人 | | 三笠ホテル落成、翌年5月開業。新渡戸稲造夫妻避暑 | |
| 1906（明治39） | | | 日本女子大学の三泉寮開設 | 鉄道国有法公布。外国人観光客のため横浜−日光間直通列車運転開始 |
| 1907（明治40） | 江ノ電全線開通 | 別荘150戸 | | |
| 1910（明治43） | | | 沓掛駅（現在の中軽井沢駅）開業 | 韓国併合 |
| 1912（大正元） | 別荘（鵠沼片瀬含む）546戸（『現在の鎌倉』）。鵠沼海水浴場準備。旅館「あづまや」など増築 | 明治末期の大磯在住要人、島津忠亮、岩崎彌之助、原敬、山縣有朋、徳川義恕、松本順、加藤高明、三井養之助、伊藤博文、鍋島直大、西園寺公望など | | |
| 1913（大正2） | | 東海道本線、複線化工事完成 | 「軽井沢避暑団」設立 | |

| 年代 | 鎌倉・片瀬・鵠沼 | 大磯 | 軽井沢 | その他・一般 |
|---|---|---|---|---|
| 1914(大正3) | 黒田清輝別荘建つ(大町)、原敬別荘建つ(腰越)、鵠沼の地主、大給子爵家、東屋付近の土地の貸与・分譲 | | 軽井沢に電灯がつく。星野温泉開業。野沢源次郎、大規模な買収を始める。尾崎行雄別荘建つ | 第一次世界大戦始まる。東京駅開業 |
| 1915(大正4) | 川口村営海水浴場(片瀬)開設。鎌倉町に極楽寺・坂の下・由比ガ浜・材木座に町営海水浴場開設 | 別荘230戸(『大磯誌』) | 草津軽便鉄道営業開始 | |
| 1916(大正5) | 横須賀線、複線化工事完成 | | | |
| 1917(大正6) | 池田成彬、西園寺別荘を購入 | | 大隈重信の別荘建つ。堤康次郎、千ヶ滝の土地60万坪を買収 | ロシア革命 |
| 1918(大正7) | | | 軽井沢通俗夏季大学開校 | シベリア出兵 |
| 1920(大正9) | 額田保養院開院(大町) | | 軽井沢ゴルフ倶楽部創立 | 第一回国勢調査実施 |
| 1921(大正10) | | 安田善次郎、大磯別邸にて凶刃に倒れる | 外国人宣教師の中に野尻湖へ避暑地を移すグループが出る | |
| 1922(大正11) | | | 「軽井沢避暑団」による夏季診療所開設。軽井沢集会堂建設 | |
| 1923(大正12) | 関東大震災で別荘に大きな被害 | | 有島武郎、別荘「浄月庵」で心中 | 関東大震災 |
| 1925(大正14) | 東京－横須賀間の鉄道電化 | 東京－国府津間の鉄道電化 | インド以東の外国人3000人集まる | |
| 1926(大正15) | 湘南サナトリウム開院。7月、藤沢署で避暑客男女合計600名 | | | |

　調査は多くの地域で行われていますが、生活財に関する調査はほとんど行われていません。家具や調度品も含め、別荘で当時使用された生活財はほとんど残されていないというのが現状ですが、写真等から生活財の所有状況について窺い知ることは可能です。例えば、朝吹登水子氏による『私の軽井沢物語』(朝吹 1985)は、大正期から戦後にかけての軽井沢について書かれたものですが、その中には当時の軽井沢の生活に関する多くの逸話とともに写真が掲載されており、当時の生活財に関する貴重な情報を得ることができます。しかし、当時の写真を通じて暖炉や籐の椅子が別荘を象徴する存在であったことは容易に想像できますが(図3)、食器など日常的に使用あるいは消費されていた生活財に関しては、発掘調査によって回収された廃棄物を検討することが有効です。回収された食器類やガラス瓶などの生活財の種類や量、製造メーカー、当時の価格などを検討することにより、当時の別荘地における人々の暮らしぶりの一端を知ることができるのです。一般的に考古学では「高級品」や「廉価品」といった資料の価値について言及することはあまりありませんが、別荘地において「高級品」が多く出土する状況は文化的財の選択を通して住人の階層や嗜好を知る手がかりになるのです。

（２）　避暑地・保養地の発掘調査と出土遺物
　わが国における避暑や保養の定着の背景には、生活様式の西洋化、富裕階

第Ⅱ部　近現代考古学の射程

図3　軽井沢別荘の内部（朝吹 1985）

層の出現などが重要な役割を果たしています。これらの問題を主に物質文化の側面から解明しようとするのが近現代考古学の役割です。避暑地や保養地に関わる近現代考古学の成果は、主に別荘地の発掘調査によって得られますが、残念ながら別荘地の発掘調査事例はまだ少ないのが現状です。避暑地や保養地が数多く存在する神奈川県の事例をみると、幕末から明治にかけて外国人の観光・保養地であった清川村宮ヶ瀬遺跡、海浜別荘地であった大磯町の神明前遺跡(旧島津邸)、町屋遺跡、古屋敷遺跡(伊藤博文関連地)、葉山町の葉山町№2遺跡などで発掘調査が実施されています。

このうち、愛甲郡清川村宮ヶ瀬遺跡では、開国以来、明治32年(1899)に内地雑居制が実施されるまで横浜や築地などの外国人居留地に暮らしていた外国人の足跡が調査されています(神奈川県埋蔵文化財センター 1993)。この遺跡からは幕末から明治にかけての西洋遺物として陶器・炻器・ガラス製品、用途別にみると皿、壺、コーヒーカップ、グラスなどの食器やミネラルウォーター瓶、サイダー瓶、ワインボトル、ジンボトル、ジャム瓶などの食品容器などが出土しました。これらの遺物はイギリスやドイツなどヨーロッパで作られたもので、横浜から運び込まれたと考えられています。調査を担当した市川正史氏は、このような山間部に外国人が訪れた背景に、安政6年(1859)の神奈川港の開港に伴って港から10里以内に限って外国人の歩行が許されたことを指摘しており(市川 1997)、宮ヶ瀬は当時の観光地図である『横浜周辺外国人遊歩区域図』に風光名媚な場所として記載されています。そして、遊歩区間内にあった宮ヶ瀬、居留地に暮らしていた貿易商・外交官・学者などの外国人が馬や自転車などで訪れたようです。長福寺は明治7年(1874)に廃寺になるまで外国人の宿泊施設となっていました。これらの出土遺物は外国人をもてなすために使用され、土坑などにまとめて廃棄された

ものであることがわかります。発掘調査によって幕末から明治にかけて保養地であったこの地域の記憶を呼び戻すことになったわけです。

これに対し、明治時代以降海浜別荘地となった湘南地域で発掘調査が実施された事例として、大磯町の神明前遺跡(旧島津邸)、町屋遺跡、古屋敷遺跡(伊藤博文関連地)があります。このうち神明前遺跡は、縄文時代から近現代にわたる複合遺跡ですが、発掘調査時まで別荘として使用された建物および苑池がありました。別荘の所有者は宮崎の旧佐土原藩島津家で明治24年(1891)の『相模大磯全圖』に「島津荘」と記されています。近現代の面からは多数の土坑、煉瓦を用いた施設、土管を用いた導水施設等の遺構が検出されていますが、煉瓦遺構については鈴木一男氏、出土した汽車土瓶については國見徹氏によって紹介されています(鈴木 1993、國見 1997)。出土遺物を実見させていただきましたが、複数の土坑から出土した遺物は大正から戦時中にかけての食器類が主体で、高価な洋食器も含まれており当時の別荘の生活状況が窺える貴重な資料です。また、古屋敷遺跡は多くの攪乱を受けた地点でしたが近世から戦時中にかけての遺物が出土しています。この地点は大磯に滄浪閣を建てた伊藤博文の関連地で、それを裏付けるように「朝鮮総督府専売局」という陽刻のあるガラスの薬品容器が出土しています(大磯町教育委員会 1992)。

最後に、筆者自身が調査に参加する機会を得た昭和前期から別荘が存在した葉山町No.2遺跡の発掘調査成果について紹介します。葉山町は首都東京から比較的近いことや気候が温暖なことから、明治以降、とくに明治22年(1889)の横須賀線開通にともなって多くの別荘が建設されました。葉山町に別荘が建設されたピークは昭和8～9年(1933～34)頃のことで別荘の数は400以上にのぼりました(高梨 1975)。別荘には明治27年(1894)に建設された葉山御用邸を筆頭に高松宮別邸、北白川宮別邸、東伏見宮邸、秩父宮別邸などの皇族の別荘、池田男爵、井上毅、金子堅太郎、高橋是清、団琢磨、山本権兵衛、桂太郎、北里柴三郎などの著名人の別荘がありました。これらの別荘は戦後ほとんどが会社の所有となり、寮や保養所となっています。今回発掘調査の対象となった別荘地は、製薬会社の社長の所有で発掘調査の時点で

第Ⅱ部　近現代考古学の射程

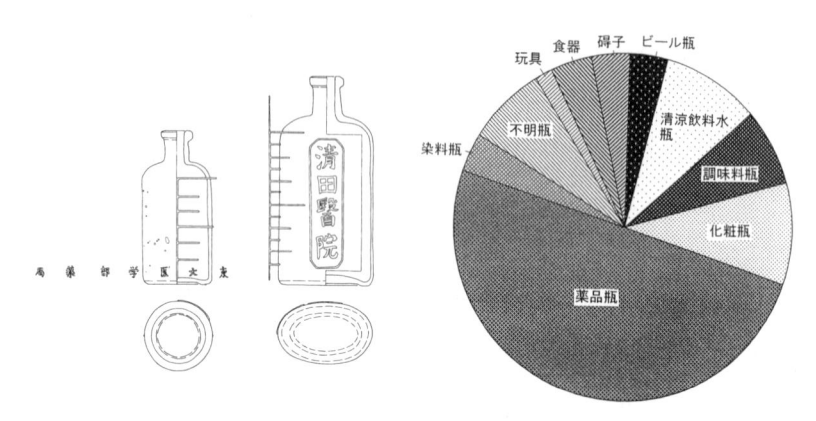

図4　神奈川県葉山No.2遺跡1号ゴミ穴出土の薬瓶と遺物組成

昭和12年(1937)に建設した別荘が現存していました(葉山町No.2遺跡発掘調査団 1999)。本遺跡ではこの時期の1号ゴミ穴から近代遺物がまとまって出土しました。種類別にみると、ガラス瓶が50点、碗、皿、徳利などの磁器の食器が7点、石蹴り玉が1点、陶製碍子が2点です。このうちガラス瓶には、ビール瓶(大日本ビール・カブトビール)、清涼飲料水瓶(ラムネ瓶・サイダー瓶)、調味料瓶(ソース瓶・カレー粉瓶)、化粧瓶、薬品瓶、染料瓶などがありますが、薬品瓶が過半数を占めています。薬品瓶については市販の薬品瓶と医院や病院の薬品瓶がありますが、後者の薬品瓶には「清田医院」と「東大医学部薬局」と陽刻された薬品瓶があり(図4左)、「清田医院」は大正から昭和初期に葉山町に存在していた地元の医院、「東大医学部薬局」は現在の東京大学医学部付属病院であることがわかりました。本ゴミ穴の遺物組成の特徴としては、食器が少なく、ガラス瓶が全体の約9割を占めること、ガラス瓶のうち薬品瓶が過半数を占めていることが特徴としてあげられ(図4右)、このような出土状況は海浜保養地としての本遺跡の性格を反映しています。また、地元の医院の薬品瓶や東大病院の薬品瓶は別荘の住人の行動の痕跡を物質資料から探る手がかりを与えてくれます。

　このように、避暑地や保養地から出土した近現代遺物は住人の階層や生活レベルだけでなく、生活様式や趣味嗜好、さらには具体的な行動について語

るものであり、わが国の近現代生活の一側面を物質資料から解明する貴重な資料となるのです。

## 3．おわりに

　避暑地や保養地から出土した近現代遺物は同時期の近現代遺跡から出土する遺物とは異なり、その場所が避暑地や保養地であったことを反映する特徴を持っていますが、それは外国人や富裕階層が海外生活や都市生活をその地に持ち込んだ結果であるとも言えます。そして、これらの文化的財（客体的な文化資本）の消費のあり方を探ること（ブルデュー　1990）は、その階層の人々の生活や趣味嗜好、そして卓越化の実態を知る方法であり、従来の経済至上主義的な研究方向とは異なるものとして注目されます。

　しかし、避暑地や保養地に関する調査研究を行うことは、発掘調査によって出土した遺物に関する研究を行うだけでは不十分であることも明らかです。避暑地や保養地の成立の背景には、交通網の発達や制度の問題だけでなく、結核などの病気の流行、衛生観念の成立や普及といった様々な要因が存在します。また、避暑や保養は西洋の生活様式がわが国に定着したものとして位置づけられますが、西洋的なものが必ずしもそのまま受け入れられた訳ではないことを示す興味ある指摘がなされています（安島・十代田　1991）。それは、避暑地や保養地における別荘地の選地の問題です。具体的には西洋人は高原では見晴らしの良い山の中腹、海浜では直接海に面した場所を選択し、日本人は三方を山に囲まれた閉鎖的な空間（樋口　1981）を好んだというのです。この傾向は別荘の選地において西洋人と日本人で景観に対する嗜好が異なっていたことを意味しているのです。

　このように、近現代考古学において避暑や保養の問題を検討するためには、従来の考古学の枠組みにとらわれずに多くの関連分野の研究成果を積極的に取り入れていくことが課題となります。また、同時に物質文化研究の一翼を担う近現代考古学の果たす役割を常に意識していく必要があります（桜井　2004）。今後、避暑地や保養地の考古学的な調査研究が進展することを期待したいと思います。

第Ⅱ部　近現代考古学の射程

　本稿作成にあたり、大磯町郷土資料館において神明前遺跡の資料を実見させて頂きました。お世話になりました大磯町郷土資料館、國見徹氏に感謝致します。

(慶應義塾大学)

**参考文献**

朝吹登水子　1985『私の軽井沢物語』　文化出版局

アーリ(加太宏邦訳)　1995『観光のまなざし』　法政大学出版局

市川正史　1997「宮ケ瀬出土の西洋遺物について」『考古論叢神奈河』第5集

市川正史　2004「宮ケ瀬遺跡群出土の西洋遺物に関連して」『考古から近世・近代へのアプローチ』　神奈川県考古学会

石塚裕道　1977「海水浴場と別荘地の形成」『藤沢市史　第6巻(通史編)』

大磯町教育委員会　1992「古屋敷遺跡」『大磯町における発掘調査の記録Ⅱ』

神奈川県埋蔵文化財センター　1993『宮ケ瀬遺跡群Ⅲ　北原(No.9)遺跡(1)、北原(No.9)遺跡内長福寺址』

河田　羆　1907『大磯誌』　富山房

國見　徹　1997「別荘地内出土の汽車土瓶」『大磯町史研究』第5号

小口千明　1985「日本における海水浴の受容と明治期の海水浴」『人文地理』37巻3号

後藤新平　1882『海水巧用論―付海浜療法』　春曦書楼

コルバン(渡辺響子訳)　1992『浜辺の誕生』　藤原書店

コルバン(小倉孝誠訳)　2002『風景と人間』　藤原書店

桜井準也　1999「近代遺物について」『葉山町No.2遺跡発掘調査報告書』葉山町No.2遺跡発掘調査団

桜井準也　2000「近代遺物の表象―機能・記号・身体―」『メタ・アーケオロジー』2号

桜井準也　2004『モノが語る日本の近現代生活―近現代考古学のすすめ―』慶應義塾大学出版会

島本千也　1993『鎌倉別荘物語』

島本千也　2000『海辺の憩い』

鈴木一男　1993「神奈川県大磯町神明前遺跡の煉瓦遺構について」『史峰』第19

号

高梨　炳　1975『葉山町郷土史』　葉山町

栃木県立博物館　1993『行楽・観光・レジャー──余暇の近代化』（展示図録）

中島松樹（編）　1987『軽井沢避暑地100年』　国書刊行会

原田勝正・田村貞雄（編）　1978『明治大正図誌　第9巻東海道』　筑摩書房

葉山町№2遺跡発掘調査団　1999『葉山町№2遺跡発掘調査報告書』

樋口忠彦　1981『日本の景観』　春秋社

ブルデュー（石井洋二郎訳）　1990『ディスタンクシオン』　藤原書店

松本　順　1886『海水浴法概説』　杏陰書屋

宮原安春　1991『軽井沢物語』　講談社

安島博幸・十代田朗　1991『日本別荘史ノート』　住まいの図書館出版局

安島博幸　2004「近代の別荘と別邸──融合する西洋と日本の別荘文化──」『別冊太陽』№128

第Ⅱ部　近現代考古学の射程

# 都市近郊漁村における村落生活
―神奈川県三浦市における近現代貝塚の調査事例から―

渡辺　直哉

## 1．はじめに

　近年の考古学は、行政的な発掘調査の対象が近世までとされている中で、近現代以降の遺構や遺物まで調査研究対象となってきています。戦跡遺跡や近代化遺産などがクローズアップされつつあることも一つの要因と考えられますが、それ以上に近現代考古学が考古学の中で果たす役割が重要であると期待されるからです。しかし、近現代の考古学は、桜井氏も述べているように未だ体系化されていません(桜井　1997・2004)。方法論は様々あると思いますが、物質文化研究という考古学の立場を中心とした方法は近現代においても非常に有効であると考えられます。とくに今回、村落生活として発表する三浦市の近現代貝塚の例は、戦跡遺跡や近代化遺産とは異なる近現代遺跡として、都市に対して非都市である農・漁村として、そして農・漁村を対象とした物質文化研究の素材として今までに調査例のなかった近現代遺跡となります。

　三浦の塚研究会(代表：桜井準也)では、2002・2003年度の2年度にわたり三浦市南下浦町松輪761番地に所在する近現代貝塚、通称「ヤキバの塚」の調査を行ってきました。その結果、貝塚という遺物の変遷を連続的に知る上では有効な調査対象で、様々な生活用具、漁撈用具などの変遷を辿ることが可能であり、そこから海洋資源の利用、生産、流通、廃棄など農・漁村における村落生活の様相が判明しつつあります。ここでは、ヤキバの塚遺跡の調査事例を紹介しながら、近現代の調査研究に対して考古学的方法の有効性、そして近現代史に果たすと考えられる役割について村落生活の復元という見地から考えていきます。

## 2．神奈川県三浦市における近現代貝塚の調査事例

　今回の調査対象地は、三浦半島先端部の東京湾口部に面した神奈川県三浦市南下浦町松輪地区です。当地では江奈漁港や間口漁港を起点として漁業が営まれているとともに、台地上では大根、西瓜、キャベツ等の栽培が盛んです。三浦の塚研究会がこれまで行った踏査の結果、これら集落の近辺には「ケンガラバ」と呼ばれる茶碗や貝類の日常的な廃棄の場が形成されていることが判明しています（三浦の塚研究会 2002）。そこには陶磁器やガラス瓶をはじめ、蛸壺・土錘などの漁撈用具、食用にされた貝類などの食物残滓が廃棄されています。また、「ケンガラバ」には緩斜面に形成されるもの以外に塚状の盛り上がりを呈するものも認められ、今回発掘調査を実施したヤキバの塚遺跡はその一例となります。ヤキバの塚遺跡の発掘調査は、2002年8月6日〜13日（第1次調査）と2003年8月4日〜13日（第2次調査）の二度にわたり行われました。遺跡は、松輪地区八ヶ久保集落東側の台地上の畑地に位置しています。周囲の標高は32〜33mで、塚の規模は現状で約20m、頂部と畑地との比高差は約2.5mです。なお、塚の東側には明和4年(1767)銘の地蔵が安置されていて、塚を削って参道が造られています。

　第1次調査では、塚の頂部に向かって南東方向に1×6mのトレンチを設定し、層位的に掘り下げていきました。その結果、本遺跡が明治時代に形成されたものであることが明らかになりました（三浦の塚研究会 2003）。ついで第2次調査では、第1次調査時の1×6mのトレンチを南東方向に1×2m拡張して調査を行い、前年度の掘り残し分を完掘するとともに第1次調査で残されたいくつかの課題を解明することを目指しました（図1）。調査の結果、塚の層序は表土〜9層に区分できました。各層ごとの時期は、表土層が戦中から昭和30年頃、第1層が戦中前後、第2層が昭和初期、第3a・b層が大正末〜昭和初期、第3c層が大正後期、第4層が明治末〜大正、第5層が明治30〜40年代、第6〜8層が明治20〜30年代、第9層が明治10年代頃と推測されました（図2）。

　遺物は陶磁器や漁撈用具を中心とした人工遺物と貝類・魚類を中心とした自然遺物が大量に出土しました。人工遺物では、碗・皿・鉢・壺・湯呑み・

第Ⅱ部　近現代考古学の射程

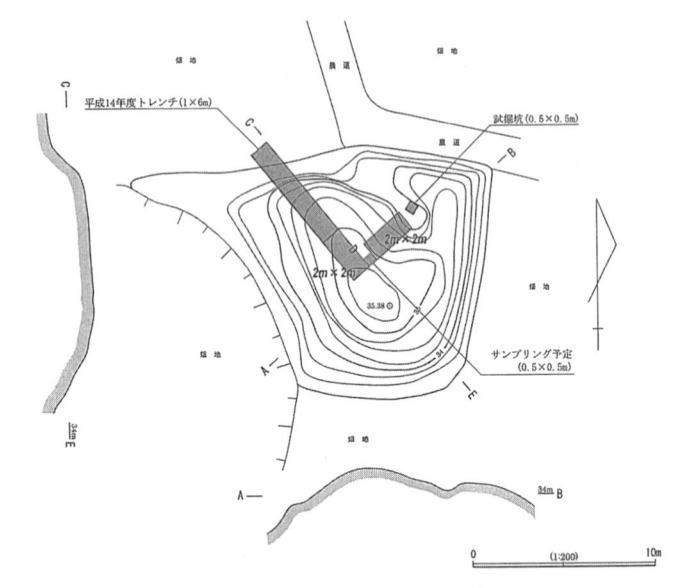

図1　ヤキバの塚遺跡・平面図

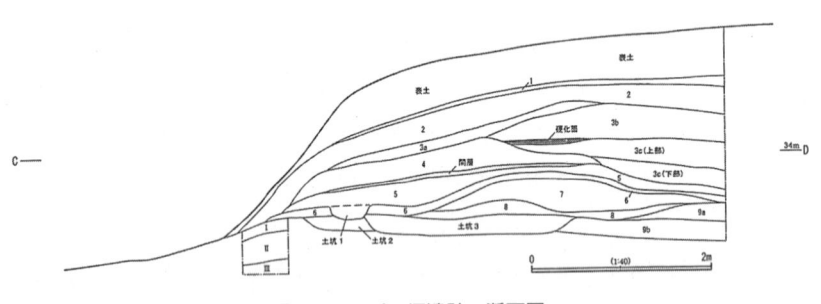

図2　ヤキバの塚遺跡・断面図

急須・土瓶・銚子・擂鉢・灯明皿・鉄漿壺・油壺・御神酒徳利・仏飯碗・近世陶磁器などの陶磁器、七輪・焜炉・焙烙などの土器類、酒瓶・調味料瓶・化粧瓶・薬品瓶・インク瓶・電燈笠・電球などのガラス製品、煙管・ランプ・電池・釘などの金属製品などの様々な生活用具、釣針・土錘・蛸壺などの漁撈用具、さらに陶製地雷や海軍の皿などの戦争関連遺物や子ども茶碗・ビー玉・おはじきなどの子供に関連する遺物が出土しました。自然遺物で

は、現在判明しているもので、貝類はサザエ・ボウシュウボラを中心に、ヤツシロガイ・ヒラサザエ・アワビ・トコブシ・マツバガイ・ベッコウガサガイ・ヨメガカサ・ウノアシガイ・ユキノカサガイ・エビスガイ・イシダタミ・クボガイ・クマノコガイ・コシダカガンガラ・バテイラ・スガイ・コシダカサザエ・ハリサザエ・アマガイ・オオタニシ・オオヘビガイ・ウミニナ・ホシキヌタガイ・ツメタガイ・カコボラ・オオナルトボラ・アカニシ・イソバショウガイ・レイシ・イボニシ・イソニナ・ナガニシ(以上、巻貝)、カリガネエガイ・サルボウ・イタヤガイ・ヤマトシジミ・ハマグリ・オニアサリ・アサリ・ウチムラサキ・シオフキ・バカガイ・ミルクイガイ・アカガイ・ベンケイガイ・マガキ・イワガキ・イガイ・サラガイ(以上、二枚貝)など豊富な種類が確認されました。他にもフタリビワガライシやエノウラキサンゴというサンゴ、アカウニやバフンウニ・アカフジツボなど水生生物、ウツボ科・ニシン科・フカカサゴ科・アマダイ科・シイラ属・ブリ属・マダイ・タカノハダイ属・コブダイ・キュウセン属・ブダイ科・カツオ・マグロ属・クロダイ属・スズキ属・サバ属・カワハギ科・フグ科・サメ類などの魚類、イヌ・ネコ・ウマ・ネズミ類・ニワトリなどの哺乳類や鳥類の骨が確認されました。

## 3．展望

　このように、本遺跡の調査は近代遺物の編年、生活財の推移、漁法や海産物の消費方法の移り変わり、食生活の様相など近代以降の漁村を研究する上で貴重な調査例となります。

　例えば生活財に関しては、層位ごとに回収されたこれらの生活財の変遷を追っていくと興味ある傾向が読み取れます(表1)。まず、ランプの火屋が各層から出土するのに対し、明治期前期〜大正の層から秉燭、灯明皿、灯明受皿が出土し、大正後期以降の層から碍子、電球、電池が出土しています。この傾向は、この地域の「明かり」事情を反映していて、この地域への電力供給が大正期であることから、明治から昭和にかけて近世的な灯火具がランプ、そして電灯へと変化していった様子が窺えます。また、明治末〜大正の

第Ⅱ部　近現代考古学の射程

表1　ヤキバの塚遺跡出土の生活財

| 層位 | 時期 | 磁器絵付 | 近世陶磁器 | 洋食器 | 明かり | 化粧 | 子ども |
|---|---|---|---|---|---|---|---|
| 表土 | 戦中〜昭和30年代 | 手描き、型紙摺り、銅版転写、吹き絵、ゴム版絵付、朱点文、スクリーン転写 | | ○ | ランプ、火屋、電球、電池、碍子 | 化粧瓶、化粧クリーム瓶、椿油瓶 | 子ども茶碗、人形、プラスチック玩具、ビー玉、おはじき |
| 1層 | 戦中前後 | 手描き、色絵、型紙摺り、銅版転写、**ゴム版絵付** | | | 火屋、笠、電球、電池 | 化粧瓶、化粧クリーム瓶 | 子ども茶碗、ニッキ水瓶、鉄製玩具、石蹴り玉、ビー玉、おはじき |
| 2層 | 昭和初期 | 手描き、型紙摺り、銅版転写、吹き絵、**ゴム版絵付** | ○ | | ランプ、火屋、電球、碍子、笠 | 化粧瓶、化粧クリーム瓶、簪 | 子ども茶碗、ニッキ水瓶、ビー玉、おはじき |
| 3a・b層 | 大正末〜昭和初期 | 手描き、型紙摺り、銅版転写、吹き絵、**ゴム版絵付** | ○ | | 石油壺、火屋、碍子、笠 | 化粧瓶 | 子ども茶碗、ニッキ水瓶、ビー玉、おはじき |
| 3c層 | 大正後期 | **銅版転写** | | | 灯明皿、ランプ、火屋、笠、電球ソケット | | ニッキ水瓶、おはじき |
| 4層 | 明治末〜大正 | 手描き、型紙摺り、**銅版転写**、吹き絵 | ○ | | 秉燭、灯明受皿、灯明皿、脚付灯明皿、火屋、笠 | 鉄漿壺、油壺、化粧瓶、櫛 | おはじき |
| 5層 | 明治30〜40年代 | 手描き、**型紙摺り、銅版転写** | ○ | | 脚付灯明皿、火屋、笠 | 油壺 | 子ども茶碗、おはじき |
| 6層 | 明治20〜30年代 | 手描き、**型紙摺り** | ○ | | 火屋、笠 | | おはじき |
| 7層 | 明治20〜30年代 | **手描き、型紙摺り**、銅版転写 | ○ | | 灯明皿、脚付灯明皿、火屋、笠 | | |
| 8層 | | 手描き | ○ | | 火屋 | 鉄漿坏 | |
| 土坑3 | 明治20〜30年代 | **手描き、型紙摺り** | ○ | | 灯明皿、火屋 | 鉄漿坏 | |
| 9層 | 明治10年代 | **手描き、型紙摺り** | ○ | | 火屋 | | |

表2 三浦市における漁業の変遷（『目でみる三浦市史』1974 に加筆修正）

| 項目 | | ～1560 中世 | 1561～1867 近世 | 1868～1912 明治 | 1913～1926 大正 | 1927～現在 昭和 |
|---|---|---|---|---|---|---|
| 漁法 | 採貝 | 1488（長享2年）ぼうちょう（喫突）盛んになる | | | | 採貝 47戸 |
| | 採藻 | | 1532～54（天文年中）小網ヶ島にて網漁有り | | 1916（大正5年）「のり」の生産が諸磯で始まる | 採藻 52戸 |
| | 網漁業 | | 1649（慶安2年）城ヶ島で海老網始まる | 1902～3（明治35～36）城ヶ島サンマ流し網、鳥周辺から伝運漁 | 1916～7（大正5、6年）和潮の勢力拡大により、サバ漁本格化（全国的） | まさ網（大中型まき網）2戸<br>刺網 93戸<br>敷網（サンマ棒受網）1戸<br>大型定置網 7戸<br>小型定置網 20戸 |
| | | | | 1912（明治45年）精強大試験始められた（ブリ・サワラ） | | |
| | 釣漁業 | | 1658～60（万治年間）鰹漁始まる | （明治末期）三崎の漁民、昼イカ釣り（イカ釣り）を始める（全国初） | | サバ釣 64戸<br>イカ釣 27戸<br>沿岸カツオ一本釣 1戸<br>はえなわ（速洋・近海マグロ）14戸（沿岸マグロ）1戸 |
| | 養殖 | | | アワビ発生研究 | 養殖真珠 | 養殖ワカメ 40戸 |
| 漁船 | | | 1658～60（万治年間）三崎のぼうちょう船にのほ60隻、海士船で魚をとった | 1892（明治25年）和船の改良型（ヤン船）できる | （大正初期）外来船（動力船）が統。歴史を持って三崎に多数寄港始まる | 1954（昭和29年）漁場遠隔化に始め内沿遠 冷凍技術開発 |
| | | | | | 1921（大正10年）カツオ、マグロ漁船 の動力化開始 | |
| 漁港 | | | | 1890（明治23年）汽船輸送に初めて水使用 | 1921（大正10年）漁港の移築に本格的に着手 | |
| 輸送 | | | 1865（元治8年）三崎に1号船始動 | 1881（明治14年）汽船輸送開始 | 1919（大正8年）トラックで魚輸送始まる | |
| | | | | 1907（明治40年）洋送り船にかえて発動機船が魚商の自家用船として活躍し始める | | |
| 魚の商い | | 1488（長享2年）（伊勢人住来） | 1615（元和元年）魚類を江戸へ送る | | | 1931（昭和6年）自家発動機船により共同水揚げが三崎から消える |
| その他 | | | 1727（享保12年）城村で賞上売始まる（魚市場の始まり）ともいえる | | 1922（大正11年）海南村に町営魚市場開所 | |

層から油壺や鉄漿壺が出土していることから、この頃になると日本髪を結う習慣が廃れ、お歯黒の風習がなくなったことを想像させられます。さらに、洋食器が出土していることは漁村における食事の洋風化を考える上で興味深い出土傾向です。また、近世に製作された陶磁器が9層において高い割合を示すことや、近世の陶磁器が昭和初期の層まで一定量含まれることは、当時の生活財の組成を考える上で使用期間や伝世の問題が無視できない問題であることを示しています。

　次に、魚貝類相を見てみます（表2）。塚の各層よりサザエ・ボウシュウボラが大量に出土しています（図3）。まず、ボウシュウボラは、三浦では現在こそ漁獲量が少なくなってきた為に食べられることが希になってきましたが、戦前はよく食べられていた様子が伺えます。とりわけグラフからみると大正期以前は大量に自家消費されていたと考えられます。では、実際にどのような方法で食されていたのでしょうか。出土遺物を見てみると、とくに割られて出土するものは貝の中身を取り出し、刺身や煮たりして食べる為に割られたと考えられます。現在の事例と比較してみますと、同じような方法で中身を取り出し、刺身や中身を取出して煮物として食しますが（写真1～4）、ボウシュウボラの割られている位置や割られ方、割られた形などの検証結果をみると同じような方法で中身が取り出され、食されていたことが分かります（写真5：民俗例、写真6：出土遺物）。塚では明治時代の層からすでにこの割られたボウシュウボラの出土がみられるため、少なくとも明治時代からこのようにボウシュウボラが食されていたことが分かるのです。最近の発掘調査でも、都市部ではボウシュウボラなど外洋性の貝類が大量に出土している例を見ないために、アワビなどと異なり村落内で消費され、廃棄されていたと考えられます。逆にアワビは明治100年間の漁獲高が示すように（今井1996）（図4）、大量に採られて東京へ運上されていました（内海 1951、など）。それを裏付けるかのように貝層からアワビが出土していますが、その個体数は各層数えるほどしか出土していません。こうした三浦に残されたアワビを考古資料で検討していくことは、近世における研究（桜井 1987）から、消費・流通・食生活などが分かる非常に有効な手段であることが判明していま

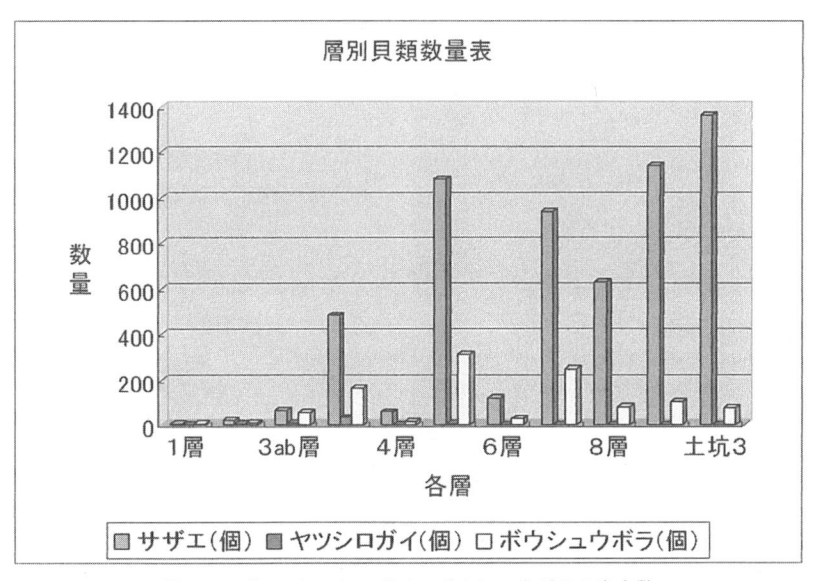

図3　サザエ・ヤツシロガイ・ボウシュウボラの出土数

図4　アワビの漁獲量（今井 1996）

第Ⅱ部　近現代考古学の射程

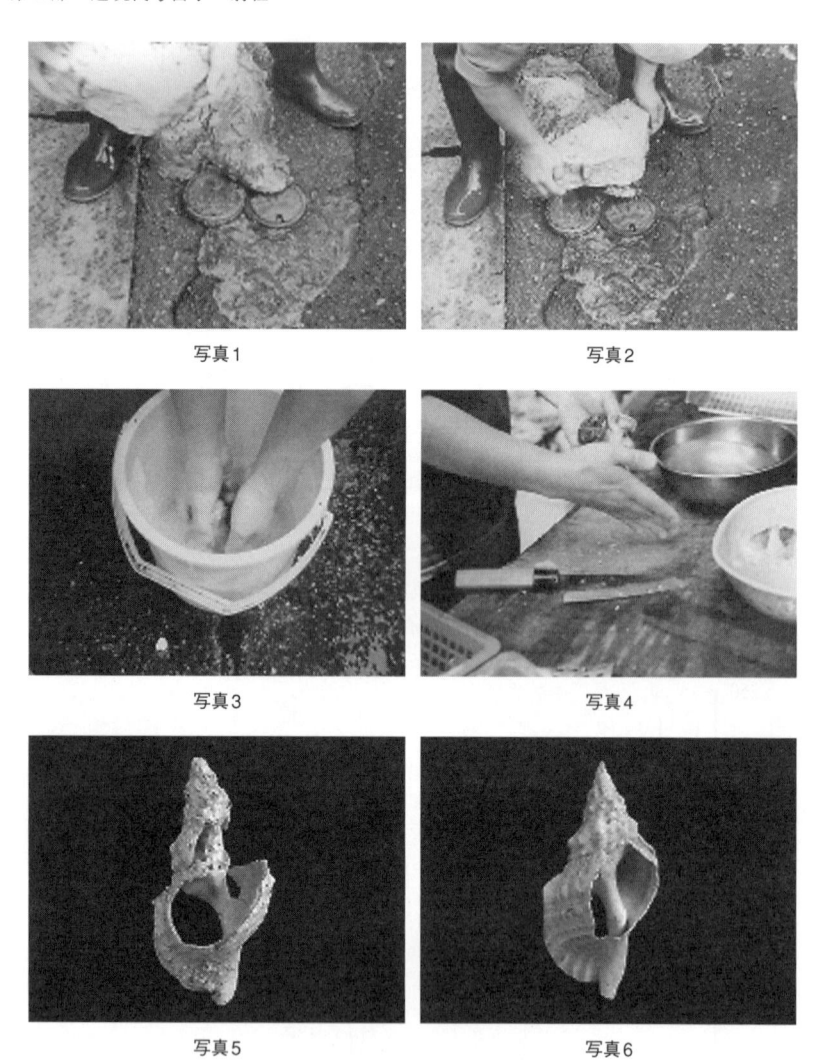

写真1

写真2

写真3

写真4

写真5

写真6

写真1～6　三浦市におけるボウシュウボラの調理方法と出土遺物

す。また同様に、出土した魚類はその多くが商品として流通したものではないことが予想されます。漁獲量統計で読み取れるこうした魚貝類は、あくまで出荷されて消費地へ送られる魚貝類の漁獲量であり、このような漁村における魚貝類の消費のあり方を具体的に解明できることは近現代考古学の重要な成果となるのです。

　またヤキバの塚からは土錘や鉄製釣針など漁撈用具が数多く出土しています。これを考古学的に分析し、漁撈技術の復元をするとともに、その復元された漁法の検証や詳細な復元が可能です。例えば網漁法を見てみますと、刺網に使用されたと考えられる土錘が出土しています。これに生物学と民俗学・民具学的方法を援用してみます。ボウシュウボラは水深5mから30mくらいの深い外洋に生息するために、見突きや潜水漁法で大量に採取することは難しいと考えられます。網漁の種類にも拠りますが、イセエビなどの刺網漁などで現在でもこうした貝類が採取されており（大里・池田　1980、など）、さらに民俗・民具資料との比較・検討（田辺　2002）により網漁の変遷を辿るには好資料となり得ます。また、その漁に携わる人により認識する貝の方言が異なることが判明しつつあるので（渡辺　2002、など）、より明確な漁業技術の復元が可能となります。近現代漁業における漁獲対象や漁法の変化の背景には、動力船の導入、製氷機の登場など近現代漁業の重要な要素が存在し、それにより遠方の水産資源へのアクセスが容易になったこと、養殖の開始により漁業をとりまく社会的な変化なども十分考慮しながら今後検討を進めていく必要があります。

　これらはあくまで考古学を中心とした村落生活復元の一部でありますが、今後の整理作業では文献史料や聞き取り調査との比較・検討や民具研究との接点の模索（田辺　1987・1990、渡辺　1992・2002、など）を含めた学際的な視点を見据えながら実施する必要があると考えられます。こうした調査研究によって更に具体的な村落生活の復元が可能となると考えられるのです。本遺跡が考古学的方法による近現代史復元の事例として期待される遺跡であることは間違ありません。

（三浦市教育委員会）

第Ⅱ部　近現代考古学の射程

**主要参考文献**

池田(等)尋紀　1984「三浦半島の網と貝(2)」『みたまき』No.16　6-11頁
池田(等)尋紀　1985「三浦半島の網と貝(3)」『みたまき』No.17　13-18頁
磯野直秀　1988『三崎臨海実験所を去来した人たち―日本における動物学の誕生―』　株式会社　学会出版センター
今井利為　1996「100年間の神奈川県アワビ漁獲量の変遷と今後のアワビ漁業」『水総研情報』1996. Vol.2　7-8頁
内海延吉　1951『沿岸漁業九十年誌』　東京
内海延吉　1957『三崎町史上巻(明治大正編1)』　三浦市
内海延吉　1960『海鳥のなげき―漁と魚の風土記―』　東京
江田豊・蟹江和子・辻井善彌　1971「横須賀市佐島」『相模湾漁撈習俗調査報告書』
遠藤　登ほか　1992『聞き書　神奈川県の食事』　東京
大里明博・池田等　1970「三浦半島の網貝(1)」『みたまき』No.15　4-8頁
大山　桂　1966「エビ網にかかる貝類について」『南紀生物』8-2　52-53頁
神奈川県教育委員会　1987「神奈川県方言収集緊急調査」『神奈川県文化財調査報告書』46
川名　興　1988　『日本貝類方言集―民俗・分布・由来―』　未来社
川名登・堀江俊次・田辺悟　1971「三浦半島における近世漁村の構造」『神奈川県史研究』12
関東農政局神奈川統計情報事務所　1973『松輪の釣り漁業』
関東農政局神奈川統計情報事務所横須賀出張所　1976『三浦地域における農業と漁業の実態』
桜井準也　1987「近世大名屋敷における食生活―港区郵政省飯倉分館構内遺跡出土の動物遺存体を中心に―」『史学』57-1　79-97頁
桜井準也　1997「高度経済成長期の考古学―都市近郊農村の事例から―」『民族考古』4号
桜井準也　2004『モノが語るに日本の近現代生活―近現代考古学のすすめ―』慶応義塾大学教養研究センター
桜井準也・朽木量・藤山龍造・浅川範之　2004「三浦半島における近現代貝塚の調査(1)―出土遺物からみた漁村生活の変遷―」『日本考古学

協会第70　回総会研究発表要旨』　日本考古学協会
渋沢敬三　1959『日本魚名の研究』　角川書店
須田英一・桜井準也・津村宏臣・藤山龍造　2003「漁村の考古学―三浦半島における近現代貝塚の調査―」『日本考古学協会第69回総会研究発表要旨』　日本考古学協会
須田英一・津村宏臣・渡辺直哉・山崎健　2004「三浦半島における近現代貝塚の調査（2）―周辺環境と資源利用―」『日本考古学協会第70回総会研究発表要旨』　日本考古学協会
田辺　悟　1987「釣鈎の地域差研究―民具研究の一方法として―」『海と民具』57-66頁
田辺　悟　1990『日本蜑人伝統の研究』　法政大学出版局
田辺　悟　2001「漁村の民俗世界」『歴史と民俗』17　123-139頁
田辺　悟　2002『網』ものと人間の文化史106　法政大学出版局
辻井善弥　1975『三浦半島の生活史』　横須賀書籍出版
辻井善弥　1977『磯漁の話』　北斗出版
中村亮雄　1971「第2節漁撈―三浦市毘沙門の事例―」『神奈川県民俗調査報告』4　三浦半島の民俗（Ⅰ）　29-39頁
中村亮雄　1972「第2節漁撈」『神奈川県民俗調査報告』5　三浦半島の民俗（Ⅱ）　33-44頁
二野瓶徳夫　1999『日本漁業近代史』　平凡社
浜田勘太　1993『南下浦の歴史探訪記』　南下浦の歴史探訪記刊行会
藤山龍造　2004「考古学からみた近現代の漁村」『考古学から近世・近代へのアプローチ―神奈川の遺跡を中心にして―』　神奈川県考古学会
藤山龍造・桜井準也　2003「ゴミ穴から塚へ―三浦半島における近現代貝塚の調査から―」『江戸遺跡研究会第16回大会　遺跡からみた江戸のゴミ〔発表要旨〕』　江戸遺跡研究会
藤山龍造・渡辺直哉・朽木量・須田英一・桜井準也　2003「近現代考古学の可能性―三浦半島における貝塚の調査から―」『第27回神奈川県遺跡調査・研究発表会　発表要旨』　神奈川県考古学会
三浦市　1974『目で見る三浦市史』
三浦市教育委員会　1987『三浦市民俗シリーズ（Ⅲ）　海辺のくらし―松輪民俗

誌―』

三浦の塚研究会　2002『塚と地域社会―三浦の塚研究会調査短報―』『民族考古』6　125-164頁

三浦の塚研究会　2003『漁村の考古学　三浦半島における近現代貝塚調査の概要』

渡辺直哉　2002「貝の方言紹介―三浦市三崎町浜諸磯における聞取りを中心として―」『御浦』18　1-4頁

渡辺直哉　2003「ヤキバの塚遺跡　第2次調査」『横須賀考古学会年報』38

渡辺直哉　2004a「都市近郊漁村における村落生活―神奈川県三浦市における近現代貝塚の調査事例から―」『シンポジウム近現代考古学の射程―今なぜ近現代を語るのか―〈発表要旨〉』　19-23頁

渡辺直哉　2004b「三浦半島における貝類方言名の研究」『いきものの名前―その種名が意味するものは？―予稿集』相模貝類研究談話会

渡辺直哉　2004c「三浦半島における漁業史の民具学・考古学的研究―神奈川県三浦市南下浦町松輪に所在するヤキバの塚遺跡を中心にして―」『日本民具学会第29回大会　講演・研究発表等要旨』　日本民具学会

渡辺　誠　1992「民具研究と考古学」『民具マンスリー』24-12　1-5頁

渡辺　誠　2002「考古学のための民具2．漁具」『名古屋大学博物館報告』18　75-90頁

## 考古学からみた近現代農村とその変容
―東京都多摩地区の調査事例から―

永田　史子

### 1．はじめに

　近現代農村の発掘調査、と聞いて具体的なイメージが浮かぶ人は少ないかもしれません。確かに、同じ近現代でも「産業考古学」や「戦跡考古学」に比べ、農村というと地味に見られがちです。

　しかし実際に農村の発掘調査の現場に立ち、次々に出土する遺構・遺物を前にすれば、そのような先入観は一瞬で消え去るでしょう。なかでも人々の生活の中心となる屋敷地には、日々の労働、食事、団らんから、信仰、生死にまつわる営みまで、あらゆる活動の地下痕跡が豊富に残されており、近現代の生活史に迫る多くの手掛かりに満ちています。

　そこで、ここでは実際に筆者も関わった東京都多摩地区の農村部の調査事例の中から、屋敷地が調査対象となったあきる野市新道通遺跡と日野市南広間地遺跡の成果を紹介します。

### 2．新道通遺跡市道地区(合田・永田ほか 2003)(図1)

　新道通遺跡は東京都あきる野市瀬戸岡に所在します。瀬戸岡地区は多摩川の支流である平井川の右岸に位置し、近世以来、村域の大半を畑が占めるごく普通の農村でしたが、明治時代には第1回の国会議員、瀬戸岡為一郎を輩出するなど自由民権運動の活発な地域でもありました。

　市道地区の調査範囲は、狭いながらも住宅地中の5筆の地割に跨りました。全て近代初頭に作成された地籍図では宅地と記載されていましたが、現在1筆だけは、栗畑に変わっています(図1右上)。それぞれ敷地の境界に木を植えた跡(ＳＫ02～04)や、土地区画に沿って帯状に敷き詰められた礫群

第Ⅱ部　近現代考古学の射程

図1　新道通遺跡の位置・遺構分布（上）とＳＸ01・07の出土遺物
（合田・永田ほか　2003　より、一部改変）

78

（ＳＸ07）などが出土し、栗畑の片隅では生活財が大量に廃棄された大型の土坑（ＳＸ01）を検出しました。地割の端部にあたり家屋などの中心的な建物が建てられない場所でも、多様な利用がなされていたことがわかります。

ＳＸ01・07からは、陶磁器類だけでなく土器やガラス、プラスチック、金属製品など近世から近代にかけての多様な器種・材質の遺物が出土しています（図1下）。それらの形態や組成、分布・接合状況を詳細に検討したところ、ＳＸ01出土遺物は明治20〜30年代、ＳＸ07出土遺物は第二次世界大戦後までに使用されていた道具類であることが明らかになり、埋没年代も前者が明治末頃、後者が20世紀第2四半期と確定しました。

栗畑の前身である宅地の廃絶時期については、少なくとも大正まで遡ることが聞き取りによって明らかになっていたのみでした。しかし上記の結果から類推すれば、ＳＸ01は宅地廃絶の際、立ち去る住人が不要な生活財を投棄するために掘った可能性も考えられます。もしそうであれば、地目変更の年代も明治末に絞られるでしょう。

瀬戸岡地区は市内の他地域に比べ残存する文献史料が少ないため、近世・近代の村の状況を把握することは非常に困難でした。しかし発掘調査によって地割単位で土地利用の変化とその具体的な時期が明らかになり、さらには近現代の人の移動をも捉えることが可能となったのです。

このように出土遺構や遺物の所産時期に関する詳細な検討が可能になった背景には、近現代陶磁器の編年研究におけるここ数年の飛躍的な進展が挙げられます。次に紹介する東京都日野市南広間地遺跡日野バイパス日野地区でも遺物に関する多くの知見が得られるとともに、報告者の一人である黒尾和久氏が、遺物の詳細な観察に基づいて、現段階では最新の、近現代磁器碗の編年案を提示しています（後掲図5）。

## 3．南広間地遺跡日野バイパス日野地区(渋江・黒尾ほか 2003)(図2〜6)

南広間地遺跡は東京都日野市上田・宮ほかに所在します。多摩川とその支流浅川に挟まれた低地部であり、用水路が縦横に張り巡らされ現代まで水田が営まれる農村地帯でした。1998年から2001年まで行われたバイパス地区

第Ⅱ部　近現代考古学の射程

の発掘調査では、低地と微高地を含み屋敷地や畑・水田・果樹園など多様な土地利用の見られる場所が調査範囲となりました。屋敷地は3筆、そのうち三上家屋敷地と天野家屋敷地は地割の中央部が調査範囲内です（図2）。

　三上家屋敷地では近代以降の成果として、昭和32年(1957)に築造され調査時まで敷地内に建っていた瓦葺きの母屋（ＳＢ15）とその前身建物（ＳＢ18）の痕跡を中心に、多数の遺構・遺物が検出されました（図3）。ちなみに、史料により、屋敷地自体は少なくとも幕末ごろからの存在が想定されています。

　ＳＢ15では、屋内の遺構から、台所や風呂場・洗面所などが現代の生活に合わせて増改築されてきた様子が見えました。また、興味深いことに近隣住民への聞き取りによって前身建物からＳＢ15へ建て替えた契機が明らかになりました。なんと茅場である丘陵に多摩動物公園（昭和33年〈1958〉開園）ができて茅が取れなくなったことが原因だったのです。やはり、周辺の家屋も同じ頃建て替えていました。居住環境の変化の裏に、観光開発の広がりといった時代的様相も見え隠れします。

　近世後期の建設で礎石建てと考えられるＳＢ18は、ＳＢ15とほぼ同位置に建って

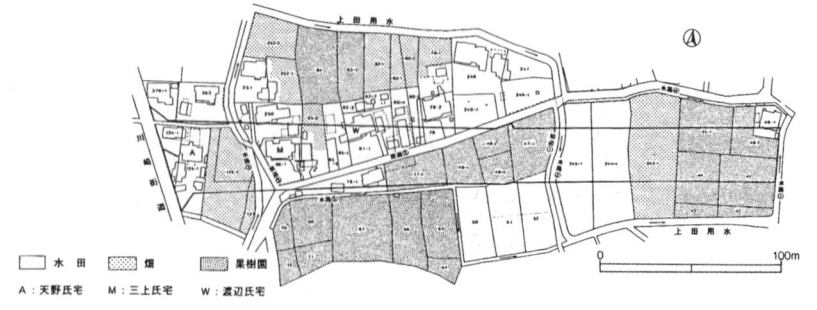

図2　南広間地遺跡の位置（渋江・黒尾ほか2003より、一部改変。以下図6まで）

考古学からみた近現代農村とその変容（永田）

布基礎除去後の母屋ＳＢ15と納屋　　前身建物ＳＢ18

母屋ＳＢ15Ａ・Ｂ

前身建物ＳＢ18

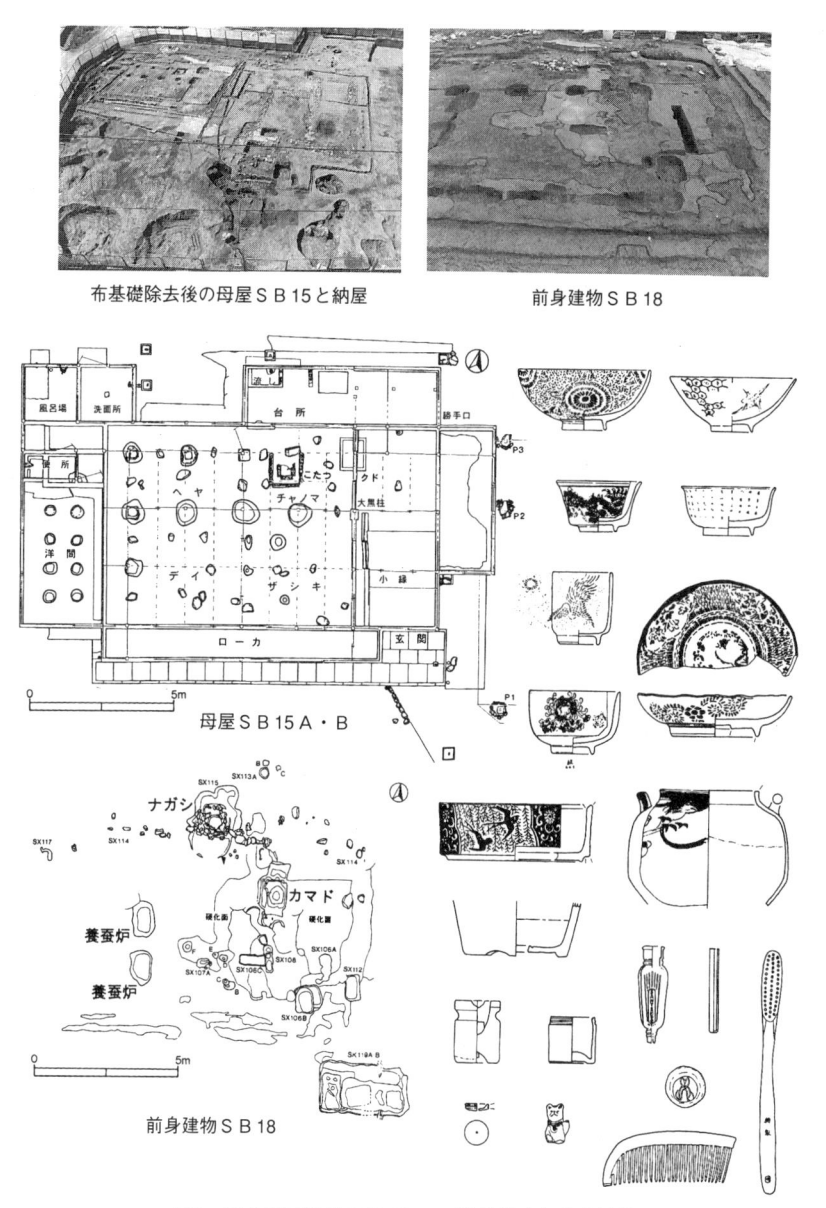

図３　三上家屋敷地ＳＢ15・18遺構分布と出土遺物

いました。図3左下に示したように、屋内では土間の硬化面、カマド、ナガシ、礎石列、養蚕で用いられた炉(養蚕炉)、焼土類、戸口の基礎など、住人の生活を物語る様々な遺構群が検出されています。屋外には、地下室、甕埋設坑や墓地のほか、用途不明の土坑もやはり存在しています。

地下室は、明治20年代中頃に廃絶したことが出土遺物より明らかになりました。しかもその後埋め立てて、桶を埋設し便所となっています。この、便所設置時の埋土から出土した遺物が、ナガシの石組みの裏込めから出土した遺物と接合しており、地下室の埋め立て・便所の新設とナガシ構築は同時期に一連のものとして行われたことが判明しました。

墓地では石塔類を集積した土坑が検出されたのですが、これもまた、出土遺物や聞き取りから、明治20年代に当地区で設けた共同墓地へと屋敷墓を改葬した際の掘り込みと判断できました。明治20年代といえば、多摩地域で養蚕炉を用いた養蚕方法が流行した時期でもあります。つまり検出された養蚕炉2基も、ナガシ構築や墓地改葬とほぼ同時期に構築されたのです。

このように、家屋内外の施設の変化がほぼ同時に起こっているのは決して偶然の一致ではなく、近世後期から続いてきた生活が明治20年代頃に一旦画期を迎え、居住環境の一新を経て近代における生活へと変化した可能性を示唆しています。共同墓地の設置からは、衛生観念の変化もうかがえます。

天野家屋敷地(図4)は既に建物が取り壊されて更地となっていましたが、もとは母屋のほかに小屋が数棟配置されていました。明治初頭の当主は医師として史料に現れ、明治時代を通して医者だったようですが、後の昭和32年段階では建築業を営み、前述の三上家建設にも携わっています。

近代以降の成果としては、20世紀第2四半期以降建設と考えられる母屋(SB04)と、ほぼ同じ場所に位置し幕末頃からSB04建設まで存続したと考えられる前身建物(SB07)、そして関連する遺構・遺物群を中心とした様々な土地利用痕跡が検出されました。

SB04では、布基礎の痕跡や水道管、排水管、井戸といった三上家と同様の施設が検出されたほか、建材や生活廃材の詰まった大小様々な土坑群が確認されています。そのうちの1基(SX58H)から多量に出土した医療用具

考古学からみた近現代農村とその変容（永田）

天野家屋敷地全景（ＳＢ04：東から）

ＳＸ58出土医療用具（Ｓ＝1/8）

前身建物ＳＢ07

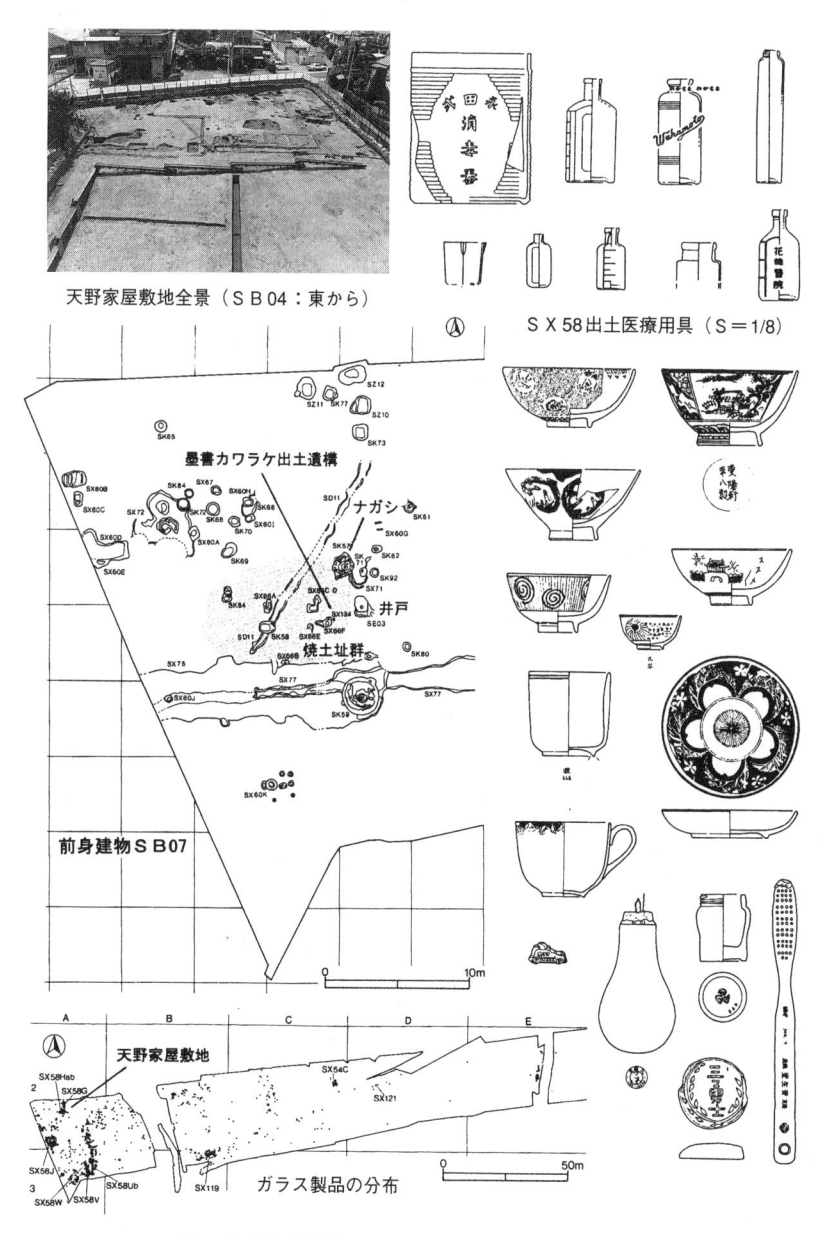

ガラス製品の分布

図4　天野家屋敷地ＳＢ04・07遺構分布と出土遺物

83

第Ⅱ部　近現代考古学の射程

は、まさに天野家の医院で用いていた一群の用具だと考えられます。天野家屋敷地は調査区全体で見てもガラス容器の多い場所であり、その土地ならではの特徴的な遺物分布と言えるでしょう（図4右上・下）。

　ＳＢ07では、井戸やナガシ、養蚕炉の可能性が示唆されている小規模な焼土址群（ＳＸ66・ＳＫ64）が出土したほか、やはり用途の不明な土坑群も敷地内に多数存在していました。特筆すべきは、土間の硬化面下で確認された、墨書カワラケ2枚を合わせ口にした埋納遺構です。カワラケは19世紀第3四半期の所産で、外面にはそれぞれ「九字」・「霊符」とおぼしき墨書、内面には墨書の重ね字があります。地鎮のための埋納と考えられ、ＳＢ07の建設時期、つまり天野家屋敷地の成立時期を示すとともに、当時の信仰のあり方に迫る貴重な資料となりました。

　さて、南広間地遺跡では遺構群もさることながら多量の近現代遺物も出土しました。黒尾和久氏が「私たちに最も身近な過去100年の生活廃棄物」と称するそれらの組成の多様さは報告書で目の当たりにすることができます。

　報告では、遺物の大半を占める陶磁器をもとに、19世紀第4四半期から20世紀第3四半期に至るまでの近現代磁器碗の器形とその変遷案が提示されました（図5）。また、土器類、ガラス容器、櫛、歯ブラシ、煉瓦、土管、電設器具なども食器に劣らず多量で、ガラス容器に関しては図6に示した繊維染料「みや古染」の瓶に代表されるように、第二次世界大戦を挟んで蓋の形態がコルク栓から回転キャップになり、戦時統制期

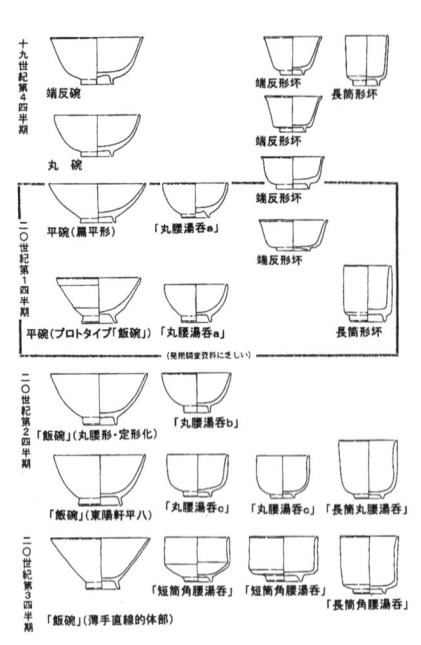

図5　近・現代磁器碗の器形とその変遷

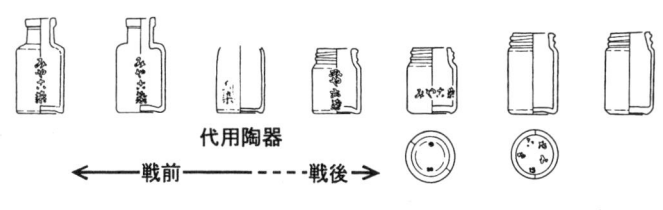

図6　「みや古染」容器の変遷

には同じ製品が代用陶器に変化するという、戦前から戦後までの変遷が想定されました。

調査区全体の遺物分布状況からは生活用具の変化も見えます。近代以降、遺物の器種・材質が爆発的に増加することはもちろん、ガラス容器の利用が20世紀代に一般化することや、ランプや電気照明器具の普及によって近代半ば以降に陶製灯明具が急速に淘汰されること、練炭コンロが20世紀以降普及してくる状況などです。これらの変化もまた、当地域における近代以降の農村生活の変容を反映していると言えるでしょう。

当地区では現代まで全ての出土遺構・遺物を一遺跡における土地利用痕跡として同等に扱い、連続した時間軸にのせ、特に遺物は当時の道具類の構成要素として器種・材質にかかわらず同列に資料化しました。それにより、以上のような生活の変容を考古学的に捉えることが可能となったのです。

## 4．小 結

以上、駆け足ながら2例を紹介しましたが、農村とはいえ検出される遺構・遺物は意外に多く、活発な土地利用が行われていたことがわかります。遺物の種類も前時代とは比べものにならないほど増加し、日用品のバリエーションが豊富になったことを物語るとともに、規格化された樹脂製品や建材の出土からは工業化という社会的な変化の一端も垣間見えます。遺構の廃絶・新設などの状況も交えると、日常生活においては、明治20年代と昭和30年代頃に変化の画期を見出せそうです。

同時に、各屋敷地ごとに地下痕跡の現れ方は実に個性的で、農村地帯の屋敷地といえど決して一様ではありませんでした。それぞれの地点が持つ固有

の地理的・歴史的な背景の中で土地利用が行われてきた証拠と言えます。

　このように膨大かつ雑多な近現代の遺構・遺物を現実に目の前にすると、とても手に負えないと思うかもしれません。しかしそれらが考古学的な分析・研究に十分耐えうること、そして当時の生活や土地利用の歴史を復元するために有効な資料たり得ることは、上記の2例が示している通りです。

　実際、昨今の近現代考古学に対する注目の高まりに比例して当該期を対象とする調査事例も増加していますが、農村部の調査は件数もまだ少なく、それぞれが散発的に報告されているのが現状です。それが今後、紹介した2例のように詳細な検討を経た事例の増加・蓄積によって、個性的な中にも共通点が見出せるようになれば、さらに広い視野からの生活史復元・記述が可能になると期待できます。また、近現代は文献史料や聞き取り、民具資料など、考古資料以外の地域資料と比較する機会にも恵まれています。それらも積極的に検討に加えることで、より実態に近い歴史復元も可能になるでしょう。

　ただ、日々の生活においては文献に記されない事象も数多く存在しており、現在では、当時を知る人々の記憶が次第に薄れつつあることも事実です。近現代の生活史を空白にしないためにも、今こそ、考古学的手法によって当時の生活史を記述しておくべき時ではないでしょうか。近現代の考古学を行う意味はそこにもあるのです。

　まだ発展途上ではありますが、農村部の調査は、これまで様相が把握しにくかった近代以降の農村の物質文化と住人の日々の生活の実態に迫ることのできる、実に興味深い分野と言えるでしょう。

（早稲田大学大学院博士後期課程）

**引用文献**

合田芳正・永田史子ほか　2003『瀬戸岡新道通―市道698-1・699-1号線道路改修事業に伴う埋蔵文化財調査―』あきる野市新道通遺跡市道地区調査団

渋江芳浩・黒尾和久ほか　2003『南広間地遺跡　一般国道20号（日野バイパス日野地区）改築工事に伴う埋蔵文化財調査報告書』　日野市遺跡調

査会・国土交通省関東地方整備局相武国道工事事務所

※特に指示のない場合、図中の遺物の縮尺は陶磁器・ガラス1/6、その他1/4

## 2. 国家

近代国家の成立は近代を特徴づける最も重要な出来事です。そして、植民地政策などの国家指導のもと植民地へ入植や海外への移住という鎖国時代には存在しなかった新たな事象が生じました。ここでは「移民」「殖民・植民」についてとりあげます。

# 日系移民にとっての「近代化」と物質文化

朽木　量

## 1．はじめに

　日系移民について、これまでは、日本に与えた経済効果や国際人口移動の観点から論じられてきました。特に初期の移民論と、その前後の過程で付与された「棄民」イメージは、その後の研究に大きな影響を及ぼしてきました（例えば、武藤 1887、奥宮 1903、大河平 1905）。それらの多くは、社会的流動性がもたらす経済的効果を中心とする諸成果について論じているものの、物質文化研究という視点では立ち後れたものであるといえます。しかし、最近では、ライフヒストリーについての調査に基づく研究も散見されるようになり、日系移民の生活史も明らかとなりつつあります。本稿では日系移民の物質文化に注目し、その組成を分析するという考古学的観点からの分析を行うことによって、彼らの物質文化に看取されるハイブリディティーについて言及したいと考えています。

## 2．移民と植民

　一般に、移民は明治元年のハワイ移民から戦後の南米を中心とする移民まで、5期に区分されています。即ち、第1期とは、明治元年のハワイ移民、いわゆる「元年者」に始まる端緒的移民期で、まだ移民数も少ないものでした。第2期は、ハワイを中心とする官約移民期と、移民会社による私約移民期に細分できます。官約移民は、「元年者」以降しばしの間途絶えていた移民について政府が見直し、政府主導で移民が行われたものです。その後、移民募集は移民会社の手にゆだねられるようになり、日本吉佐移民会社の設立以降、移民先も多様化していくこととなります。第3期は、移民活動が社会

化して移民数も増加し、それに伴い、様々な問題が表面化する時期です。具体的にはアメリカにおける排日移民法の成立と、それにより行き場を失った人々がブラジル移民へと流れる時期です。第4期は、戦時国策移民や満蒙開拓に象徴される時期です。この時期については、後述の角南論文で詳しく述べられます。第5期は戦後の移民再開期で、南米を中心に移民が行われます。

次に、移民と植民の違いについて述べます。移民と植民の大きな違いは自国の主権の有無によります。北米移民やカナダ移民などは、他の独立した主権国家に移住したものです。また、本稿で取り上げるニューカレドニア移民等は他国の植民地に移住したものです。一方、満州・朝鮮などの移民は自国の植民地(当時)に移住したものであります。本稿では、前二者を移民とし、後者を植民(殖民)とします。

## 3．エスニシティ論の理論的枠組と物質文化研究

移民だけでなく、人やモノの国際間での移動に伴うさまざまな社会変化は、民族学や社会学などの立場から、特に「同化」や「エスニシティ」という視点で数多く研究されてきました。日系移民に関するものでも、多くが移民したアメリカ・カナダ・ブラジル・ハワイなどを中心として日系文化の変容に関する調査研究が行われています。つまり、これら日系文化を理解する際にも、「同化」や「エスニシティ」概念が多く用いられてきたといえます。ここではまず、民族学や社会学で用いられる「同化」概念や「エスニシティ」概念を再検討し、日系移民の物質文化研究の意義を考察したいと思います。

移民研究が盛んなアメリカ・カナダでは、当初、移民は母国の文化を一刻も早く放棄し、アングロ・サクソン系の文化に同調させようという同化主義的思想が一般的でした。アングロ同調主義(Anglo-Conformity)とも呼ばれているこの思想が背景となり、アングロ・サクソン系文化に同調しにくいとされた日系移民に対して「排日移民法」が課されたともいえます。また、アングロ同調主義と平行して、融合論もかつては主流でした。別名「るつぼ論」とも呼ばれ、多様な民族が「るつぼ」の中で溶け合って、元の文化とは違う

新しいアメリカ文化やアメリカ「民族」が出来あがるとする考え方です。とりわけ、同化理論については、ミルトン=ゴードンが"Assimilation in American Life"の中で同化の過程を分類しています(Gordon 1964)。彼は、まず、同化を「文化的あるいは行動的同化(cultural or behavioral assimilation)」と「構造的同化(structural assimilation)」とに分けました。「文化的あるいは行動的同化」とはホスト社会の文化的行動様式に合わせて変容することであり、構造的同化の先行条件となるとしました。一方、「構造的同化」とは、ホスト社会の第一次集団への大量適応と加入をさします。ホスト社会の社会組織への参加や制度的権利(参政権など)の獲得に始まり、次に婚姻的同化(Marital assimilation)が行われ、ホスト社会の一員としてのアイデンティティーが高まり、ホスト社会側の偏見や差別が解消し、文化や価値の差による軋轢のない「公民的同化(Civic assimilation)」へ至る過程を示しています。

しかしながら、こうした同化論、融合論については、アメリカ黒人運動や少数民族活性化運動、第二次世界大戦後の民族独立運動の影響から批判的な見解が出されてきました。例えば、グレーザーとモイニハンは"Beyond the Melting Pot"の中で、エスニックグループやエスニックコミュニティは長期にわたって存続し、容易には消滅しないことをニューヨークにおけるプエルトリコ系やユダヤ系、イタリヤ系、アイルランド系の事例を用いて示しました(Glazer and Moynihan 1963)。

これらの動きを経て活発化してきたのが「エスニシティ」論です。エスニシティとはエスニックグループが表出する文化的性格の総体であるといえますが、実際には研究者によってエスニックグループやエスニシティの定義は多様であり曖昧です。綾部恒雄はエスニックグループについて「国民国家の枠組みの中で他の同種の集団との相互行為状況下にありながら、固有の伝統文化と我々意識を共有している人びとによる集団」と定義しています(綾部1993)。本稿では日系ニューカレドニア移民を主に取扱いますが、日本にいる「日本人」と、ニューカレドニアにいる「日系一世」を区別するためにも、「国民国家の枠組みの中で」という限定は外しえないですし、「他の同種の集団との相互行為状況下」という定義についても、ニューカレドニア日系移民

において自らのエスニックアイデンティティが常に声高に主張されていたわけではないことからみても外しえません。しかし、後述するように、ニューカレドニア日系移民の場合、日系一世であっても日本の「固有の伝統文化」に必ずしも固執しているわけではありません。したがって、本稿では綾部の定義を元に、エスニックグループを国民国家の枠組みの中で、他の同種の集団との相互行為状況下で、独自の文化と帰属意識を共有する集団と定義し、エスニシティについてはその集団が表出する文化的性格の総体としておきます。

また、民族学でのエスニシティ研究は、実際にはエスニックグループの分析を通じて行われるため、エスニシティとエスニックグループの概念規定をする属性には共通項があります。イサジフはエスニックグループについて27種の定義を分類し、各研究者がどのような定義をしているかを検討しました(Isajiw 1974)。その結果、頻度の高い順に、①共通の出自、②同一の文化、③宗教、④人種的な特色、⑤言語、⑥同類意識、⑦共同体感情、⑧共通の価値等が挙げられました。①〜⑤までは、他者によっても容易に認識可能な属性(客観的定義)で、⑥以下は第三者には知覚できない個人の内面的な帰属意識に基づく属性(主観的定義)です。エスニシティ研究では、かつては第三者よって知覚できる客観的定義が重視されていましたが、フレデリック＝バルトが集団の文化的内容よりも集団間の相互行為を重視した指摘を行って以来(Barth 1969)、今日では主観的定義が重視されています。こうした傾向をうけて、バルト以降のエスニシティ研究では主観的帰属意識の立脚点に関心が移っていきました。主観的帰属意識の立脚点については、地縁、血縁、先祖同一性および固有の文化や生活習慣を保持しようとする原初的愛着に基づくとする原初論的アプローチと、政治的・経済的価値追求のための意図的な文化操作に基づく虚構としての集団だとする用具論的アプローチがあります。さらに、川田順造は「確かに民族という単位は作られた虚構かもしれないが、その虚構も何らかの実体がなければ生まれないだろうし、実際に調査地で接する民族集団は単なる政治的理由で集結した利益集団というより、まさに原初的というべき理屈抜きの感情を喚起するものだと感じている」と述

べて(川田 1988)、両者の折衷的立場をとっています。現在の民族学では、エスニックグループを政治的利益追求のための虚構の集団とみる立場が優勢であるようにも思われますが、本稿では物質文化という物質的な「実体」のあるものを対象として研究する以上、原初的アプローチも完全には捨てきれません。さらに、本稿で扱うニューカレドニア日系移民は、ベトナム系やインドネシア系が大半を占めるニューカレドニアの移民社会の中でもマイナーな存在であり、しかも、純粋の日系一世同士の間で生まれた二世は第二次世界大戦時に国外退去になっており、今のニューカレドニア日系社会はカナク系、フランス系など他のエスニックグループとの混血なしには成立しえない等の状況から、日系としての政治的立場を声高に主張してはいない点で用具論的アプローチも難しいといえます。ただし、本稿ではハイブリディティー概念を用いており、本質主義に基づく真正な文化の排他的独自性(文化のオーセンティシティー)を重視するあり方とも一線を画しておきたいと思います。そこで、本稿では、折衷派的立場をとることとします。則ち、エスニックグループという単位は作られた虚構かもしれないが、そうした虚構を想起成立せしめる何らかの文化的実体は存在すると考えます。ただし、観察対象となる個々人の日常生活は、ホスト社会の文化と母国の文化の間を不断に行き来し、それぞれの文化要素を流用し、異なった文化領域間を「越境」する中で実際に生み出されるものであるから、日系移民の文化は通常はハイブリッドな状態にあるものの、時に応じて自らのアイデンティティーやエスニシティが政治的に声高に主張されることもあるというように考えておきます。

　以上述べたように、母国の文化からホスト社会の文化への移行という同化論的理解の限界が露呈したことにより、移民の文化を本質主義的に捉えることは出来なくなりました。こうした背景の下で、物質文化という、現に存在するモノの素朴な実在性に依拠した議論が注目されるようになってきたといえます。それは、移民研究が社会経済史中心から、生活史中心へと移行しつつあることと相まった現象といえるのではないでしょうか。さらに、各地の移民一世の高齢化により、聞き取り調査が難しくなってきていることも、生身の人間に左右されない物質文化が注目される一因であると考えられます。

## 4．移民の物質文化のハイブリディティー

　移民の物質文化には、幾つかの特徴が見受けられますが、その一つにハイブリディティーが挙げられます。ハイブリディティーの語源であるハイブリッドとは、元来、生物学の用語で「雑種」や「異種混交」を意味し、自己と異なったものを自己に縫合したり、接ぎ木をすることを指します。このハイブリッドという語は、最近パパスタギアディスにより学史的に整理されましたが(Papastergiadis 2000)、多文化主義やポストコロニアリズム(postcolonialism)の文化批評が一般化してくる中で中心的な概念となりつつあります。しかし、文化がそもそもハイブリッドであるという認識に立ち、本質主義的な立場から「伝統」的なものを追い求めてばかりいることの弊害はかなり早くから指摘されています。1929年に英国の王立人類学協会から刊行された『ノーツ・アンド・クエリーツ』では「ある研究者達は、彼らにとって『純粋に土着的なもの(pure native)』と思われる慣習や観念にしか関心を示さない。彼らは、ヨーロッパの影響を感じさせるものを見いだすと、それを重要でないものとして排除し、記録しない。それは、あたかも、写真を撮る前に輸入家具を土着の家から運びだすようなものである。このプロセスはイノセントで殆ど無意識であるようにみえるが、重大な証拠の偽造である」との警告しています(Royal Anthropological Institute 1929)。

　ハイブリッドなモノを排除すべきではないというこの発想は、当初「伝統」的なものを際立たせるためになされていましたが、現在では、ハイブリッドなモノそのものに研究関心が移ってきています。ホミ＝バーバは「文化の中間者」と題する論文の中で、移民の持ち込んだ部分的文化こそがポストコロニアルな状況下で文化を考察する際の構成要素となりつつあることを論じています(Bhabha 1996)。それによると、いずれの文化においても文化接触や文化変容により起こる文化的多様性を受け入れ、部分的文化の選択の違いによるハイブリッドな「差異としての文化」が生じているとされています。ただし、ここでいうハイブリッドとは、本質主義的な文化の排他的独自性つまり文化のオーセンティシティー(真正さ)を認めた上で、異なる二つの文化を二項対立や二者択一的に扱うことをいうのではありません。むしろ、ハイブ

リッドは同化でもなく融和でもなく、複数の文化の排他的関係を二項対立で捉えることを拒否するような行為が日常生活の中で表出していることをさしています。そうした行為を表出するハイブリッドな行為主体は、部分的文化を選択的に配置することで特定の文化に盲目的に従うことを拒否し、自らのスタイルで実際に生活する存在です。移民の文化に限らず、我々は常に文化要素についての選択を繰り返しながら、自らの周りに物質文化を作り出しています。したがって、物質文化は基本的に常にハイブリッドな状態にあるともいえます。

さて、移民の物質文化におけるハイブリディティーは主に型式と組成の二つの側面で見いだしうると考えられます。型式上のハイブリディティーとは、いわゆる「折衷型」で、複数の考古学的な型式文化に起源をもつ属性が一つのモノの上に展開する場合をさします。後述するように日本的な尖頭角柱型墓標にコロニアル風の基壇が伴っている「日本式」墓標や、モンペとスカートを組み合わせた日系移民の作業着などがその例です。一方、組成上のハイブリディティーとは個々のモノは個別の文化的起源をもつオリジナルなものですが、その組成では複数の文化に由来するものが混在している場合をいいます。日系移民の生活財の組成のあり方の多くがそのパターンを示します。ただし、そうした物質文化の組成で観察されたハイブリディティーを、行為主体(移民自身)がミックスされたアイデンティティであるということに単純に結びつけることは危険です。モノの組成にみられるハイブリディティーは、単にミックスされただけの偶然の産物なのか、異なる文化領域間を「越境」する中で無意識のうちに生み出されたものなのか、意図的に選択されることにより生じる差異をもって支配的文化に抵抗する「主張的な」ハイブリディティーなのかを慎重に区別する必要があります。そのためには、モノを単純に社会に結びつけて議論するのではなく、そのモノを取り巻く個別具体的な歴史的・社会的コンテクストを充分に読み解く中で、社会との関係を考察することが重要です。本発表では、ニューカレドニア日系移民の生活財を中心に、ハワイ日系移民の生活財も参照しつつ、検討することとしました。

まず、図1のハワイ移民が作った手製の生活財をご覧ください。図1−1

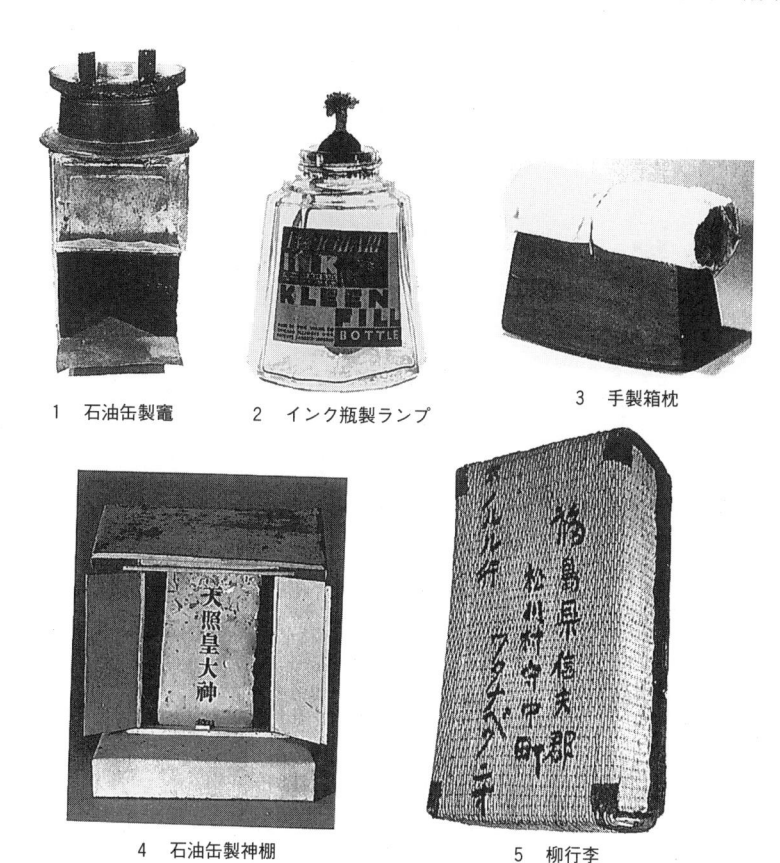

日系移民にとっての「近代化」と物質文化（朽木）

1 石油缶製竈　　2 インク瓶製ランプ　　3 手製箱枕

4 石油缶製神棚　　5 柳行李

図1　移民の生活財（ハワイ）

は石油缶を転用した竈、図1－2はインク瓶製のランプ、図1－3は手製の箱枕、図1－4は石油缶製の神棚です。中には、日本的な生活財もありますが、全て現地調達したものを用いています。生活財を自作することにより、転用前のモノがホスト社会の文化に由来するモノである場合には、折衷型のハイブリディティーを呈することになります。これらは、図1－5のハワイ日系移民の柳行李が示すように、移民時には制限された手荷物しか持ち込めなかったことに起因しています。ニューカレドニア日系移民の場合も同様で、1919年に海外興業株式会社が移民募集のために作成した『佛領「ニュー、カ

第Ⅱ部　近現代考古学の射程

### 表1　日系移民の生活財（主寝室：ニューカレドニア）

| U.A家（※） | | K.S.家（■） | | Y.H.家（★） | | H.N.家（▲） | |
|---|---|---|---|---|---|---|---|
| 品名 | 点数 | 品名 | 点数 | 品名 | 点数 | 品名 | 点数 |
| ベット | 1 | ベット | 1 | マットレス | 1 | ベット | 1 |
| 机 | 1 | 小型飾台 | 1 | 羽根布団 | 1 | 装飾机 | 1 |
| 洋服ダンス | 1 | 洋服ダンス | 1 | 手鏡 | 1 | 小机 | 1 |
| 中古ピアノ | 1 | ピンポンネット | 1 | 手箱 | 1 | 飾り棚 | 1 |
| ソファー | 1 | ハンモック | 1 | ミシン | 1 | カメラ | 1 |
| 飾り棚 | 1 | 酒類 | 9 | シーツ | 1 | ブレスレット | 12 |
| 吸い取り器 | 1 | 籠 | 1 | 蚊帳 | 1 | シャツ | 20 |
| ゴザ | 1 | 毛布 | 2 | 電気アイロン | 1 | 吸い取り器 | 2 |
| リノリウム | 1 | ベットカバー | 5 | 電気ランプ | 1 | 帽子 | 2 |
|  |  | 敷布 | 2 | アセチレンランプ | 1 | 取り付け襟 | 9 |
|  |  | ベット用天蓋 | 2 | スーツケース | 1 | ズボン下 | 2 |
|  |  | テーブルクロス大 | 1 | 仏像 | 1 | ナプキン | 3 |
|  |  | テーブルクロス小 | 1 | 日本人会の写真 | 1 | 日本製小額縁 | 1 |
|  |  | ヘアアイロン | 1 | ベットカバー | 3 | 日本製剣玉 | 1 |
|  |  | アイロン | 1 | バリカン | 1 | 煙草セット | 1 |
|  |  | 枕カバー | 2 | 大型円形時計 | 1 | 振り子時計 | 1 |
|  |  | その他*1 | 54 | その他*2 | 24 | その他*3 | 209 |

*1 床屋の仕事着、カーテン、グルコースの瓶、注射器、注射針、温度計、ろうそく、鋏、仏国旗
*2 鋏、ボタンの小袋、糸巻、香水、フィルム、長柄箒、婦人用帽子、オーバー、ズボン、ゴム印、籠、煙草セットなど

### 表2　日系移民の生活財（食堂：ニューカレドニア）

| U.A家（※） | | K.S.家（■） | | Y.H.家（★） | | A.H.家（●） | | H.N.家（▲） | |
|---|---|---|---|---|---|---|---|---|---|
| 品名 | 点数 | 品名 | 点数 | 品名 | 点数 | 品名 | 点数 | 品名 | 点数 |
| テーブル | 1 | テーブル | 1 | テーブル | 2 | コーヒーポット | 5セット | テーブル | 1 |
| 椅子 | 8 | 椅子 | 6 | 椅子 | 1 | ティーポット | 3 | 椅子 | 4 |
| 食器棚 | 1 | 食器棚 | 2 | クローゼット | 1 | ボール | 11 | 棚 | 1 |
| 飾り棚 | 1 | スープ鍋 | 2 | 壺 | 1 | 塩入れ | 1 | キャセロール | 4 |
| ガラスケース | 1 | ココット鍋 | 4 | ココット鍋 | 4 | スープ鍋 | 1 | ココット鍋 | 2 |
| 子供用椅子 | 2 | キャセロール | 2 | キャセロール | 1 | 皿 | 7 | シチュー鍋 | 2 |
| 壺 | 2 | スープ鉢 | 2 | 盆 | 3 | ポット | 1 | コーヒーポット | 2 |
| ココット鍋 | 3 | 皿 | 9 | ナイフ | 1山 | 水指し | 1 | ティーポット | 1 |
| フライパン | 4 | レードル | 1 | やかん | 1 | 炭挟み | 1 | コップ | 13 |
| キャセロール | 5 | 鍋 | 14 | 穴杓子 | 2 | 石油ランプ | 1 | 盆 | 1 |
| やかん | 1 | コップ | 3 | 石油ランプ | 2 | 皿 | 1 | スープ鉢 | 3 |
| 皿 | 19 | バター入れ | 1 | コップ | 2 | 鍋置 | 2 | 皿 | 18 |
| スプーン・フォーク | 1山 | スプーン・フォーク | 1山 | 湯たんぽ | 1 | スケート | 2 | サラダボール | 1 |
| レードル | 1 | 盆 | 7 | 手桶 | 1 |  |  | ボール | 13 |
| スキマー | 1 | 籠 | 1 | 醤油 | 1 |  |  | 砂糖壷 | 1 |
| ティーポット | 3 | ランプ | 1 | 洗面器 | 1 |  |  | バター入れ | 1 |
| コーヒーポット | 2 | まな板 | 1 | 野菜おろし器 | 1 |  |  | スプーン・フォーク | 1山 |
| 砂糖壷 | 4 | 泡立器 | 1 | ティーポット | 1 |  |  | ソーセージ製造器 | 1 |
| スープ鉢 | 1 | ナイフ | 5 | 鹿のつの | 2 |  |  | 飯盒 | 2 |
| 牛乳ポット | 2 | コーヒーミル | 1 |  |  |  |  | 穴杓子 | 1 |
| コーヒーカップ | 3 | ナプキン | 18 |  |  |  |  | レードル | 1 |
| チーズおろし器 | 1 |  |  |  |  |  |  | 箒 | 1 |
| 胡椒ミル | 1 |  |  |  |  |  |  | 盆台 | 5 |
| バター入れ | 1 |  |  |  |  |  |  | ランプ | 1 |
| 盆 | 3 |  |  |  |  |  |  | ベンチ | 1 |
| 皿 | 8 |  |  |  |  |  |  | 目覚まし時計 | 1 |
| 時計 | 1 |  |  |  |  |  |  | 広口瓶 | 1 |
| 湯たんぽ | 1 |  |  |  |  |  |  | 石鹸入れ | 1 |
| 毛布 | 2 |  |  |  |  |  |  | バケツ | 1 |
| テーブルクロス | 1 |  |  |  |  |  |  | 鍵 | 1 |
| 枕カバー | 1 |  |  |  |  |  |  | 温度計 | 1 |
| 籠 | 1 |  |  |  |  |  |  |  |  |
| その他*1 | 74 |  |  |  |  |  |  |  |  |

*1 他に、地球儀、タルカムパウダー、ヘアアイロン、刺刀、電球、鋏、糸、巻尺、ブレスレット、ピアノ教則本、洗髪横り、電気アイロン、スレート油瓶し、脚付き写真盤、土鉱壷、長靴、スーツケース、貝殻、手鈎、灰皿、石油ランプ、子供用本、針、練炭、象、花瓶、ポンポン入れ、丸クリップ等

レドニヤ」行移民心得大要』に「シャツ、ズボン下、靴、靴下等を用意すべし、この外、毛布、蚊帳、日用小間物類合薬を持参するを可とす」とあることからみても、大量の生活財を持ち込むことは出来ず、多くは手製のものでまかなうしかなかったと考えられます。

　このように、多くのものが現地で調達された結果、移民の生活財の組成はやはりハイブリッドなモノになっていました。表1、2をご覧ください。これは、ニューカレドニア公文書館（Archives Territorials de Nouvelle Caledonie）所蔵史料 Sequestre Japonais（史料番号152W1-20）に残された6件の日系移民の第二次世界大戦開戦に伴う財産接収記録の内から分析に耐え得る資料の質及び量を持つ5家族（U.A.家、K.S.家、Y.H.家、A.H.家、H.N.家、いずれも商店経営）の財産目録を基に、作成した主寝室と食堂に置かれた生活財の一覧です。表1の主寝室においては、各家ともベットを使用しており、明確な差異は認められません。ただ、K.S.家ではベット用の天蓋を所持しているのが注目されます。カメラ（H.N.家）やピアノ（U.A.家）などの高級品も散見されます。また、日本製剣玉や額縁（H.N.家）や、仏像、日本人会の写真（Y.H.家）など日本製や日本人どうしの繋がりをしめすモノがある一方で、仏国旗を所持している家（K.S.家）もあります。電気ランプや電気アイロン（Y.H.家）など家庭用電化製品も見受けられます。表2に示した食堂では各家共にコーヒーカップやティーポット、コーヒーミル等が多く所有されている点が注目されます。鍋等の種類と数も多く、フライパンやココット鍋などの品目名からみて、現地で調達した西洋式の調理器具であったと思われます。スプーンやフォークなども見られますが、箸についての記載はありません。また、スープ鉢は、今日の日本でもあまり定着していませんが、表2では複数の家で所持されています。また、醤油を所持している家（Y.H.家）がある一方で、ソーセージ製造器などを持っている家（H.N.家）もあります。品名のみで実物を実見できないため、詳細は不明ですが、かなり西洋化した食生活であったと考えられます。また、ナプキンやテーブルクロスなど、今日の日本でもあまり普及していない家庭用リネン類があることからも西洋化したライフスタイルであったと考えられます。また、家の外観も図2、3に

第Ⅱ部　近現代考古学の射程

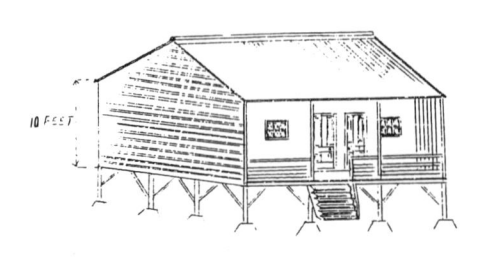

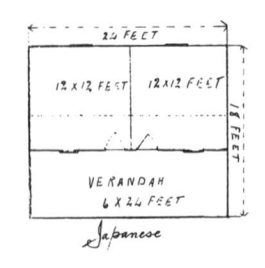

図2　移民の家（ハワイ）

図3　移民の家（ニューカレドニア）

あるように、ハワイ・ニューカレドニアいずれでも現地の長さ表記(メートル法またはヤード法)にしたがったホスト社会に適応した家となっています。つまり、部分的に日本文化へのこだわりが認められるものの、大半がホスト社会に合わせる形でハイブリッドな状態になっています。こうした生活財のハイブリッド化とは別に、非生活財である墓標などでは、厳然と日本文化へのこだわりが看取できます。表3はニューカレドニアにおける日系移民の墓標の銘文の没年銘表記が元号・西暦・皇紀などいずれを用いているかを示したもので、西暦(漢数字表記)を使用したものは極めて少なく、大半が元号を使用していることが分かります。管見の限り、ティオの総供養碑の例しか見

日系移民にとっての「近代化」と物質文化（朽木）

表3　移民墓標の紀年銘 (ニューカレドニア)

| 紀年銘表示 | 西暦<br>(漢数字表記) | 皇紀 | 元号 | 年銘なし |
|---|---|---|---|---|
| 墓標数 | 5 | 1 | 156 | 11 |

表4　移民墓標の宗教的表現 (ニューカレドニア)

| 年代 | -1910 | 1911- | 1921- | 1931- | 不明 |
|---|---|---|---|---|---|
| 六字名号／題目 | 2 | 4 | 10 | 8 | 3 |
| 戒名／法名 | 2 | 1 | 0 | 0 | 0 |
| 俗名のみ | 26 | 22 | 29 | 41 | 25 |
| 合計 | 30 | 27 | 39 | 49 | 28 |

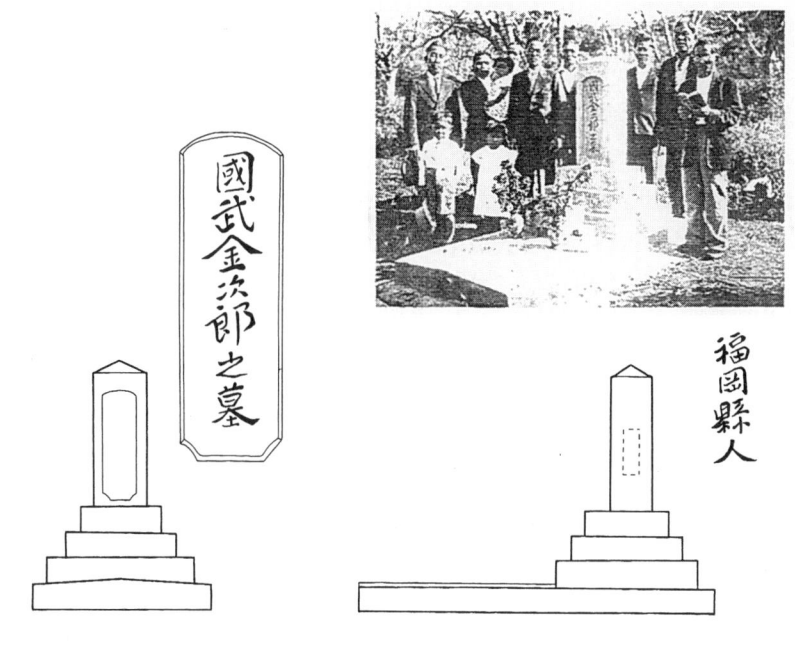

図3　移民墓標の実測図 (1/400) と設立時の写真 (ニューカレドニア)

つかっていませんが、皇紀を用いている事例もあり、紀年銘に関しては日本的な表記法が維持されたといえます。表4は戒名の使用数と、南無阿弥陀仏の六字名号や南無妙法蓮華経の題目といった宗教的言語表現の使用数を年代順にまとめたものです。戒名(法名)の記載を持つのは移民当初の1900年代の2例と1910年代の1例しかありません。一方、名号や題目といった宗教的

第Ⅱ部　近現代考古学の射程

言語表現は年代を問わず少数ではあるが継続して用いられつづけています。日本において俗名のみで戒名(法名)を記さない墓標は少なく、かつ、後藤明によるハワイの調査では戒名(法名)が散見されていることからみて、これは移民先での僧侶の有無が影響しているものと考えられます。即ち、六字名号や題目といった宗教的言語表現は普遍的に用いることができるが、戒名(法名)を与えることは僧侶等専門的な知識を要することであり、いわゆる「にわか坊主」ではなし得ないということです。また、移民の墓標の中には、「日本国」等の国名表記を省略し、出身地を県名から書き始めたり、図4にあるように、「福岡県人」等という表記があるなど、「国民」より「県人」レベルの付き合いが重視されていたことを物語るモノもあります。さらに、墓標にこだわらない葬法も現れ始めています。図5は日系二世のZ氏の骨壺を中心とした祭壇の様子を写したものです。1998年に亡くなったZ氏の遺族からの聞き取り調査では、Z氏から火葬にして欲しい旨の遺言を直接に聞いたわけではないですが、Z氏が「日本的である」と考えていた火葬を望んでいたことを人づてで聞いて、本人の意思を尊重してオーストラリアで遺体を火葬にしたとのことです。オーストラリアに遺体を搬送したのは、カトリック教徒が大半を占めるニューカレドニアには火葬場がなかったためです。骨壺は、ニューカレドニアの日系人の親睦団体であるアミカル・ジャポネが、ニューカレドニアに駐在の商社員の家族に依頼して取り寄せた日本製のものです。Z氏の遺族の話では、Z氏の遺骨はこのまま家庭内で安置し、墓地への埋葬は考えていないとのことでした。

　墓標以外にも、位牌の取り扱いについて興味深い事例があります。図6はいわゆる「繰り出し位牌」と呼ばれるものです。この位牌は、第二次世界大戦を契機に日本に帰国したM氏(日系一世)を訪ねてM氏の孫(日系三世)が訪日した際に、日本の親族から預かったものです。中には、M氏の法名と俗名、没年月日と年齢が記された木片が入っています。しかし、位牌の意味と役割についてM氏の孫に上手く伝わっていなかったためか、ながらく「置物」として家庭内で扱われていました。以上の結果から、以下の3点が指摘できます。

日系移民にとっての「近代化」と物質文化（朽木）

図5　Z氏の骨壺（ニューカレドニア）

図6　M氏所蔵の繰出し位牌
（ニューカレドニア）

（1）　第二次世界大戦直前期のヌメアに居住した日系移民たちの物質文化には、食器やリネン類に顕著に看取できる西洋化したモノの所有パターンが認められたこと。これは、彼等のライフスタイルがステップマイグレーションの初期段階で極めて類似して西洋化していたことの証左です。
（2）　その一方、高級品と日用品が使い分けられていた可能性も指摘でき、物質文化に関する充足度は家毎に異なること。
（3）　食器やリネン類など生活財が西洋化していくのとは異なり、墓標の形など日常生活に使用しないモノ(非生活財)は、移民の定着度に従って「日本」的な形態が意識されていたこと。

一概に、日系移民の物質文化といっても、生活財ではホスト社会の文化を柔軟に取り入れている一方で、墓標などの非生活財では移民のステップマイグレーションの過程に従って「日本」的な形態が創成されていきます。したがって、母国の文化からホスト社会の文化への移行という同化論的理解をするよりも、実際には、接収により一括で記録された生活財や移民墓標の経時

103

的変遷に見られるホスト社会の文化と母国文化の重層性が指摘できます。

## 5. 移民の物質文化から構築主義的考古学へ

　日系移民の物質文化のあり方としては、ホスト社会の文化と母国の文化の間を不断に行き来し、それぞれの文化要素を流用する中で実際に日常生活が生み出されることが分かります。ニューカレドニア日系移民の物質文化は、通常時ではハイブリッドな状態にあるものの、墓標造立時など、時に応じて自らのアイデンティティーが声高に主張されていました。つまり、移民の物質文化は、ネイションやエスニックグループといった想像された共同体の内外で政治的に作り出されるのではなく、それぞれの文化要素を流用する中で実際に日常生活の中で生み出されていることが指摘できます。

　これまでの考古学では、モノから看取される特徴や変化を本質主義的に捉え、モノを社会と直接に結びつけて解釈してきました。しかし、本稿で述べたように、移民の物質文化から読み取ることが出来るのは、二つの文化の中でしなやかに揺れ動くハイブリッドな社会の様相でした。これまで、拙書（朽木2004）等でも述べてきましたが、これからの考古学においては、こうしたハイブリディティーを見落とさないようにするためにも、構築主義的立場をとる必要があるのではないでしょうか。

（千葉商科大学）

**引用・参考文献**

川上　バーバラ・F　1998『ハワイ日系移民の服飾史』　香月洋一郎訳　平凡社

朽木　量　1997a「考古学方法論の再構築と近現代物質文化研究—ニューカレドニア日系移民の墓標研究から—」『民族考古』別冊特集号　64-67頁

朽木　量　1997b「墓石から読む歴史学」『三色旗』597号　24-29頁

朽木　量　1999「日系移民の『移動』に伴う物質文化の変容—ニューカレドニア日系移民と移民母村の墓標調査から—」『旅の文化研究所研究報告』8　85-102頁

朽木　量　2000a「ニューカレドニア日系移民の生活財―第二次世界大戦時の敵国財産接収記録から―」『日本オセアニア学会newsletter』66　1-8頁

朽木　量　2000b「生活財からみたニューカレドニア日系移民の暮らし―モノの保有状況とそのパターン」『メタ・アーケオロジー』2　64-89頁

朽木　量　2001「異邦に生きた『日本人』の死―ニューカレドニア日系移民の墓標調査から―」『国立歴史民俗博物館研究報告』91　279-292頁

朽木　量　2004『墓標の民族学・考古学』　慶應義塾大学出版会

後藤　明　1991『ハワイ日系移民の物質文化研究の視点』『比較民俗研究』3　146-156頁

後藤　明　1995「『ことば』と『かたち』の狭間で―歴史考古学的資料としての墓石と多民族社会における文字表象について―」『物質文化』59　53-70頁

小林忠雄　1980『ニューカレドニア島の日本人』　ヌメア友の会

前山　隆　1997『異邦に「日本」を祀る―ブラジル日系人の宗教とエスニシティー―』　お茶の水書房

柳田利夫　2002『ラテンアメリカの日系人』　慶応義塾大学出版会

Goto, Hisao., Shinoto, Kazuko., Spoehr, Alexander, 1983, Craft History and the Merging of Tool Traditions: Carpenters of Japanese Ancestry in Hawaii. The Hawaiian Journal of History 17, pp.156-184.

Palombo, Philippe, 1994, Pearl Harbour et la prÜesence des Japonais en Nouvelle-Calëdonie, Memoire de D.E.A. Universite Francaise du Pacifique Centre de Noumea.

**史　料**

Sëquestre Japonais: Dossier de M. Paul HENRIOT, Administrateur de biens japonais（Archives Territorials de Nouvelle Cal e donie　所蔵：史料番号152W1-20）

# 旧日本植民地の物質文化研究とはどのようなものか？
―台湾を中心として―

角南 聡一郎

## はじめに

　本稿は、旧日本植民地(朝鮮、台湾、満州、南樺太、南洋諸島)について、考古学(物質文化研究)の視点からどのような研究が可能か試論を述べることを目的としています。中心的に扱うのは筆者がフィールドとしている台湾です。旧日本植民地を研究の対象とすることは戦後長らくの間、タブー視されていました。しかしながら、ポストコロニアル研究、昭和終焉による回顧的風潮などにより、日本でも様々なジャンルで植民地を題材とした研究が盛んになっています。現時点で植民地への移民は、移民史研究の一部分としてしか語られないマイナーなジャンルに甘んじています。そもそも、植民地への移民は移民が主導権を執り、自文化を異文化に一方的に押し付けるという構造であり、非植民地への移民は、あくまで異文化に準じ同化していくか否かが大きな問題であるという側面を有していました。つまり、基本的に同一のカテゴリーとしては扱い難い事象なのです。植民地への移民は、更に契約移民と自由移民とに分けられ問題を複雑化しています。移民の物質文化研究を実施するためには、前提として彼らの故郷である日本の物質文化について熟知しておく必要があるでしょう。また、最近は考古学に限らず歴史学、民族学、民俗学などでも学史研究が盛んです。筆者はこのような学史も旧植民地の物質文化研究の一部分を成すものと考えており、本稿でも言及してみたいと思います。以下、筆者自身のフィールドワークの成果を加えながら、物質文化を中心とした研究状況を紹介し、問題点を明らかにしていきたいと思います。

## 1．日本植民地という限定された時空

　日本植民地とは、そして彼の地への移民とは、限定された時間・空間で生じた現象であることは明白です。日本人は戦後、すべての植民地から帰国したという結末も限定という印象を強めました。

　まず、そのような限定された植民地台湾について若干の説明をしておきます。台湾は17世紀にオランダ、スペインによる植民地支配から鄭氏政権を経て、18・19世紀は清の支配下にありました。日清戦争の結果、明治28年(1895)に清から日本へと割譲されました。以来、昭和20年(1945)の終戦まで50年間支配下に置かれました。

　日本が台湾を領有した当時には、原住民(先住民)は、主として高地に居住し日本植民地時代に高砂族・生蕃と呼ばれた九つの部族、平地に住み大陸から移民した漢族との通婚により漢化が進んだ平埔族(熟蕃)、客家系、閩南系といったエスニックグループが存在していました。この点で既に台湾では、異文化交流に伴うモノの変化が生じていた可能性があります。

　では、なぜ本稿では台湾を研究対象の中心にしようとするのでしょうか。理由を説明しておきましょう。前述のように台湾領有は50年の長きに亘っており、植民地時代の物質文化が豊富で、在来技術との融合などが想定されるためです。また、台湾の政治的動きも理由の一つです。1990年代以降の台湾独立問題などから、台湾政府は大陸に存在しない事項を強調する傾向にあります。一つは、台湾原住民(先住民)であり、今一つは日本による植民地経験です。後者との関係から、韓国とは異なり植民地時代の研究が奨励されている点で、物質文化研究が実施しやすい環境にあるといえます。しかし、これらを製作・使用していた人々(台湾人・日本人双方)は高齢に達しており、聞き取りによる事実確認を行うには限界に来ていることも現実です。以上の点から、筆者は台湾をフィールドの場として選択しました。

## 2．考古学的方法の有効性

　これまでの近現代の物質文化研究(例えば考現学、風俗史学、民俗学、民具学など)には、とかく客観性と方法論に欠けてきたと考えられます。これを打

開するには、考古学的方法を援用することが有効ではないかと筆者は考えました。考現学などは物質文化をスケッチという手段を用いて表現し、民具学では考古学に影響を受けた実測図、写真を用いることが多く見られます。しかし、書かれなかった庶民生活の復元のためには、モノそのものが有する情報を出来るだけ多く抽出する必要があります。このためには、残された資料の客観化と比較検討が必要となり、考古学的方法がより説得力があると考えられます(桜井 2004)。

考古学的方法の定義として、考古学者 近藤義郎さんが提唱した考古資料の形態を規定する要素は注目に値します(近藤 1986)。近藤は、以下のように説明しています。考古資料の主体を占める製作物は、遺物であれ、遺構であれ、すべて形態を持ちます。考古学は、その形態の特徴に着目して、種類をわけたり、型式を分類したりします。この前提から形態を規定する要素として四つが考えられます。つまり、①材質②技術③機能・用途④集団の歴史的個性です。①～③の三要素は、相互に絡み合って存在するものですから、変化に際しても互いに影響し合うのが普通です。ここで、この三要素とは一見無関係な変化をするのが、文様のような集団の歴史的個性(イデオロギーの表現)です。筆者はこのような、「考古学的なモノの見方」(後藤 2004)を旧日本植民地の物質文化に適用してみたいのです。

また、土器論でしばしば問題とされる、在地か非在地かということを考える上での、技術分析は参考となります。特に筆者の専門である、弥生土器・古式土師器における土器の移動論は、旧植民地の物質文化研究に有効な概念であるといえるでしょう。中でも考古学者 森岡秀人さんは以下のように説明します。移入者の立場で考えるならば、中間的特徴を有する土器は、出身地土器のあくまで変容の一過程であると同時に、移動先の在地土器への接近・模倣の過程といえます(森岡 1993)。このような、在地・非在地(搬入・変容・模倣)という現象は、植民地の物質文化の変化にも適用可能であると考えられます。

## 3．モノ研究の素材
### （1） モノ研究の前提

　台湾における物質文化研究は、日本植民地時代に突入すると同時に開始されたと言っても過言ではないでしょう。領有当初、東京帝国大学人類学研究室関係者である伊能嘉矩さん、鳥居龍蔵さんなどにより調査・報告がなされました。その後、台北帝国大学土俗人種学研究室の開設に伴い、移川子之蔵さん、宮本延人さんらにより『南方土俗』を中心に活動が行われました。またこれとは別に、台北帝国大学医学部教授であった金関丈夫さんなどが主催した『民俗台湾』誌上でも漢族の物質文化の紹介がありました。これら植民地における考古学や民俗学の調査研究という営為も、近現代の所産であることから、植民地物質文化物研究の一部を形成しているといえます。

　現在、台湾においてモノ研究は盛んであるとは言い難い状況にあります。考古学の対象も近現代にまではほとんど及んでおらず、近年になって先史時代中心の研究から明清代(中近世)にまで範囲が拡大しつつある段階です。特に民具研究は技術論までは言及されることはありますが、形態分類や、分布論にまで及んでいないのが実状です。しかしながら、1990年代以降の台湾史の政策的研究強化により、近現代物質文化への台湾人の関心が高まっており、今後の進展が期待されます。

　移民の物質文化そのものについて、はじめて注目をしたのは考古学者・民俗学者の国分直一さんです。国分さんは宜蘭県蘇澳南湾における民俗調査の際に、沖縄系自由移民である漁民と漢族系漁民とは物質文化的にも言語、信仰面でも相交錯している事実を指摘しました(国分ほか 1944)。これは本稿のテーマである、植民地の物質文化研究の発端であり研究史上重要な報告です。その後、台湾への移民そのものを中心とした研究は無いに等しい状況でした。近年、歴史学者の張素玢さんにより、吉野村、豊里村を中心とした官営移民の研究がまとめられました(張 2001)。張さんは、当時の移民への聞き取りや、旧移民村の現状についても調査を行っており、移民村の一つである栄村で使用されていた「栄村指導事務所」銘のある湯飲みも紹介していることなどからも、物質文化研究にも示唆を与えてくれる内容です。

第Ⅱ部　近現代考古学の射程

　ここでは、モノを中心的に据えたものでなくとも、モノ研究の足掛かりとなりうる周辺学問の研究成果を紹介しながら、今後の日本植民地における物質文化研究の可能性を探ってみたいと思います。
　（2）　建築というモノ
　日本式の住居、これを台湾や韓国などでは日式住居と呼びます。「日式」という語の語源は明らかではありませんが、戦前からではなく、戦後に定着した語のようです(角南 2001)。建築そのものもモノですが、考古学的方法が用い易いのは、建築部材と製作用具ではないでしょうか。以下、両者に主眼を置きながら見ていきます。
　建築部材のタイルにも複雑な変遷があります。そもそもタイルは西洋で生まれたものですが、日本で模倣されたものが台湾にも輸入され使用されるようになりました。そして、タイルのデザインも当初の西洋風から漢族の嗜好に合った吉祥デザインへと変化し、台湾でも生産されるようになりました(堀込 2001)(図3)。これなども日本の植民地支配を通じて西洋文化が流入した好例です。
　西洋的な施設の導入としては、便所の変化があります。台北市でも日本と同様にそれまでは肥溜めであったものが、陶製便器、水洗便所などが導入されていく様は(董 1990)(図1)、日本による都市計画に起因するといえます。
　葉乃斉さんは、日本植民地時代に日本の大工道具が台湾在来の道具や操作技術に影響を与えたことを指摘しています(葉 2003)。そもそも大工道具は弥生時代以降、中国から日本へと伝えられたものです。また同様のことが製陶業(陳 2001)、窯業(陳 1999)、左官業(角南 2003)、畳蓆業(角南 2004)などでも指摘されています。
　台湾には福建省から伝来した瓦窯である、亀仔窯、包子窯が存在していました。植民地時代に日本より目仔窯(登窯)が導入され定着しました。同時に西洋起源の八掛窯(ホフマン窯)も導入されています(図5)。朝鮮では植民地時代に達磨窯が導入され、瓦生産が行われたことが確認されていますが(藤原 2001)、台湾でも追跡調査を行う必要があるでしょう。
　日式住居に不可欠である畳は、台湾でも戦前から日本人・台湾人によって

旧日本植民地の物質文化研究とはどのようなものか？（角南）

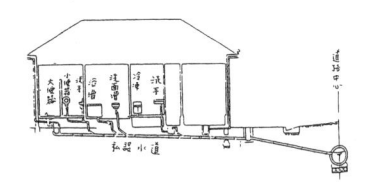

図1　日本植民地時代の台北市の便所（董 1990）

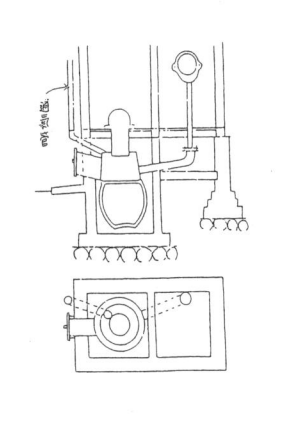

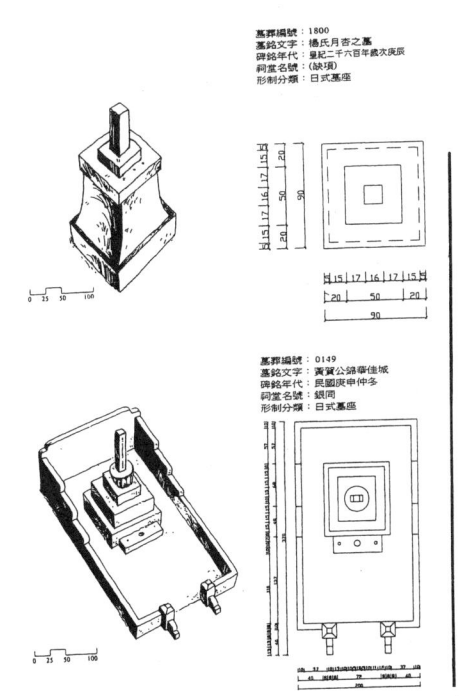

図2　台湾の日式墓（李編 2002）

図3　日本植民地時代に民家に使用された
　　　タイルの製造会社（堀込 1990）

第Ⅱ部　近現代考古学の射程

写真1　雲林省北港鎮の畳屋

写真2　プラスチック製煉瓦（台北市内にて撮影）

生産されていました。戦後、日本人が去った後にも不思議と畳の使用は継続されていきました。このことにより、表代えをする必要性から台湾人による製畳業が成立することになりました。タタミという日本語は、そのまま「榻榻米」として台湾語となり、現在に至っています（写真1）。筆者の調査では、使用される道具や道具の呼称などで若干の変化が認められます（角南2004）。

畳、燻瓦は日本人が去った後にも台湾社会に受け継がれて、榻榻米、日式瓦として現在も生産され続けていますが、台北市内では、燻瓦の代用品としてプラスチック製のものが使用されている状況もあります（写真2）。これらは、若干の変容を経ながらも、異文化の中に日本発の物質文化が溶け込んだ代表例といえるでしょう。

前述のごとく各植民地では都市計画が実施されましたが、台湾も例外では

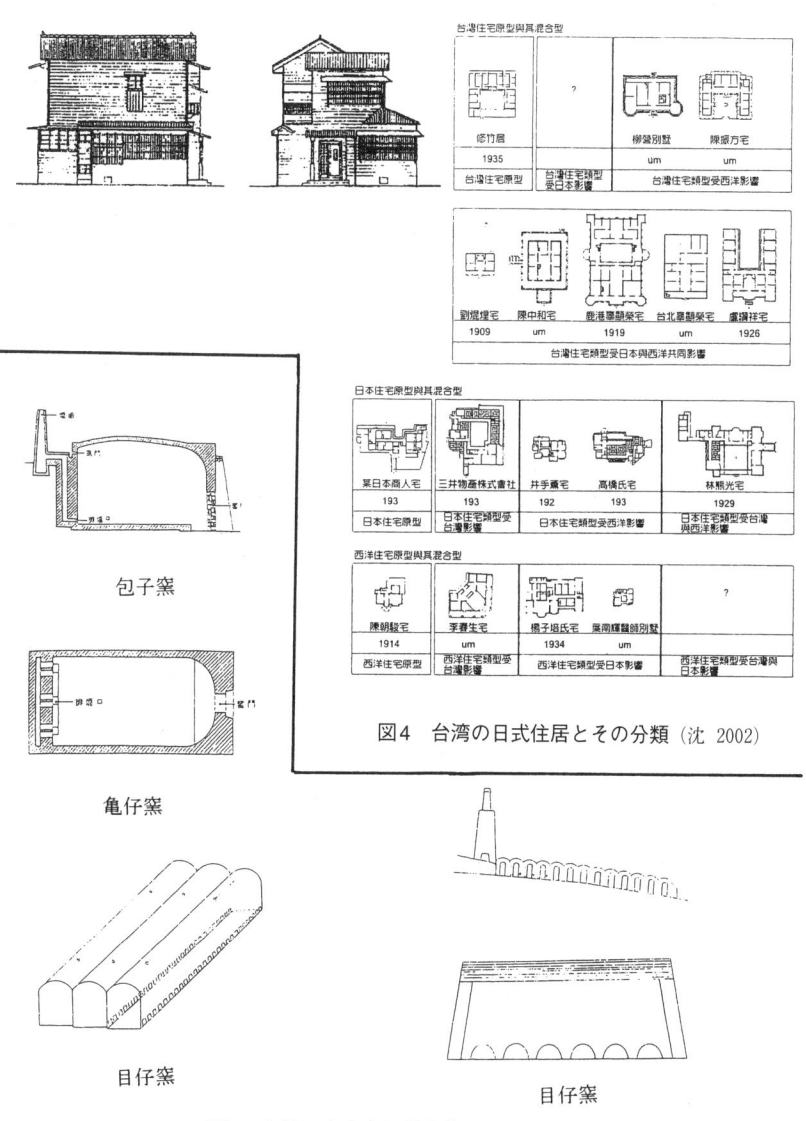

図4　台湾の日式住居とその分類（沈 2002）

図5　台湾の在来窯と外来窯（陳 1999）

ありませんでした(橋谷 2004)。計画都市では、必然的に日本による新しい建築が多数を占めました。台北などの計画都市で、日本人と台湾人との居住区分が明確になされたことは、地区別に建築を含む物質文化の在り方が異なっていた事実を示しており、調査検討の際に念頭に置いておく必要があります。

　台湾の土木工事と深く関係した人物の一人に、ダム建設を実施した八田与一さんがいます。台湾と比べて日本では知名度の低い人物ですが、近年、日本でも彼の伝記が出版されました(斉藤 1997)。モノの作り手の人生を考える上で貴重な文献です。同様の回顧は朝鮮で土木工事に携わった人物によっても記されています(松尾 2002)。

　日本式墓＝日式墓の研究は、写真家 松山虔三さんによるグラフでの紹介に始まります (松山 1942)。松山さんは墓と民族という問題意識から、台式墓と日式墓を対比させて見せました。戦後は、日本人によって若干の紹介がなされる程度でしたが (平敷 1986)、最近になって台湾でも調査・研究の対象となりつつあるようです(李編 2002)(図2)。

　神社については、いくつかの調査研究がありますが(中島 1993)、一般家庭で祀られていた神棚に関しては、本格的な検討はまだなされておらず、事例紹介がある程度です(簡 2001)。

　（3）　さまざまなモノ研究への入口

　建築以外ではまず、農具・農業改良があげられます。特筆すべきは、台湾ではありませんが朝鮮での朝鮮総督府農事試験場西鮮支場長であった高橋昇さん(1892〜1946)の仕事です。高橋さんは、朝鮮全土の農業実態調査を通じて、在来農具に関する大量の写真、スケッチ、実測図を残しました。朝鮮のみならず、植民地支配による被植民地の実態調査は、各地の各種産業についても行われました。特に、当時の日本社会における主な生業基盤であった農業についての調査は精力的に実施され、報告書としてまとめられていきました。このような農業改良の結果は、台湾でも台湾総督府殖産局の編集による『台湾之農具』として結実しています。

　また、柳宗悦さんによる民芸運動に呼応して、植民地でもモノに関心が寄

せられました。金関丈夫さんはこの運動に賛同し、『民俗台湾』誌上に「民芸解説」を連載し、台湾におけるエスニックグループに捉われないモノの評価を行おうとしました。柳さんは昭和18年(1943)3月中旬に台湾を訪れ、4月中旬まで滞在し、金関さんらとともに全島を一周しながら民芸品の蒐集を行いました(柳・金関 1943)。しかし、台湾での民芸運動はそれほど盛り上がらなかったようです。けれども、土産物生産には多大なる影響を与えたことが想像されます。

　文化財(考古資料、美術工芸品)については、朝鮮半島や中国では植民地時代に、政治的権力や金銭にものを言わせる日本によって略奪・盗掘されたという議論が多くあります(李 1993、全 1999)。台湾では文化財保護の基盤を作ったという正の面で語られることはあるものの、文化財略奪という負の面での議論は少ない状況です。これは、戦後に金関丈夫さんや国分直一さんが留用され、大学、博物館などの収蔵資料の整理・引継ぎが行われたからだと考えられます。しかし、日本に持ち込まれた文化財も少なくなく、国内に存在する台湾関係文化財のデータベース化という作業は必要でしょう。

　古写真に写されたモノの存在も重要となってきます。日本では、戦前に刊行された『日本地理風俗体系　台湾篇』、『日本地理体系　台湾篇』などが参考となるでしょう。また、当時土産物として販売された絵葉書も歴史資料として扱うには問題があるものの、モノとヒトとの関係を知る上で重要な資料であることは間違いないと思います。また、近年、台湾でも古写真に注目が集まり、多くの写真集が刊行されるようになりました。これらを駆使することもモノ研究では必要でしょう(例えば、山路 2004)。

　観光という近代的概念も、台湾に持ち込まれました。それまで温泉に浸かる慣習のなかった台湾で、温泉地を開発し保養地として成立させたのは他ならぬ日本人でした。このような観光地・保養地の発展には、鉄道網の整備があってのことです。台湾に限らず、日本は植民地の鉄道敷設に重点を置きました。その副産物として、満州、朝鮮、台湾では観光ツアーが実施された事実もあります。旅行に付き物である土産物産業の発達もこの時期以来盛んになったようで、植民地という内なる異文化を示す、様々な土産物が製作・販

売され、日本へと持ち帰られました。

　明治36年(1903)に大阪で開催された第5回大阪内国勧業博覧会では、領有8年を経ていた台湾についての展示が行われました。台湾館における土俗、蕃俗などの展示と学術人類館における生きた台湾生蕃の展示でした。現在の異文化を展示する装置である博物館の源流として、この展示を考えるならば、これが台湾のモノを国内で展示した最初であると理解できます。それゆえ、博覧会での植民地台湾からの出品物の調査も肝要となるでしょう。

　旧日本植民地とは、戦争という特殊な政治情勢の落し子であることは揺ぎ無い事実です。一般的に近現代を語る上で戦争は中心的なテーマであり、考古学でも戦争考古学・戦跡考古学が発足し盛んです。台湾でもその流れの中で語られる場合がしばしばあります(盧 2003)。しかし、戦争という偶発的事象は、日常生活をしっかりと把握することで理解可能となる問題です。植民地の場合も両者のバランスを考慮する必要があるのではないでしょうか。

## おわりに

　これまでの議論をふまえ、建築の例を中心に概念整理をすることで、まとめに代えたいと思います。日式住居は植民地で一般的に建てられたものではなく、日本の植民地支配が長期に亘った、朝鮮及び台湾に顕著なモノです(都市住宅研究会編 1996)。日式住居に不可欠な要素として、燻瓦と畳があげられます。両者は日本の民家に特徴的ではあるものの、東アジアではマイナーです。このことから、しばしば日本の民家が語られる際に、日本的特徴であるとされる部分です。燻瓦は、そもそも中国から伝来した瓦製作技術が、日本化したものであり、畳も中国からもたらされた、筵・席といった敷物が母体となり日本化したものです。つまり、ここで注目すべきは、大陸に端を発したモノは、周辺地域である台湾や日本へももたらされましたが、各地域で独自の変化を遂げた後に、植民地という人為的空間でそれぞれ系譜の異なるモノが遭遇することとなった点です。

　また、一方では建築の大きな要素として、日本は植民地へ日本的解釈の西洋を紹介したという点でしょう。近代に至り開国した日本では、西洋の技術

を摂取することが欧米の水準に追いつくことであるとされた時代でした。一方で、江戸的な趣味の回顧的・復古的な動き、学問系譜も依然としてあったことは忘れてはならない事実でしょう。ともあれ、植民地で主流を成したのは、西洋＝近代を前面に押し出した官営建築の造営でした。しかし、一方では官舎などの生活空間の建築では、前出の燻瓦や畳などの純日本的な要素が強く反映された住居が多く建てられることとなりました。これらの現象は、日本国内でも同様の歩みを見せており、饅頭のがわだけは取り替えたものの、あんこは急に変えることが出来なかった、当時の日本文化の実態を物語っている事実でしょう。しかしながら、次第に国内でも植民地でも西洋と日本との要素が融合した形式、日本と台湾の要素が結合した形式、西洋、日本、台湾の三者の要素が融合した形式など、様々な建築が創出されるようになりました(沈 2002)(図4)。ですが、この技術・形態の融合は一部分で生じたのみであり、大部分は都市計画的に民族ごとの居住区域が区別され、異文化間の接触には大きな壁が存在したことも事実です。そこには、植民する側とされる側という、歴然とした差別が横たわっていたことを忘れることは出来ないでしょう。植民地では特に、単にモノの類似、移動といった現象のみでは理解できない政治的な背景があることを念頭に置いた、モノ研究が実践されるべきだと思います。台湾では日本植民地時代の50年は、少なくとも日本物質文化研究史の一部であることは明白です。そのような意識を研究者は持ってモノ語る必要がある、そう筆者は考えています。

((財)元興寺文化財研究所)

### 引用・参考文献

片倉佳史　2002『台湾日治時代遺跡』　玉山社
金関丈夫　1977『南方文化誌』　法政大学出版局
川村　湊　2002『満州鉄道まぼろし旅行』　文芸春秋
簡栄　聡　2001「台湾伝統家具的物質文化調査」『台湾文献』52-3　台湾省文献
　　　　　　　　委員会
国分直一ほか　1944「海辺民俗雑記一」『民俗台湾』4-12　東京書籍

第Ⅱ部　近現代考古学の射程

後藤　明　2004「考古学的なモノの見方」『考古学ジャーナル』513　ニューサイエンス社
近藤義郎　1986「総論―変化・画期・時代区分―」『岩波講座　日本考古学』6　岩波書店
斎藤充功　1997『百年ダムを造った男』　時事通信社
坂詰秀一　1997『太平洋戦争と考古学』　吉川弘文館
坂詰秀一　2002「日本「植民地」等考古学覚書」『文学部論叢』116　立正大学文学部
桜井準也　2004『モノが語る日本の近現代生活』慶應義塾大学教養研究センター
渋谷紀三郎　1921『台湾之農具』　台湾総督府殖産局
全　京秀　1999「韓国博物館史における表象の政治人類学―植民地主義、民族主義、そして展望としてのグローバリズム―」『国立民族学博物館研究報告』24-2　国立民族学博物館
曽山　毅　2003『植民地台湾と近代ツーリズム』　青弓社
角南聡一郎　2001「忘れられた日本植民地文化」『日本民俗学会第53回年会研究発表要旨集』　日本民俗学会第53回年会実行委員会
角南聡一郎　2003a「台湾における日式建物と日式墓」『墓標研究会第10回例会発表資料』
角南聡一郎　2003b「台湾と日本の鏝絵」『建造物彩色の保存と修復』　クバプロ
角南聡一郎　2004「台湾の畳職」『日本民俗学会第56回年会研究発表要旨集』　日本民俗学会第56回年会実行委員会
角南聡一郎　n.d.「日本植民地時代台湾における物質文化研究の軌跡」
角南聡一郎ほか　2003「日據時期における台湾寺廟修復の意義」『文化財保存修復学会第25回大会研究発表要旨集』　文化財保存修復学会
高橋　昇　1998『朝鮮半島の農法と農民』　未来社
高橋　昇　2003『朝鮮半島の犂』　日本評論社
張　素玢　2001『台湾的日本農業移民』　国史館印行
陳　信雄　1999「台湾磚瓦窯的源頭発展」『陶業』18-2　中華民国陶業研究会
陳　新上　2001「苗栗的前輩陶師呉開興」『台湾文献』52-3　台湾省文献委員会
沈　祉杏　2002『日治時期台湾住宅発展史』　田園城市文化事業有限公司
董　宜秋　1990「日治後期(1920-1945年)台北市之便所興建」『台北文献』134

　　　　　　　　台北市文献委員会
都市住宅研究会(編)　1996『異文化の葛藤と同化』　建築資料研究社
中島三千男　1993「台湾の神社跡を訪ねて」『歴史と民俗』10　平凡社
橋谷　弘　2004『帝国日本と植民地都市』　吉川弘文館
藤原　学　2001『達磨窯の研究』　学生社
平敷令治　1986「台湾漢人社会の墓制」『文学部紀要社会科学篇』14-1　沖縄国
　　　　　　　際大学文学部
掘込憲二　2001「日治時期使用於台湾建築上彩磁的研究」『台湾史研究』8-2
　　　　　　　中央研究院台湾史研究所籌備處
松尾　茂　2002『私が朝鮮半島でしたこと』　草思社
松田京子　2003『帝国の視線』　吉川弘文館
松山虔三　1942「墓」『民俗台湾』2-6　東都書籍(グラフ)
森威史・角南聡一郎2004「日台考古学間交流の現状：近年の両国間研究交流と日
　　　　　　　　　本における台湾考古学文献目録」『台湾原住民研究』　風響社
森岡秀人　1993「土器移動の諸類型とその意味」『転機』4
李亀烈(南水昌訳)　1993『失われた朝鮮文化』　新泉社
李　霖　2001『台湾郷土行業』　稲田出版
李匡悌(編)　2002『国立清華大学新校区鶏卵面公墓清理及遷移歴史考古学監控及
　　　　　　　搶救計画期末報告』　国立中央研究院歴史言語研究所
盧　景猷　2003「台湾の戦争遺跡」『続しらべる戦争遺跡事典』　柏書房
柳宗悦・金関丈夫　1943「台湾の民芸に就いて」『民俗台湾』3-5　東都書籍
山路勝彦　2004「拓殖博覧会と帝国版図内の諸人種」『社会学部紀要』97　関西
　　　　　　　学院大学社会学部
葉　倩瑋　1994「日本植民時代における台北の都市計画」『経済地理学年報』
　　　　　　　40-3　経済地理学会
葉　乃斉　2003「台湾伝統木工工具与操作技術於日本殖民時期之影響研究」『城
　　　　　　　市与設計学報』13・14　都市設計学会

# 3．制 度

学校や軍隊といった近代制度は、新たな規範や近代的身体を国民に浸透させる装置としての役割を果たしましたが、その実態はいかなるものだったのでしょうか。ここでは「軍隊生活」「役所」「学校」についてとりあげます。

# 「兵営」の考古学
## —考古資料にみる軍隊生活—

浅川　範之

## 1. はじめに

　日本における近代的軍制の開始は、明治2年(1869)の兵部省設置に求められます。明治近代化の過程でいち早く確立した軍隊制度は、その教育的機能により、精神や身体、さらには人々が日常的に接するモノを通じて一般社会の諸観念や生活文化を変えていきました。その痕跡は、現代の我々の生活にも見出すことができます。軍隊という近代特有の空間における人と人、人とモノとの関係のあり方は、「近代日本人」の内実とその歴史的形成過程を考える上で欠くことのできないテーマなのです。

　そうした問題に主として物質資料(モノ)の側面から歴史的に迫ろうとするのが近現代考古学です。戦争関連の遺構や遺物を対象にした近現代考古学は、「戦跡考古学」として比較的早くから研究者の関心を集めてきました[1]。近年の発掘調査では、武器や装備品などの軍事関連資料と共に各種ガラス瓶や食器類、日常雑貨など軍隊生活の実相を窺わせる多数の生活財が報告されています。しかし、これら戦争関連遺跡からの出土遺物については、軍事色の強い一部の資料を除いて、これまでその資料的価値が充分に認識されてきたとはいえません。

　そこで本稿では、近代日本における生活文化の変容に大きく関与した近代的軍隊とその軍隊生活をテーマとして取り上げ、軍隊の生活空間である「兵営」跡から出土した近現代遺物が従来の軍事史研究に対して如何なる貢献ができるのか陸軍を中心に検討していきます。これまであまり関心を集めることのなかった戦争関連遺跡出土の生活財を通じて、近現代考古学及び近現代史研究に新たな方向性を提示できればと思います。

## 2. 軍事史研究と「兵営」の考古学―軍隊の文化史へ―

　近代日本における軍隊を扱った研究の多くは、軍事機構や制度、戦史を主題に据えてきました。そこでは戦時における軍隊や兵士のあり方に関心が向けられ、軍隊生活の実態とその歴史的変遷過程については資料の制約もあってか詳細な検討はほとんどなされていません。しかし、年齢的・身体的基準により選抜された一般の人々が軍隊の定める生活様式のなかで兵士としてつくりあげられた点を考慮するならば、軍隊社会とそこで営まれる兵士の日常生活は、戦時・平時を問わず軍事史研究において積極的にその意味が問われるべき課題であるといえます。

　日々の軍隊生活は、営門と塀により外界から区切られた「兵営」において営まれました(図1)。発掘調査では、明治期から昭和期にかけての建物や施設に伴う遺構をはじめ、軍隊生活で使用された生活財を含む多種多様な物質資料が検出されています。これらの遺構や遺物に対する考古学的な調査・研究では、個々の「兵営」における建物構造の復元とその空間的変遷、軍隊におけるモノの使用と廃棄の状況など、文献史料からは充分に捉えきれない軍隊生活の一面が明らかになりつつあります。また、遺跡からは電気・水道などのインフラストラクチャーに関わる遺構や、明らかに「兵営」の外から持ち込まれたと考えられる遺物も多数検出されており、これらの出土資料を通じて「兵営」と地域社会との関係性の一端を窺うことができます。

　こうして遺跡から検出される数々の考古資料は、軍隊が主体としての兵士だけでなく、その来歴や性質を異にする多様なモ

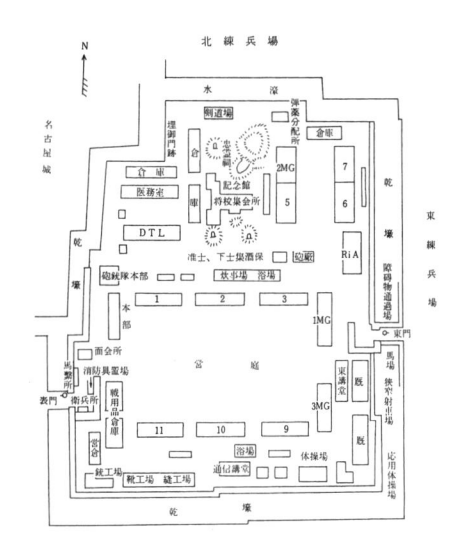

図1　兵営空間 (歩兵第六連隊兵営配置図)

ノの集合態として存在していたことを明らかにしてくれます。そして、制度的な軍隊を兵士が創造される「場」(舞台装置)としての「兵営」において分節化し、考古学的に分析する手法(「兵営」の考古学)は、これまで一般的かつ非歴史的に語られる傾向の強かった軍隊生活を地域や時代との関わりのなかでより具体的な問題として捉えることを可能にしてくれるのです。

このように、物質資料を時間的・空間的に扱うことを得意とする考古学は、従来の軍事史研究に対し「兵営」という軍隊生活の空間的表象そのものを分析対象とする視点を提供します。兵営空間において観察される様々な事象は、人と人、人とモノとの歴史的・社会的関係の痕跡であると同時に、軍隊社会における規範と空間構造との相互作用の痕跡でもあります。そして、個々の「兵営」に刻まれるこうした痕跡についての個別的・累積的な研究は、考古学を含めた関連諸分野の協業を通じ、従来の軍事史研究に「軍隊の文化史」とも呼べる新しい問題領域を提示することができるのです。

## 3．考古資料と軍隊生活

（1） 軍隊における「廃棄」―管理された廃棄活動―

図2は、高崎城三ノ丸遺跡(高崎歩兵連隊)における昭和期の出土遺物と遺構との関係をグラフ化したものです。湯呑とその他の食器群(丼、碗、皿)との間には出土地点や出土量において一定の差異があることが分かります。かつての下士官集会所及び酒保に近接する158地区では、塹壕または防空壕と推定される土坑から体部に「准士官下士官集会所」「酒保」などと記された湯呑が多数出土しました。一方、兵舎に近接する185地区からは、陸軍徽章を付した「軍用食器」や丼などが主体的に出土しています(浅川 2000)。

また、目黒区大橋遺跡(陸軍輜重兵学校)の事例では、本部建物周辺のゴミ穴からインク瓶などの事務用品、医務室と推定される建物付近からは薬瓶、将校集会所関連の建物付近からはビール瓶や牛乳瓶などが出土しています(小林・渡辺 2002)。こうした遺物の分布状況は、近接する施設の生活相が出土資料に一定度反映された結果であると捉えることができます。また、これら両遺跡の事例を含め生産年代が昭和期に比定される出土資料に関しては、

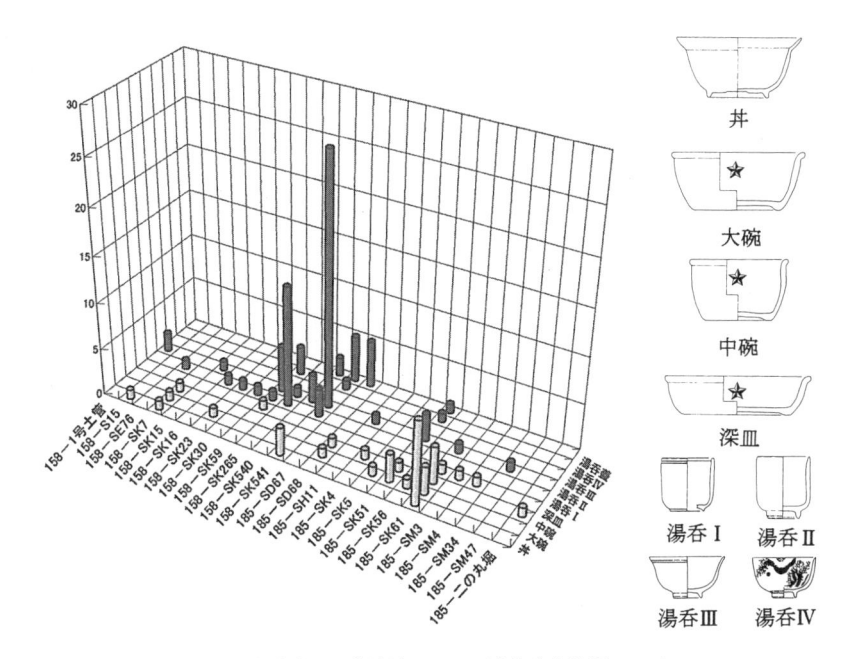

図2 高崎城三ノ丸遺跡における遺物出土状況（抜粋）

出土状況や製品の流通年代から判断して、軍隊生活に伴う日常的な廃棄ではなく終戦時に一括廃棄されたと推定できる資料群が主体を占めています。このように発掘調査は、軍隊における廃棄の様相を明らかにしつつありますが、一般兵士が使用したとされるアルミ製食器がほとんど出土しないなど検討すべき幾つかの問題点をも浮き彫りにしてくれます[2]。

一方、昭和期に記された各種教程本からは、軍隊における廃棄活動が組織的に管理されていたことが明らかになっています。それによれば、軍隊で使用された物品の廃棄にあたっては「廃棄処分承認官」[3]の認可が必要とされ、廃棄が認められた場合でもその処分には売却、寄贈、返納、保管転換、棄却、焼却など多様な方法がありました。また、兵営内には民間業者がその処分を請け負う特定のゴミ捨て場があり、それ以外の場所に勝手に穴を掘りゴミを廃棄することは禁じられていました（大西編 1916、陸軍経理学校 1940）。

こうした背景には、モノの扱いをめぐる軍隊での厳格な精神教育がありました。兵営内で使用される私物を除く全ての物品は、天皇から支給された「官給品」として位置付けられ、その管理と保全には神経質なまでの注意が払われたのです。従って、「官給品」である物品に関しては、廃品基準を統一することで不用品・破損品の境を明確化し無用な廃棄を防止すると同時に、不用品については他部隊に所有権を委譲することにより有効利用を図ろうとのねらいがありました(陸軍経理学校 1940)[4]。

　教程本に記されたこれらの内容が現実的にどの程度遵守されたのか定かではありません。しかし、発掘調査での遺物の出土量と出土状況は、少なくとも昭和期の陸軍において廃棄が厳密に管理された行動であったことを裏付けています[5]。今後は、文献史料から得られる情報を踏まえつつ、軍隊におけるモノの管理と廃棄に関わる行動がいつごろから組織的に管理され始めたのか、その歴史的過程を明らかにする必要があります。その一方で、軍隊の画一性とは相容れない個別例外的な出土資料や、使用・再利用に耐えうる完形資料の意味を検討する作業を通じて、軍隊におけるモノの使用と廃棄の実際的なあり方を考古学的に検証する必要もあるのです。

（2）軍隊と医療・衛生

　集団生活が営まれる「兵営」の衛生環境を良好に維持することは、戦時・平時を問わず旧日本陸軍における主要な関心事の一つでした。とりわけ脚気と共に人的戦力減耗の主要因であった結核性疾患に対しては、その予防に細心の注意が払われました(陸軍戸山学校編 1942、ほか)。軍隊の医療・衛生に対する関心の高さを反映してか、遺跡からは薬品瓶や医療器具、痰壺、歯ブラシなど医療・衛生関連の遺物が多数出土しています。

### 痰壺と結核予防

　図3(左下)は、新宿区水野原遺跡(陸軍経理学校)から出土した痰壺です。営庭と兵舎(第二生徒舎)に該当する調査区から終戦時に一括廃棄されたと考えられる灰皿や「軍用食器」などと共に出土しました。磁器製の円筒形で口縁部内面の釉薬が剝ぎ取られていることから、かつては漏斗蓋が附属していたことが窺えます(新宿区生涯学習財団 2003)。

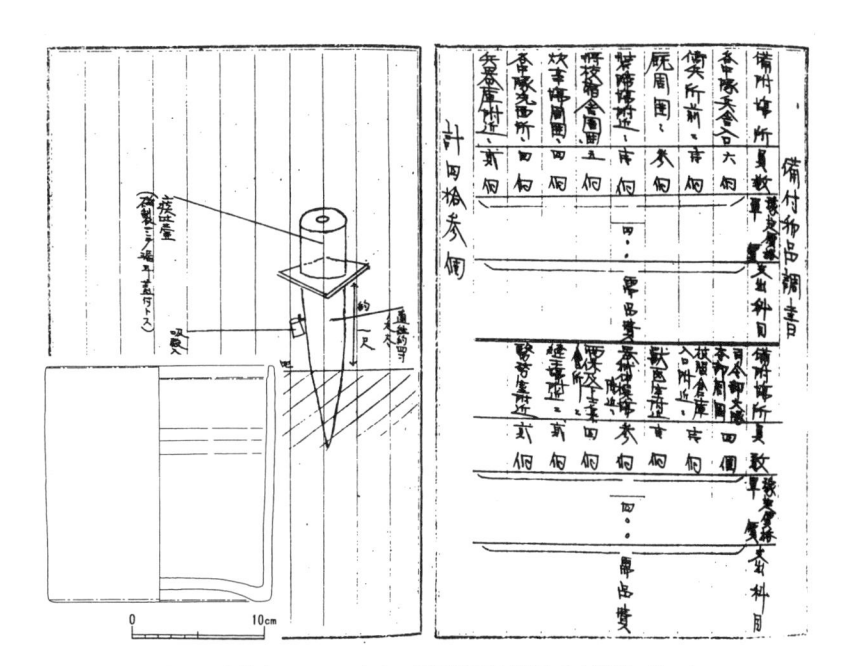

図3 兵営内における痰壺の設置状況と遺跡出土資料 (左下)
(陸軍省 1914、新宿区生涯学習財団 2003 より抜粋)

　大正3年(1914)に中支那派遣隊司令官白川義則より陸軍大臣宛に出された「痰吐壺備付ノ件申請」は、営内各所における痰壺の設置場所と個数、設置方法を示しています。そこからは、漏斗蓋付きの磁器製痰壺が地上約30cmの位置に据え付けられていたことが分かります(陸軍省 1914)。これらの資・史料は、兵営内での喀痰行為までもが軍の管理下に置かれていたことを示すと同時に、旧日本陸軍における結核予防のあり方とその関心の高さを浮き彫りにしてくれます。

**戦場と医療**—南風原陸軍病院壕にみる最末期軍隊の医療—

　沖縄県南風原町に位置する南風原陸軍病院20号壕からは、顕微鏡、缶入り軟膏、薬瓶、点滴液など医療関連の遺物が出土しました。遺物は種類毎にまとめられて壕の出入口付近に整然と積み重ねられた状態で出土しました(図4)。病院関係者への聞き取りを踏まえた調査所見によれば、これらの遺

物は撤退に際して携帯できなかった緊急度の低い薬剤や器材が埋置された可能性が指摘されています(沖縄県南風原町教育委員会 2000)。

　これらの出土遺物は、病院壕という特殊な状況下で使用された資料群ですが、戦局の切迫した最末期軍隊における医療・衛生のあり方を示す遺物として評価することができます。沖縄戦をめぐる聞き取りや文献調査に加え、実際に遺跡から出土した考古資料を検討することで、病院壕における治療の内実とその様子をより具体的に捉えることが可能になるのです。

**兵士と医療・衛生**

　軍隊では、兵営内への私物の持ち込みが厳しく制限されていましたが、兵士の多くは個人的な常備薬を自弁調達していました。遺跡からは、殺虫剤や消毒液などの大型のガラス瓶と共に、携帯常備薬として「兵営」に持ち込まれたと考えられるイボコロリ、目薬、整腸剤(ワカモト)など小型の薬品瓶が目に付きます(図5)。また、戦後に記された回想録によれば、整腸剤(ワカモト)のように常備薬のなかにはその甘味ゆえ、薬としてではなく「菓子」として消費された場合もあったようです。

　一方、ガラス瓶と共に「兵営」における兵士と医療・衛生の関係性を窺わせる資料として歯ブラシがあります。図6は新宿区市谷本村町遺跡(陸軍士官学校)から出土した資料ですが、この他にも宮城県仙台城二の丸跡第12地点(陸軍第二師団輜重隊)をはじめ多くの報告事例があります。出土した歯ブラシの素材は骨やセルロイドなどで、形態には幾つかの型式が存在します。なかには、柄の部分に商品名や製造元が刻印された資料も存在します。

　兵士が私物として携帯した薬瓶や歯ブラシには、医療・衛生に対する個人意識の一端が反映されていると考えることができます。特に明治初期から終戦まで一貫して軍隊が駐屯した兵営跡から出土するこれらの遺物は、近代日本における個人と医療・衛生との関係性を歴史的に考察する上で多くの情報を提供してくれるのです。加えて、資料自身が有する豊富な情報(形態、色、製作技法、商品名)により、内容物の性質や製造年代を比定することができるガラス瓶は、陶磁器と並んで遺構の性格や年代決定における示準的な遺物として考古学的にも多くの情報を提供してくれるのです。

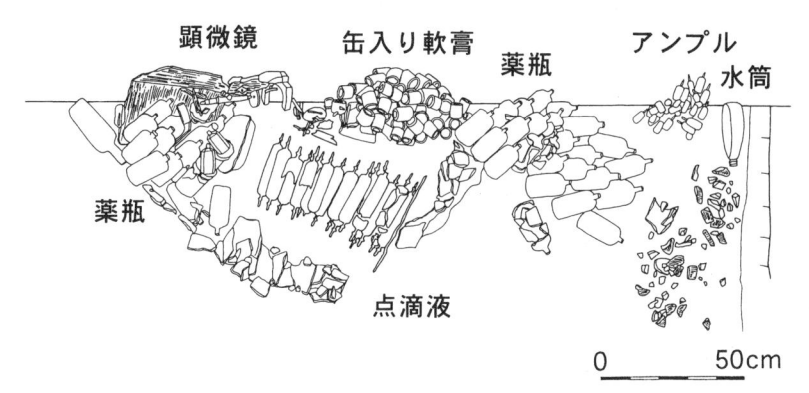

図4　南風原陸軍病院20号壕出土の医療関連遺物
（沖縄県南風原町教育委員会 2000 より抜粋）

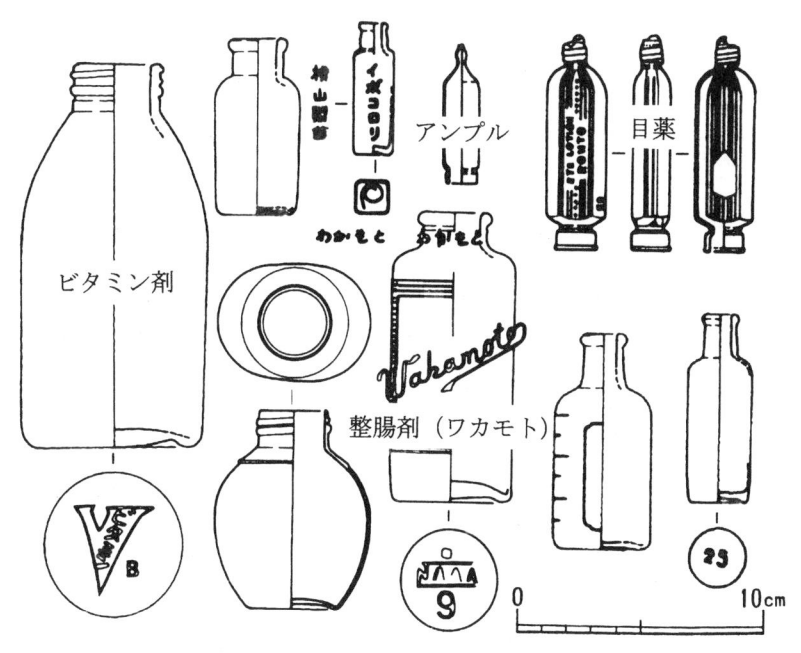

図5　遺跡から出土した小型薬品瓶（小林・渡辺 2002 より抜粋）

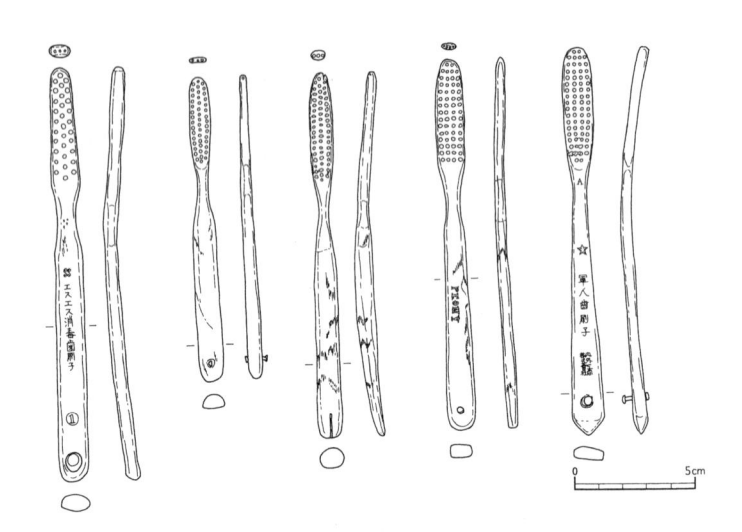

図6　市ヶ谷本村町遺跡出土の歯ブラシ
（東京都埋蔵文化財センター 2002 より抜粋）

**便槽の考古学**

　自由を制限された一般兵士にとって、独りきりになることができるトイレの個室は、寝台と並んで軍隊生活における唯一の私的空間でした。この「閉じられた」空間のなかで兵士たちは、通常禁止された飲食、持ち込み物品や盗難物品の隠匿・処分など様々な不正行為を行ったといいます。今日現存する陸軍史料には、トイレの壁に記された反体制的な落書きを問題としたものがあり、監視の目が届かないこの「閉じられた」空間に軍部も少なからぬ関心を抱いていたことが窺えます。

　便槽内に落ち込んだ物品のほとんどは、業者によって糞尿と共に運び出されてしまったと考えられますが、発掘調査ではまれに便槽遺構からの出土遺物が確認される場合があります。筆者の管見の限りでは、腕時計やボタン、ガラス瓶などに加え、碗や皿などの食器類も検出されています。便槽内出土遺物については、確認事例の少なさも関係してか、これまで充分な報告がなされていません。しかし、今後の報告事例の蓄積によっては、厳しい管理下に置かれた軍隊生活における兵士の実際的行為の一端を読み解く手掛かりが

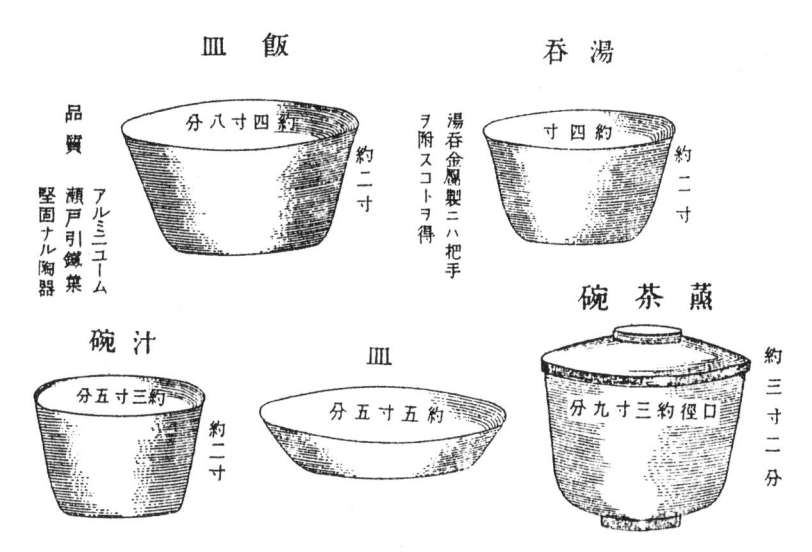

図7　陸軍史料にみる食器のセット関係（陸軍省 1917 より抜粋）

得られるかもしれません。

（3）軍隊と飲食器

　軍隊が長期間駐屯した遺跡からは、陶磁器を主体とする多様な飲食器が出土します。軍隊での使用を前提に生産された質素で画一的な「軍用食器」[6]をはじめ、緑色圏線を持つ「国民食器」、一般家庭でも使用される賑々しい和洋食器など、器種、形態、製造年代の点でその種類は多岐にわたります。「軍用食器」を含むこれら全ての出土食器は、軍隊での使用を前提に兵営内に持ち込まれたという点で「軍隊関連の飲食器」であり、軍隊生活の実相を食の面から体現する資料であるといえます。

**陸軍における飲食器使用**

　軍隊での飲食器使用については、海軍の場合、准士官を境に厳密な差異化が図られていたことが明らかになっていますが(瀬間 1985)、史料を欠く陸軍に関しては不明な点が多いのが実情です。「兵営」に備え付けられるべき物品の標準規格を示した陸軍史料からは、大正初期の段階で飯皿、汁碗、皿、湯呑、蒸茶碗からなる画一的な食器が一般兵士に交付されていたことが分か

第Ⅱ部　近現代考古学の射程

写真1　「兵営」での食事

ります(陸軍省 1917)(図7)。一方、「兵営」の食事風景を撮影した写真は(写真1)、兵士が日常的に使用する食器の形態やセット関係が、陸軍の定める標準規格に基づきながらも実際は多様なあり方をしていた可能性を示しています。

　これまでの調査・研究では、海軍と同様に陸軍でも階級や場所に応じて使用食器の使い分けがなされた可能性が指摘されていますが(桜井 1999)、飲食器使用のあり方を検討する上で、多くの情報を提供してくれるのが文字(個人名、階級、使用場所等)を伴う飲食器です。目黒区大橋遺跡(陸軍輜重兵学校)と高崎城三ノ丸遺跡(高崎歩兵連隊)から出土した湯呑の比較分析からは次の点が明らかになりました。陸軍輜重兵学校では、使用する湯呑の品質面で将校と下士官との間に明確な差異が認められるのに対し、高崎歩兵連隊では下士官にも将校と同等の白磁もしくは特注の湯呑が使用されていました(図8)。これは、軍隊教育の本質を体現する実戦部隊(高崎歩兵連隊)と各隊からの「寄せ集め」要員により構成される教育部隊(陸軍輜重兵学校)における下士官の実質的地位の違いが湯呑[7]に反映された結果であると想定できます。

132

戦闘集団の中核である古参下士官の存在は、実戦部隊において制度的な階級以上の意味を有していたのでしょう(浅川 2000)。

　文字を伴う飲食器のうち湯呑と並び興味深いのは、丼や碗など兵士の日常の食に関わる食器です。私たち日本人の多くは、普段使いの食器に対して独特の感性とこだわりを持ち、法量、形態、文様の点で他からは区別される自分専用の食器を所有しています。しかし、画一的な食器での集団給食を基本とする軍隊において一般の兵士と使用食器との関係性は如何なるものだったのでしょうか。文献史料によれば、感染病予防のため、兵営内で使用する食器には名札をつけ各人専用とすることが定められていたようですが(陸軍戸山学校編 1942)、画一的な食器の何を基準に個々の食器を識別していたのかなど詳細な点は明らかではありません。

　図9は、遺跡から出土した記銘のある丼や碗です。磁器に文字を記すには上絵絵付けという低温による焼付けが必要なため、予め業者に発注された注文品であると想定できます。聞き取り調査では、磁器製食器は下士官以上の使用食器である可能性が指摘されていますが(桜井 1999)、一般の兵士が使用したアルマイトと推定される金属製食器にも記銘のある資料が確認されています。自ら刻んだのでしょうか、磁器製食器とは異なり、使用者のものと思われる名字が線刻により記されていました[8]。

　ここで興味深いのは、一つの資料に名字と思われる二つの記銘「吉野」「内」が存在する点です。どちらかの兵士が戦場に派遣された後、新しく入営した人物にこの食器が改めて与えられたのでしょうか。詳細は分かりませんが、本資料は、「兵営」で使用される飲食器が個人専用であっても基本的には兵舎に附属する「官給品」としての性格を保持し続けた可能性を示唆するものであり、軍隊という近代的空間における個人と食器との関係性を考察する上で興味深い資料であるということができます。

### 使用食器の変遷

　遺跡からの出土食器は、特定時期における軍隊生活の実相だけでなく、その歴史的変容過程の一端を窺わせる資料でもあります。図10は、これまでの発掘調査において出土した磁器碗を中心に「兵営」で使用された食器の変

第Ⅱ部　近現代考古学の射程

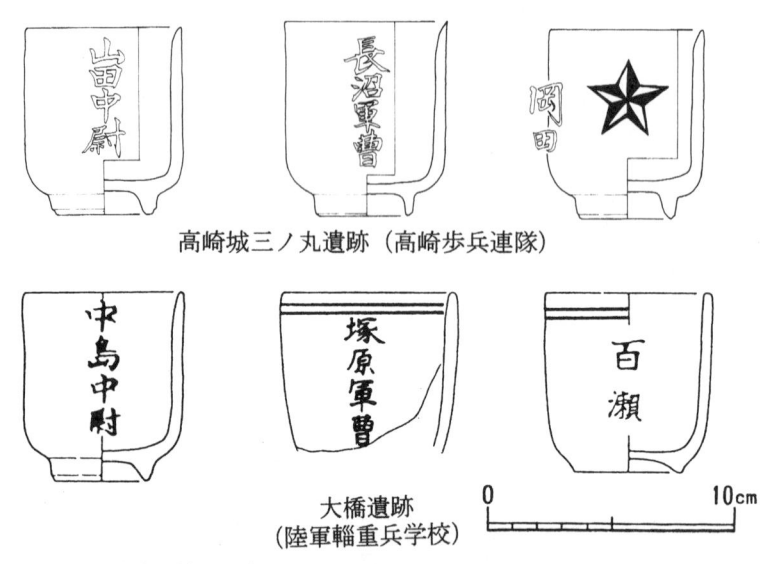

図8　文字を伴う湯呑（目黒区大橋遺跡調査会 1998、浅川 2000 より抜粋）

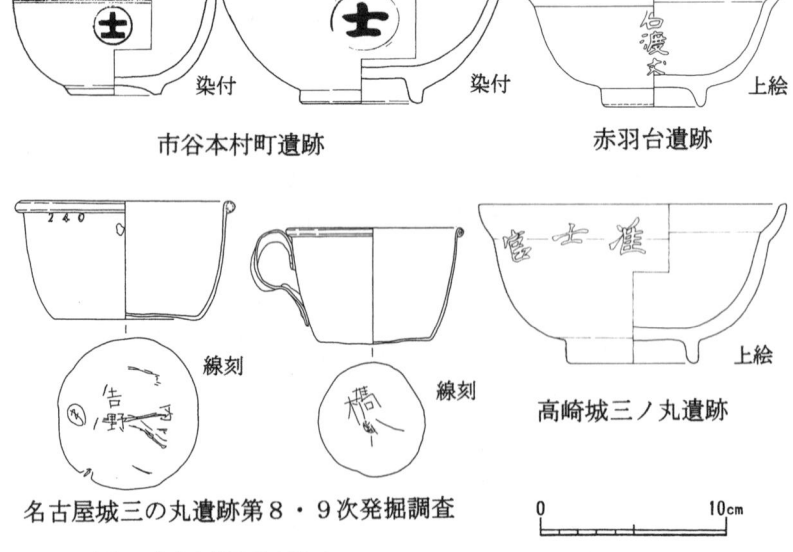

図9　文字を伴う丼や碗（下段左2つがアルマイトと推定される金属製食器）
（東北新幹線赤羽地区遺跡調査会調査団 1992、名古屋市教育委員会 1997、浅川 2000、
東京都埋蔵文化財センター 2002 より抜粋）

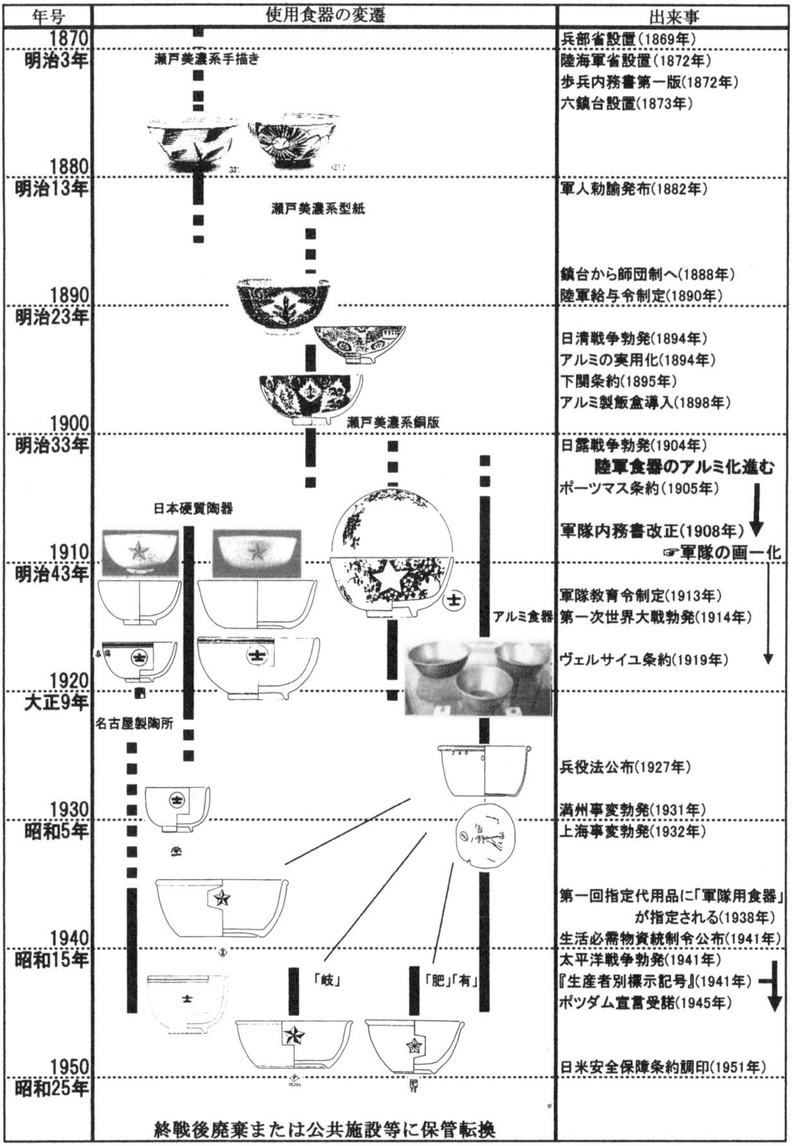

「兵営」の考古学（浅川）

| 年号 | 使用食器の変遷 | 出来事 |
|---|---|---|
| 1870 明治3年 | 瀬戸美濃系手描き | 兵部省設置(1869年)<br>陸海軍省設置(1872年)<br>歩兵内務書第一版(1872年)<br>六鎮台設置(1873年) |
| 1880 明治13年 | 瀬戸美濃系型紙 | 軍人勅諭発布(1882年) |
| 1890 明治23年 | | 鎮台から師団制へ(1888年)<br>陸軍給与令制定(1890年)<br>日清戦争勃発(1894年)<br>アルミの実用化(1894年)<br>下関条約(1895年)<br>アルミ製飯盒導入(1898年) |
| 1900 明治33年 | 瀬戸美濃系銅版 | 日露戦争勃発(1904年)<br>**陸軍食器のアルミ化進む**<br>ポーツマス条約(1905年)<br>軍隊内務書改正(1908年)<br>☞軍隊の画一化 |
| 1910 明治43年 | 日本硬質陶器／アルミ食器 | 軍隊教育令制定(1913年)<br>第一次世界大戦勃発(1914年)<br>ヴェルサイユ条約(1919年) |
| 1920 大正9年 | 名古屋製陶所 | 兵役法公布(1927年) |
| 1930 昭和5年 | | 満州事変勃発(1931年)<br>上海事変勃発(1932年) |
| 1940 昭和15年 | 「岐」「肥」「有」 | 第一回指定代用品に「軍隊用食器」が指定される(1938年)<br>生活必需物資統制令公布(1941年)<br>太平洋戦争勃発(1941年)<br>『生産者別標示記号』(1941年)<br>ポツダム宣言受諾(1945年) |
| 1950 昭和25年 | | 日米安全保障条約調印(1951年) |

終戦後廃棄または公共施設等に保管転換

図10　陸軍における使用食器の変遷（概念図）

遷過程を示した概念図です。ここに示した概念図は更なる検討と修正が加えられるべきものですが、文献史料からは窺い知れない陸軍における使用食器の変遷を大まかにたどることができます。

明治初期に兵営が設置された宮城県仙台城二の丸跡第12地点及び高崎城三ノ丸遺跡では、明治10年代の層で手描きにより施文された端反碗が、明治20年代から30年代にかけての層で型紙摺絵により施文された丸碗や平形碗がそれぞれ主体的に出土しています。これらの資料は、出土量からみて兵士が日常的に使用した食器である可能性が高いのですが、体部には当時の一般家庭で使用された食器と同様の多様で賑々しい文様が施されています。

出土食器の様相が大きく変化するのは、日露戦争を境とした明治40年代以降のことです。先の宮城県仙台城二の丸跡第12地点の事例では、日露戦争後から第一次世界大戦にかけての層を境に、それまでの手描きや型紙摺絵の賑々しい磁器資料にかわり、陸軍徽章や部隊名を銅版転写により施文した硬質陶器製の画一的な碗や皿が大量に出土するようになります。碗類の形態に関しては、従来からの高台を持つ資料に加え、高台を廃した桶形(鉢状)の資料が新しく登場します。この桶形は、昭和期の「軍用食器」の主体を占める形態です。また、出土資料は高台に記された社銘により、日本硬質陶器株式会社(現・ニッコー)の製品であることが判明しました[9]。

昭和期に入り、終戦に伴う一括廃棄資料のなかで主体を占めるのは、口縁部に緑色二重圏線を有する「国民食器」と青色または緑色の陸軍徽章を付した「軍用食器」です。「軍用食器」に関しては玉縁状の口縁を特徴とし[10]、底部の社銘や生産者別標示記号(統制番号)から名古屋製陶会社(現・鳴海製陶株式会社、「名陶」)及び土岐津陶磁器工業組合(「岐500」「岐364」)、志田陶磁器株式会社(「肥28」)の製品であることが分かりました。これらの「軍用食器」は、昭和10年代に生産されたものであることが判明しています。

出土資料にみる食器の画一化は、陸軍における食器と食に対する意味付けの変化を窺わせます[11]。それは、兵士の日常生活(軍隊内務)に対する意味付けの変化でもありました。建軍当初はほとんど関心が払われなかった兵営生活の規律化が本格的に推し進められるのは、日清・日露戦争を経てからのこ

とです。とりわけ明治41年(1908)には、日露戦争後に顕在化した軍紀の緩みに対処すべく、兵士の日常生活全般に関わる軍隊内務書の改正が行われました。そこでは全軍画一主義に基づきつつ、食を含む兵士の日常生活が軍紀と軍人精神の修養の場であると規定されたのです(椎川編 1909、遠藤 1994)。

とりわけ、兵士にとって唯一の慰安であると同時に軍隊の士気をも左右する食については大きな関心が払われました。兵士の食行為(着席順序、作法、会話、所用時間、食器の扱い方等)は管理され、精神教育や団結心を育成する場として位置付けられます。それは軍紀では捉えきれない兵士の日常生活に対してなされた「作法」という規格に基づく画一化の試みでもありました。

こうした試みがどの程度の実効性をもって軍隊生活のなかに浸透したのか定かではありません。しかし、陸軍徽章以外の余計な装飾を廃し、衛生的・機能的デザインを追求した「軍用食器」の導入は、食を含む兵士の日常生活が、規律だけでなくモノの側面からも陸軍の要求する一定の秩序に従って再編され始めたことを示しています。そして、食器に対し独特の感性を持つ日本人にとって、一切の個性を排したこの「軍用食器」こそが、世間とは異なる規範の上に成り立つ軍隊生活の意味を感覚的(視覚的、触覚的)に理解させる象徴的な存在であったのではないでしょうか。

## 4．おわりに

日本の軍隊は、近代化の過程で武器や装備品に限らず、兵士の日常生活の面でも積極的な欧米化を図りました。西洋的観念に基づいた道具や設備を備える「兵営」での軍隊生活は、規律化された生活行動や画一的な生活財を通じた「権力」の強制のみならず、日常的な人やモノとの関係性を媒介に兵士の「自発性」をも喚起しました。やがて昭和期に入り、軍隊生活が体現する画一的で合理的な生活様式は、国策に順じた戦時国民生活の理想型として「兵営」の枠をこえ、広く国民生活一般に求められるようになります。

本稿では、軍隊生活に関わる幾つかの近現代遺物を取り上げ、資料紹介の意味も込めつつ、その資料的可能性について若干の考察を行ってきました。「兵営」で営まれる軍隊生活については、陸軍史料や膨大な回顧録からその

第Ⅱ部　近現代考古学の射程

概要を把握することができます。しかし、ある程度その性格が明らかな兵営空間に伴うゴミの調査・研究は、文献史料が語らない軍隊生活の実態のみならず、規律化された空間における人とモノとの実際的な関係性をも浮き彫りにしてくれるのです。今後は他の関連諸分野との協業を視野に入れつつ、軍隊生活の歴史的・文化的復元に向け、個々の「兵営」についての個別的な発掘調査と研究事例を蓄積していく必要があります。

註
（1）　「戦跡考古学」のこれまでの成果については、十菱駿武・菊池実編『しらべる戦争遺跡の事典』『続　しらべる戦争遺跡の事典』（十菱・菊池　2002、2003）を参照して下さい。
（2）　文献調査の結果、アルミ製食器を含む軍需品が終戦時に廃棄されることなく関係官庁や民間団体に払い下げられていたことが明らかになりました。アルミ製食器の出土状況は、終戦時の陸軍におけるこうした物品処理のあり方を反映している可能性があります。
（3）　具体的には当該所轄経理部長がこの任にあたりました。承認後は、各部隊長に廃品処分の自由が委任されました（陸軍経理学校　1940）。
（4）　とりわけ物品の紛失、破損、廃棄は上官への報告と帳簿への記入が義務付けられていました（陸軍経理学校　1940）。また、軍隊では「兵営」の衛生環境を良好に保つ必要性からも兵営内での廃棄活動は軍の監視下に置かれるべき問題でした。
（5）　現状でみる限り、昭和期に該当する遺物の出土量は、「兵営」における兵士の実数に対して明らかに少ないといえます。また、それらの遺物は終戦時に廃絶された防空壕や塹壕から主体的に出土する傾向があります。これに対し、生産・流通年代が明治期から大正期に比定される資料に関しては、土坑や斜面盛土層などからの大量出土が確認されます。
（6）　本稿では出土飲食器のうち「軍関連の徽章・文様（文字を含む）を染付けまたは刻印により施文し、軍での使用を前提に発注・生産されたもの」（狭義、陶磁器に限定）を便宜的に「軍用食器」として扱います。
（7）　来客に際して、普段使いではない「来賓用」の特別な湯呑を供するように、喫茶、団欒、集会など社交性の強い場において使用される湯呑は、使用者及

(8) 本資料2点に関しては、伊藤厚史氏(名古屋市見晴台考古資料館)より実測原図を提供して頂きました。記して感謝します。また、底部に刻まれた「吉野」「内」「橋八(報告書記載)」に関しては、把手付碗に刻まれた文字が実測原図から「橋爪」と判読でき名字と推測される点、伝世品にも底部に名字と思われる文字を線刻したアルマイト製食器が存在する点などから、これらの文字も名字である可能性が高いと考えています。

(9) 日本硬質陶器株式会社の社史によれば、同社は会社設立の明治41年(1908)以降、陸軍に「軍用食器」を納入していました(日本硬質陶器株式会社 1965)。なお、アルミ製食器が陸軍における兵用食器として正式採用されたのは、明治42年(1909)のこととされています(朝岡 2003)。

(10) 戦争の長期化に伴うアルミニュームなどの金属不足を受け、昭和13年(1938)には「軍用食器」が第一回指定代用品に指名されていることから、玉縁状の口縁を有する「軍用食器」は、それまでのアルミ製食器の形状を模した代用品として生産された可能性があります。

(11) 新しい型式を含む画一的な食器が登場した背景の一つとしては、アルミニュームや硬質陶器など集団給食に適した堅牢な新しい素材の開発・実用化といった産業技術史的な要因もありました。しかしここでは、より画一的な食器への需要を生み出した陸軍内部における変化に注目したいと思います。

(慶応義塾大学大学院博士課程)

### 主要参考・引用文献

朝岡康二　2003「アルミ鍋」 近藤雅樹編『日用品の二〇世紀』 ドメス出版
浅川範之　2000「旧日本陸軍における飲食器使用―軍隊生活の考古学にむけて―」
　　　　『メタ・アーケオロジー』第2号
一ノ瀬俊也　2004『近代日本の徴兵制と社会』 吉川弘文館
遠藤芳信　1994『近代日本軍隊教育史研究』 青木書店
大西黙(編)　1916『軍隊経理　第四編』 外交時報社
沖縄県南風原町教育委員会　2000『南風原陸軍病院壕群Ⅰ』
小林謙一・渡辺貴子　2002「物質文化研究としての近現代考古学の課題―大橋遺
　　　　　　跡出土の近現代ガラス容器の検討から―」『東京考古』第20号

第Ⅱ部　近現代考古学の射程

桜井準也　1999「目黒区大橋遺跡の近代遺物―使用者への聞き取り調査を通じて―」『東京考古』第17号
椎川亀五郎(編)　1909「軍隊内務書改正理由」『偕行社記事』第387号付録
十菱駿武・菊池実(編)　2002『しらべる戦争遺跡の事典』　柏書房
十菱駿武・菊池実(編)　2003『続しらべる戦争遺跡の事典』　柏書房
新宿区生涯学習財団　2003『水野原遺跡(第Ⅱ分冊)』
瀬間　喬　1985『日本海軍食生活史話』　海援舎
高崎市教育委員会　1994『高崎城三ノ丸遺跡』
東京都埋蔵文化財センター　2002『市谷本村町遺跡』
東北新幹線赤羽地区遺跡調査会調査団　1992『赤羽台遺跡』
東北大学埋蔵文化財調査研究センター　1999『東北大学埋蔵文化財調査年報11』
名古屋市教育委員会　1997『名古屋城三の丸遺跡　第8・9次発掘調査概要報告書』
日本硬質陶器株式会社　1965『日本硬質陶器のあゆみ』
目黒区大橋遺跡調査会　1998『大橋遺跡』
吉田　裕　2002『日本の軍隊―兵士たちの近代史―』　岩波書店
陸軍経理学校　1940『昭和15年改訂　主計下士官候補者用教程』
陸軍省　1914「痰吐壺備付ノ件申請」『永存書類　大正四年乙号第二類第四冊』陸軍省大日記乙、防衛研究所図書館蔵
陸軍省　1917『陸軍各隊陣営具定数表』　国立国会図書館蔵
陸軍戸山学校(編)　1942『健兵対策の参考』　陸軍戸山学校将校集会所

# 物質文化にみる「お役所」意識の変容
―御門訴事件をめぐる公文書と高札―

小川　望

## はじめに

　今日「お役所」と言う時、それは主に戸籍謄本や印鑑証明などを発行してもらい、ゴミの収集や図書館の運営といった日常生活にかかわる業務を行ってもらう区市町村の行政機関のことを指し、また区市町村の住民税はその対価であるといった感覚が一般的でしょう。このような「お役所」に対する住民の「サービス機関」としての感覚が成立したのは比較的近年のことですが、一方で支配者と被支配者としての「お上」と「下々」といった前近代的な意識もいまだに根強く残存していて、そうした意識は住民運動や行政訴訟のような両者の利害が対立したときに鮮明に現れるようです。

　ここでは、明治初年に多摩地域で起きた御門訴事件をとりあげ、事件に関連する公文書と高札を、文献資料としてだけでなく物質文化としてみることで、近世から近代への移行期における「お役所」意識の変容を探ってみます。

## 1.「御門訴事件」とその経緯(図1)

　明治2年(1870)11月、品川縣は縣下の村々に役人を派遣し、「社倉取立ニ付貯穀積立」を布達します。その内容は「明治二年から六年までの五年間、縣下一律基準で各村から社倉金を徴収し、管理は縣が一括して行うこと」、「その負担額は、持高五石以上は一石につき米二升、五石以下のものは暮らし向きに応じて上・中・下の三等に分けて軒割とし、一軒あたり上が四升、中が三升、下が一升五合の穀代納とすること」となっていました。

　品川縣は旧佐賀藩の古賀一平を知事にこの年の2月に成立した縣で、現在

第Ⅱ部　近現代考古学の射程

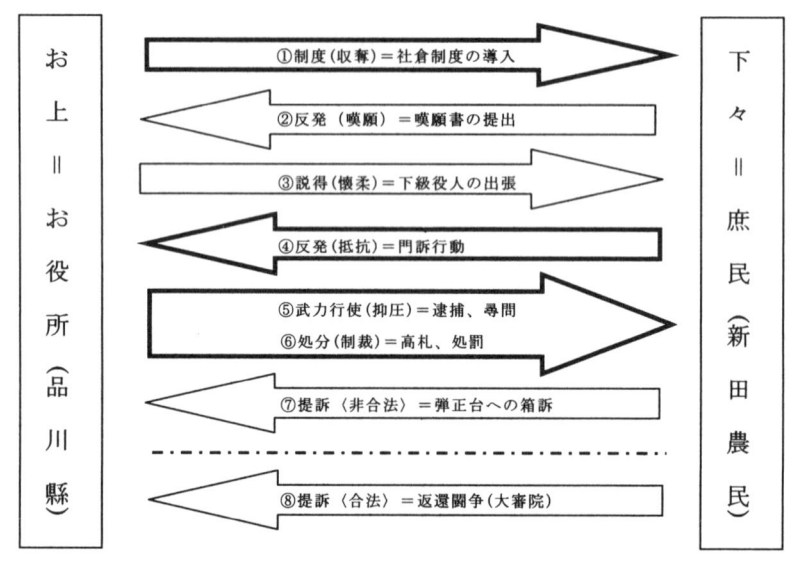

```
お上＝お役所（品川縣）　　　　　　　　　　　　　下々＝庶民（新田農民）

①制度（収奪）＝社倉制度の導入　→
②反発（嘆願）＝嘆願書の提出　←
③説得（懐柔）＝下級役人の出張　→
④反発（抵抗）＝門訴行動　←
⑤武力行使（抑圧）＝逮捕、尋問
⑥処分（制裁）＝高札、処罰　→
⑦提訴〈非合法〉＝弾正台への箱訴　←
────────────────
⑧提訴〈合法〉＝返還闘争（大審院）　←
```

図1　御門訴事件の経過模式図

の東京都23区および多摩地域の一部から、神奈川県川崎市、横浜市、埼玉県所沢市などの一部に及ぶ広大なもので、縣下の村数は約四百に達していました。また、社倉は元来救荒用に備蓄する目的で穀物を村々の蔵に蓄えておく制度のことでしたが、明治維新後、各地で施行された社倉制度は、縣単位で行なわれたため、これまでの村単位のものとで二重の貯穀制度となり、事実上の収奪強化と見なされたことも事実です。

　この布達に対し武蔵野新田村13ヶ村（大沼田新田・野中新田善左衛門組・野中新田与右衛門組・鈴木新田・田無新田・上保谷新田・関前新田・関野新田・梶野新田・野中新田六左衛門組・戸倉新田・内藤新田・柳窪新田：図2）では、直ちにその減額を求める歎願書を共同で提出しました。

　これは当時全国的な凶作が3年連続しており、その負担に耐えることが困難であること、穀代納の換算比率が高かったことなどが挙げられますが、縣下の村々の中でもこれらの新田がそのままこの政策を受け入れようとしなかった背景には、この地域が徳川吉宗の時代に開発された新田であり、地味が

物質文化にみる「お役所」意識の変容（小川）

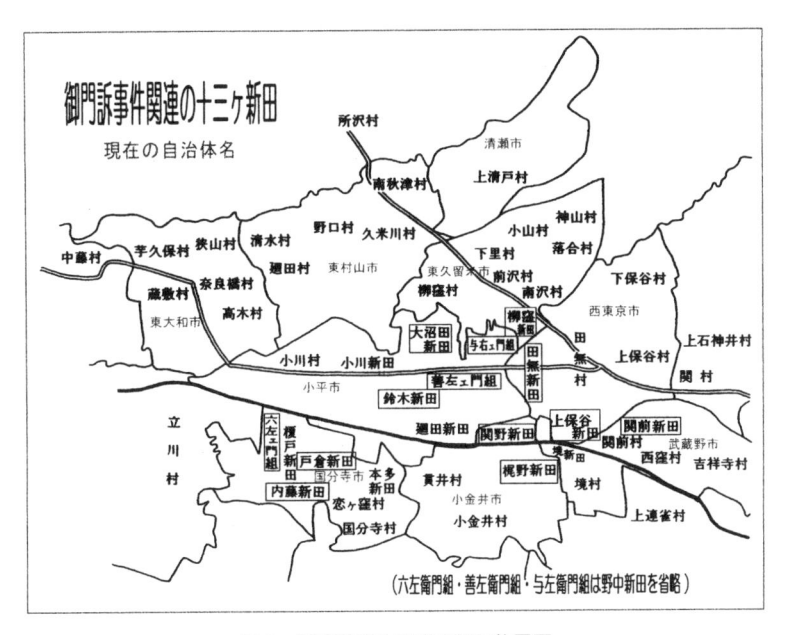

図2　御門訴事件関連の新田位置図

悪く水が乏しく風の強い、営農の困難な土地柄であることから、開発以来、肥料代や風除け苗木代などが支給され、伝馬役を免除されるなど、様々な特権を獲得し、保持してきたという歴史的経緯があったためでした。そのためこれらの新田は縣下一律の基準に対して強い不満を唱え、旧来の村と新田とに区別をつけ、新田には相応の低い出額を命じてほしいとしたのでした。

　この歎願に対して12月3日には、品川縣の勧農方少属、荒木源左衛門が田無村に来村し、村役人や小前百姓（弱小な小百姓）などを呼び出して説得にあたりましたが、農民側はひたすら窮状を訴え、ついに困窮者の出穀免除を認めるなどした妥協案を引き出すことに成功します。しかし、この妥協案は古賀縣知事の承認するところとはならず、19日には交渉に当った荒木少属は馘首されてしまいました。そして、改めて西村小助権大属が田無村に出役し、13ヶ村の村役人を呼び出して、当初の割合で出穀するよう厳重に申し渡しました。この段階で田無新田が歎願運動から脱退したため、残る12ヶ

第Ⅱ部　近現代考古学の射程

村の村役人と小前百姓の総代は議定書を作って結束を誓うとともに、22日には最初に引き出した妥協案に戻すよう、改めて歎願書を提出しました。

　二度目の歎願を受けた品川縣は、4人の村役人に当時日本橋にあった仮の縣庁まで出頭するよう命じ、縣知事出席のもとで説得にあたりますが、4人がこれに応じなかったため、宿に監視をつけて軟禁する「宿預け」にしてしまいました。このため新田側では農民全員で「門訴」を行うこととし、12月28日には12ヶ新田の農民が田無村に集合の上、縣庁に向けて行動し始めました。この門訴は大勢で連れ立って領主の屋敷や代官所の門前に押しかけてひたすら訴願するという、近世の百姓一揆などの闘争に見られた越訴、すなわち違法訴願の形式の一つです。驚いた縣側は、縣吏を派遣して妥協案の受け入れと村役人の解放を約束したため、門訴はひとまず中止されました。

　しかし年が明けても村役人は解放されず、残る村役人が全員縣庁に呼び出され、当初の案での出穀が命じられました。村役人は二度も妥協案が破棄されたことを不服としてこれを受け入れなかったため、全員宿預けとなってしまいました。この知らせが新田に届くと、明治3年(1871)1月10日、小前百姓を中心とした農民達は、縣庁に向けて再び門訴を繰り出しました。

　先発の一部は途中で引き止められましたが、後続の本隊は迂回路を通って夜分に日本橋浜町の品川縣庁前に到着しました。農民達は門内に入れようとする縣側の挑発にも乗らず、あくまで門前で「武蔵野新田十二ヶ村百姓申し上げ候、連年凶作打続き、食糧にも差支え、必死と難渋仕候に付、何卒御慈悲をもって、社倉積立を全員免除して下されたし」と歎願し続けました。これは門内に一歩でも入れば、「門訴」ではなく「強訴」となり、罪が重くなってしまうためでした。すると縣側は門内に待機させていた兵に農民達を切り捨てるよう命じ、兵は門前の農民に切り込んだため農民達は驚いて逃げ惑いましたが、結局51人が逮捕されました。農民達にとって品川縣側の激しい反応は予想外のことだったようですが、その背景には事件の4年ほど前の慶應2年(1866)に起きた「武州世直し一揆」の記憶が生々しかったためでもあったようです。

　縣は事件直後から厳しく首謀者の追及を行ない、村役人の取調べも熾烈を

*144*

極めます。このため野中新田与右衛門組の名主定衛門が牢死したのをはじめ、6名が獄死もしくは出牢後死亡しました。翌明治4年(1872)2月27日に縣は、村役人全員を役儀取放(解任)とし、さらに徒刑(懲役)3年を最高として、「笞三十」や「吃度叱り」などの処分を申し渡しています。

しかし農民側の抵抗はこれで終わったわけではなく、国の機関である弾正台などに縣の非を訴え、弾正台は古賀知事はじめ縣側を取り調べ、品川縣のやり方に落ち度があったとする見解を示しています。さらに、その後も続けられた社倉制度そのものに対しても、農民側は返還を求める法廷闘争を行い、最終的には国から納入した全額の返還を受けることに成功しています。

ただし、弾正台によって縣に非があったとされ、また社倉金が返還された背景には、維新権力内部の抗争があったといわれていることも事実です。

## 2．「御門訴事件」に関する公文書・高札

ここで、事件の動きを、関連する公文書や高札で辿ってみます。

（1） 公文書

品川縣の社倉取立ての命に対して、新田農民は当初「乍恐以書付奉歎願候」と題する嘆願書という、正規の手続きによって対抗します。そして社倉金の納入期限の延期を願ったり、減額を求める歎願書を改めて出したりする場合にも「乍恐以書付再応奉歎願候」のような題を付しています。これらの歎願を幾度となく繰り返した挙句、最終的にこれらが無視されるに及んではじめて、門訴を決行しています。

また明治4年(1872)2月に出された処分を受けて農民側は請証文を縣に対して提出しています。その題は「差上申御請証文之事」であり、御門訴事件前後の農民側から提出された公文書は、江戸時代さながらのへりくだった書き方であることが分かります。

（2） 高　札

①「告諭」高札

事件に対して品川縣は武力をもって農民を弾圧する一方、事件直後には「告諭」と題し、「汝ちその地方拾弐ヶ村のものとも」にはじまる激烈な口調

145

第Ⅱ部　近現代考古学の射程

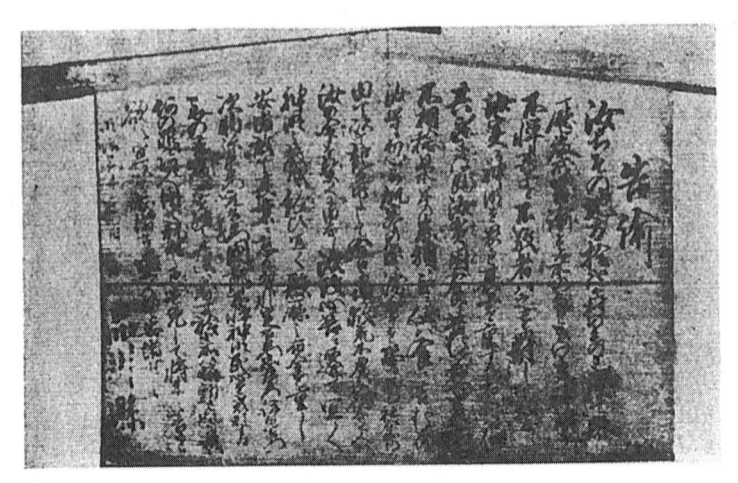

図3　「告諭」高札（『小平町誌』所載）

の高札を作成させて、事件にかかわった村々に立てさせます。明治3年(1870) 2月に作られた『弾正台探索書』によれば、この告諭には「右告諭十二ヶ村名主門前ニ立置、昼ハ番人相詰居、夜ハ名主宅ヘ仕舞置候事」との命令が付されていました(田無市史編さん委員会 1992：国立公文書館所蔵『公文録』より)。

　この告諭を記した高札は現在のところ、二枚確認されています。その一枚は現在の武蔵野市、関前新田の井口家に(図3)、もう一枚は現在の小平市、大沼田新田の名主であった當麻家の親戚の家に伝わっていたもので、後者は衝立に加工されています。ともに現在では墨が薄くなってそのままでは読むことはできませんが、井口家の資料は以前撮影された写真が残っています。

　これらの高札は、薄い板を二枚、背面の三本の縦桟に直接表から釘で打ちつけて繋ぎ合わせたもので、札面は縦が最大54.2cm、横が78.2cmです。札には笠木が付けられていますが、きわめて粗末な作りです。

②太政官高札

　また事件の年の暮れ(明治3年〈庚午〉12月)には国の機関である太政官が、徒党強訴を改めて禁じる布告を出しており、これにしたがって高札も作られています(図4)。ここで「改めて」というのは、後に述べる「五榜の掲示」

図4 太政官高札

のうちのいわゆる「徒党札」で既に徒党強訴が禁じられていたからです。

この高札は現在のところ、三枚存在が確認されています。そのうちの二枚は高札の研究者で多摩市の文化財保護審議会委員の飯島一郎氏が所蔵されていたものを、小平市と国分寺市がそれぞれご寄贈いただいたものですが、どこに掲示されていたものであるかは明らかではありません。

小平市が受贈した資料は厚手の一枚板が用いられ、札面は縦が最大44.5cm、横が99.6cmです。裏面には反りを防止するためか、縦桟が二本入れられていますが、これは蟻柄形に溝を切って札板に固定されており、右の「告諭」高札に比べるときわめて丁寧な作りであることが分かります。国分寺市の資料もほぼ同様ですが、こちらには笠木がつけられています。

當麻家に伝わる上述の布告(図5)には、この高札の文面が記され、漢字には振り仮名が振ってあります。文末には「別紙御布告之趣得其意小前末々迄為読聞候上高札場之脇江掲示可致候旦組合村々江は写取至急可送達もの也 辛未正月三日 品川縣廳 廿番組 御用取扱」とあります。太政官もこの頃多発した農民の徒党強訴を警戒して、徒党札とは別にこうした行為を禁じる高札を掲げさせるとともに、その周知徹底を図るため、身分の低い百姓にも容易に読み聞かせることができるよう、あえて布告には振り仮名を振ったものと思われます。

第Ⅱ部　近現代考古学の射程

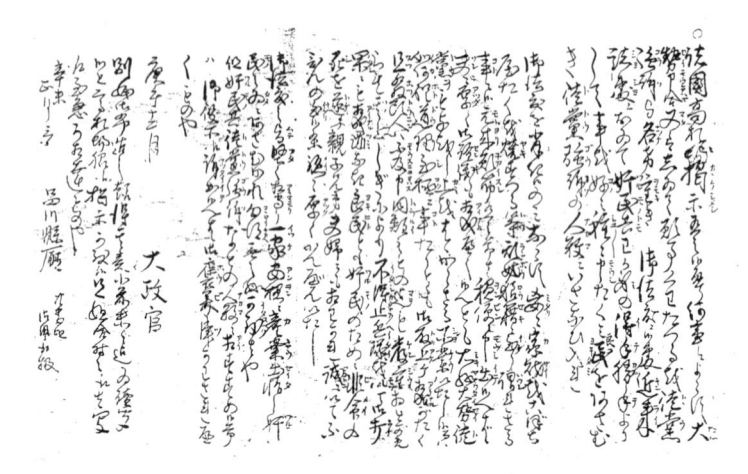

図5　徒党強訴ニ付太政官布告

## 3．「御門訴事件」前後の公文書・高札

　ここで、上で見た公文書や高札をその当時の類例と比較してみます。

（1）　公文書

　まず公文書ですが、「乍恐以書付奉歎願候」のような江戸時代さながらの形式の表題をもつものが、いつ頃まで使われていたのかを、小平市に伝わる古文書から探ってみます。

　すると歎願書ではありませんが「乍恐以書付御請奉候」という表題のものが明治8年(1875)まで存在することがわかります。一方、「乍恐」の部分を除いた「以書付奉歎願候」の歎願書が明治11年(1878)には出現しており、さらに単に「歎願書」としたものも同じく明治11年に存在することがわかります。

　嘆願という形そのものが、役所に対する「お上」意識の反映であることは言うまでもありませんが、こうした表現の変化がきわめて短時間に現われていることは「お上」意識の変化として注目すべきことと言えるでしょう。

（2）　高　札

　一方、法令や禁令を公示する形式としての高札は奈良時代末にまで遡るものですが、室町時代に発達し、江戸時代に最盛期を迎えます。

148

江戸時代の高札には、幕府の「公儀御高札」と、藩の「自分高札」との別がありましたが、特に前者のうち広く一般民衆に基本的な法令を知らせた高札は大高札と呼ばれ、幕領の高札場だけでなく私領の高札場でも掲示されました。そして高札の管理を厳重にするだけでなく、高札場を通る者に脱帽敬礼をさせるなど、高札自体が畏敬の対象となるように権威付けがなされていました。

　明治時代になっても高札という形式は引き継がれ、慶應4年(1868)3月15日に出された「五箇条の御誓文」の翌日に発布された「五榜の掲示」の定三札には、江戸時代の公儀御高札とほとんど同様の内容が継承されています。すなわち「人倫札」と「切支丹札」、そして先に触れた「徒党札」と呼ばれるものであり、発足当時の明治政府は、高札という形式だけでなく、政治の基本的方針も江戸幕府のものをそのまま流用していたことが窺われます。

　この高札は、その後特にキリスト教を禁じた切支丹札が、諸外国からの抗議を受け、条約改正の妨げとなるに及んで、政府は明治6年(1873)2月24日には「従来高札面ノ儀ハ一般熟知ノ事ニ付、向後取除キ可申事」として高札の撤去を命じ、法令の布告形式としての高札は終焉を迎えたといわれます。

　したがって、右で見てきた明治3年(1870)1月の「告諭」高札と同年12月の太政官高札は、長い高札の歴史の最終末期に属するものということができます。

## 4．考　察

　ここまで御門訴事件を例にとって、役所という機関における「お上」としての立場を見て来ました。「お上」「下々」という言葉は立場や身分の上下関係やその意識を表したものですが、こうした意識は公文書の書き方や高札の在り方に明瞭に表れていました。減額の歎願書に見られる「乍恐」に始まる書式は、単に慣習的な形式の問題であったのか、あるいはお役所の側が規定していたのかは明らかではありませんが、明瞭な上下関係の象徴といえましょう。

　このほかにも、こうした上下関係をうかがう資料が存在します。たとえば

第Ⅱ部　近現代考古学の射程

　品川縣知事の古賀一平が、新田農民の度々の社倉金減額を求める嘆願を頑なまでに受け入れなかった理由は、縣下一律の基準に例外を設けたくなかったためでもありますが、また「規則を守らず文句ばかり言う農民に"おかみの御威光"をわからせる」という意識があったのではないか、との指摘もあります(田無市史編さん委員会　1992)。

　費用の負担という側面から見ても、こうした上下関係は厳然として存在していました。當麻家に伝わる「田無出役入用覚」と題する文書は明治2年(1869)12月19日に西村権大属が田無村に来た、二度目の出役に際した入費を記録したものですが、これを見ると「茶代　弐百文」にはじまって「夜饗　壱貫六百五十文」「酒代　三貫百廿四文」「泊り　弐分」はもとより足袋や草履の代金まで村が負担していたことがわかります。また図6の「牢賄督促状」と題する文書(部分)は、事件に際して入牢した者の牢内での費用の未納分を支払うようにという督促状です。縣は農民を牢に入れておいて、これに係る食費などを入牢者に請求していたことがわかります。

　御門訴事件とは直接関係ありませんが、図7は明治2年(1869)7月の「御一新ニ付御高札書改諸入用割合」と題する文書(部分)です。これを見ると「五榜の掲示」を作成するにあたっても札板3枚の代金から役所の書役への礼金、宿泊費、門番への心付に至るまで、やはり村(廻り田新田)に負担させていたことがわかります。御門訴事件に関連した2枚の高札のうち、丁寧な作りの太政官高札は同じように農民の費用負担によって作られたものと言われ、縣が宿陣で作らせたと言われる粗末な「告諭」高札とは対照的です。

　一方、高札というものは確かに公文書の一種ではありますが、紙に書かれた公文書が一般市民にとっては日常目にすることのほとんどないものであるのに対し、高札は名主の屋敷の前などに掲示され、日々目に触れることができる実体を備えた存在でした。また紙に書かれた文書が膝上や机上で読まれるのに対し、高札は下から仰ぎ見るように高く設置されることによって、お上のご威光というものを、下々のものに体感させる装置であったのかもしれません。したがって、上意下達の手段としての高札の終焉はまた、「お上」や「お上」の定めた法令に対する意識の変化をももたらすものとなったこと

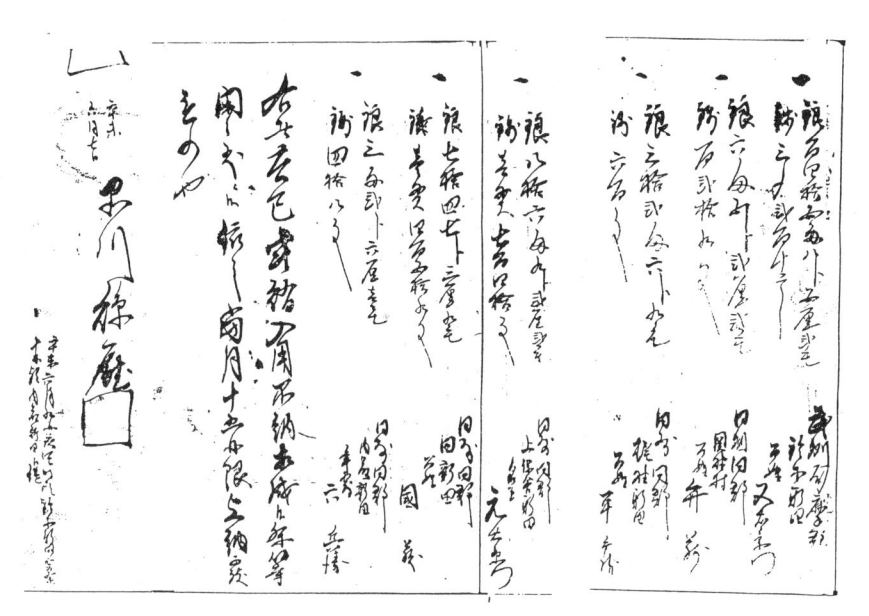

物質文化にみる「お役所」意識の変容（小川）

図6　牢賄督促状

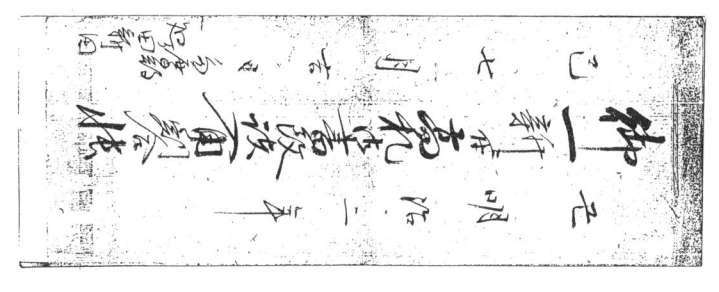

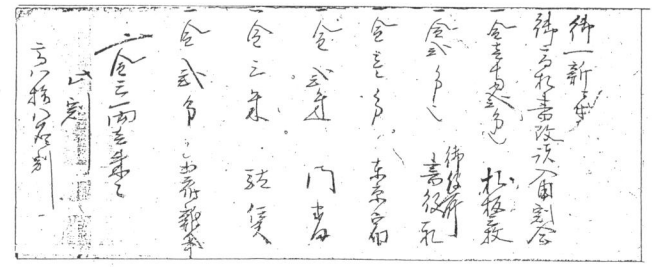

図7　御一新ニ付御高札書改諸入用割合

でしょう。

　ところで、ここまで見てきた御門訴事件では、新田が単位となり、名主、組頭、百姓代といった村役人が村民の代表として縣に歎願や折衝を行なっています。つまり現在の区市町村にあたる「村」は、時には「お上のご威光」を嵩に着ることもあったでしょうが、少なくとも「お上」ではなく、この事件の際には農民の側に立って上位の行政体である縣に対峙していたのです。

　このことは、身分制度の象徴とも言える苗字にも現われています。つまり公文書を見ると、歎願書を出した当時の村役人には肩書きはあっても苗字がなく、縣の役人には苗字がありました。これが門訴の行なわれた明治3年(1870)には苗字を名乗ることが許可され、翌年には苗字を名乗ることが義務化されています。この段階で、少なくとも苗字に関しては、農民側と縣とが対等の立場になったと言えるかもしれません。

## おわりに

　御門訴事件は通例、いわゆる武州世直し一揆から自由民権運動に至る過程での近代的民衆運動の一つと位置付けられています。しかし、事件当時の農民の側に、対等の立場で支配者側に対抗する、といった意識があったのでしょうか。ここまで見た限りではむしろ、「お上」と「下々」という上下関係を前提とした闘争であったと考えられます。村役人がほぼ世襲であった時代から現代に至る過程で、村は区市町村に姿を変え、それとともにまた住民との乖離を深めてきたわけですが、近世から近代への移行とは、ある意味で「お上」「下々」意識の呪縛からの脱却の過程ということができるのではないでしょうか。

　本稿を草するにあたり、飯島一郎、鈴木研、蛭田広一、宮崎勝美の諸氏ならびに武蔵野市教育委員会、小平市郷土研究会、小平市中央図書館には多大なるご教示、ご協力を賜りました。記して感謝の意を表します。

(小平市教育委員会)

## 参考文献

大阪人権博物館　1998『高札―支配と自治の最前線』(展示解説)

小川　望　2004「物質文化にみる「お役所」意識の変容―御門訴事件に関する公文書・高札から―」『近現代考古学の射程―今なぜ近現代を語るのか―』メタ・アーケオロジー研究会

久留島浩　1993「近世の村の高札」『大名領国を歩く』吉川弘文館

小平市教育委員会　2003『御門訴事件と高札』(展示解説)

小平史研究会(編)　1980『小平に残る御門訴事件関係資料集』小平市郷土研究会

田無市史編さん委員会　1992『田無市史　第二巻　近代・現代史料編』

多摩中央信用金庫　1982『多摩のあゆみ』26号〔特集・御門訴事件〕

多摩中央信用金庫　1990『多摩のあゆみ』58号〔特集・明治初期の多摩　御門訴事件を中心に〕

藤野　敦　2003「御門訴事件(品川県社倉騒動)と明治の地方政治」『街道の日本史18　多摩と甲州道中』吉川弘文館

## 〈モノ－教具〉からみる「近代化」教育
―自由学園の「時」に関する資料から―

大里　知子

## 1．はじめに
### 時間の規律と近代
　近代化のひとつのメルクマールとして時間認識の変化をみることができます。日本の場合、江戸時代を通じて「丑三つ時」というように十二支を使って時を等分し、季節によって長さも変わるようなおおまかな時間的感覚しか持ち合わせなかった人々が、1873(明治6)年の改暦により西洋の時間制度が導入されて以降、「機械時計」によって時を刻み、それに合わせて生活するという変化がもたらされていきました。
　規律化された近代的時間感覚は、様々な西洋近代的な制度(鉄道・学校・軍隊・工場等々)が広く採り入れられたのに伴い徐々に浸透していったわけですが、人々が生活スタイルに密着した時間認識を改めていくということは容易なことではありませんでした。そのなかで「子供」を対象にした学校教育が時間的規律の定着に果した影響ははかり知れません。
### 日本の近代化と学校
　日本の近代学校教育は、1872(明治5)年の太政官布告としての「学制」頒布以降、1890(明治23)年の「教育勅語」の発布と「新小学校令」が制定された前後にその土台が完成したとされ、近代的国家を支える「国民－臣民」を形成する目的のもとに推し進められていきました。しかし、それらの国家主導の画一的、詰め込み主義的な教育のあり方は、「大正デモクラシー」の潮流の中で批判を受け、子供の自発性や個性を尊重した自由主義的な教育改革の機運が高まり、いわゆる「大正自由教育運動」の展開の中で「新学校」と称された数々の学校が登場しました。
　そのような学校の一つに、1908(明治41)年に『婦人之友』を創刊し、「中

流家庭」の主婦層に幅広い支持を得ていた羽仁もと子・吉一がキリスト教主義に基づいて開校した自由学園があります。本稿では、1921（大正10）年に創立の自由学園を例に、近代的規範としての時間の規律を学校教育の場でどのように身につけさせようとしていたのか、主に時間に関係する具体的な〈教具〉に注目して検討してみたいと思います。

## 2．自由学園の教育と〈モノー教具〉からみる学校生活

　自由学園は創立当初、文部省の高等女学校令に依らない女子教育機関としてスタートしました。したがって、国家によって制度化された近代学校教育の枠組みにあてはめることが出来ないのは勿論のことですが、いわゆる「大正自由教育運動」の潮流のなかで開校した他の「新学校」と比較しても極めてユニークな教育実践を積み重ねてきた学校といえます。そこで、教育の場で実際に用いられてきた〈モノー教具〉をみていくことにより、独自の教育方針が貫かれた学校生活や、「進歩的」な人間を育成しようとする取り組みを表象的に描き出すことが可能になるのではないかと思います。

### 自由学園の教育と「自己経営」

　自由学園は、多くの女学校教育が型ばかりの詰め込み主義で実際の生活と没交渉であるという物足りなさから、家に複数の「雇い人」がいるような「中流家庭」の子女を対象に、「自らを経営する」ことが出来るような「立派な独立した人」を形成することを目的として創立されました。1930年代に初等部、男子部、幼児生活団などが設立され、校舎も目白（豊島区）から南沢（現東久留米市）に移転し、現在は最高学部までの一貫教育を行っ

**写真1　1959年自由学園全景航空写真**
田園風景の中にフランク・ロイド・ライトの高弟、遠藤新設計による校舎などが配されている

第Ⅱ部　近現代考古学の射程

表1　自由学園略年表

| 年 | 事項 |
|---|---|
| 1921(大正10)年 | 羽仁もと子・吉一、目白に自由学園創立(女学校5年、高等科2年、翌年予科1年) |
| 1927(昭和2)年 | 初等部(小学校)設立 |
| 1932(昭和7)年 | 自由学園工芸研究所設立 |
| 1934(昭和9)年 | 南沢学園町(現東久留米市学園町)へ移転、目白校舎は「明日館」として卒業生の活動場所となる |
| 1935(昭和10)年 | 男子部設立　各部の呼称が女子部、男子部、小学部となる |
| 1938(昭和13)年 | 自由学園北京生活学校開校(1945年まで) |
| 1939(昭和14)年 | 幼児生活団設立(未就学児対象) |
| 1941(昭和16)年 | 小学部が初等部に改称　自由学園那須農場開場 |
| 1947(昭和22)年 | 自由学園農業塾開学(1973年まで) |
| 1948(昭和23)年 | 自由学園生活学校開校(1973年まで) |
| 1949(昭和24)年 | 男子部最高学部設立(4年制大学部・各種学校) |
| 1950(昭和25)年 | 女子最高学部設立(2年制短期大学部・各種学校) |
| 1999(平成11)年 | 最高学部男女共学制開始 |
| 2001(平成13)年 | 自由学園明日館(旧校舎)国指定重要文化財として修復後公開 |

ています。

　自由学園の教育方針は、「生活即教育」「思想しつつ　生活しつつ　祈りつつ」という標語に端的に表されており、基本的なカリキュラムは「学科・実生活・宗教」という三本柱で成り立っています。「学科の勉強」においても「頭でっかちの人間」になることをよしとせず、学業を研鑽するというよりは、生活と結びついた「活きた知識」を習得することが目指されていましたが、自由学園の「生活即教育」の特徴は、カリキュラムの内容そのものよりも、むしろ学校生活そのものが全体として「即教育」と捉えられているところにあります。

　その大きな柱の一つは、学校運営において学生が担う役割にあり、「雇い人なしの生活」の実現のため、学校運営の多くを生徒による「自治」に拠っているという点です。例えば、学校の「経済」に関する領域に生徒が係わるのをはじめ、食材の手配から支度、片付けなど「食」に関する一連の作業や、広い敷地内の樹木、庭園の管理。そして、出欠席を含めた、時間の管理等々。これらは、クラス内の「家族」(班のようなもの)や全校生徒の「選挙」によって選出される「委員会」または「グループ」等が主体的に働くかたちで運営されます。そして、責任ある「リーダー」には特定の生徒ではなく、多くの生徒が交代で就くような仕組みになっています。これは、寮生活においても同様で、「寮長」「室長」が選出され、寮生の生活をまとめていきます。

このような、学生による自治的な学校運営は、一つの「社会」としての学園の運営を通して自らを経営することを学び、それを家庭の経営、延いては社会への働きかけへと広げていこうとするものでした。

〈モノ−教具〉からみる学校生活

これまでの学校教育についての歴史的な研究は、主に文献史料に基づき学校教育の思想、理論、内容、方法、制度、組織等々に焦点を当てたものが大半を占めています。しかし、実際の学校生活を考えた場合、それらの概念的、または制度的な側面以外にも、学校教育及び学校生活の実態を規定している領域があります。それは、例えば学校建築、設備や備品、教材、教具、制服や校章等々といった〈モノ〉すなわち物的な側面です。

近現代考古学が、人間と〈モノ〉との関係について検討する物質文化研究として期待される研究領域であるとすれば、〈モノ〉の側面から学校生活をみることで、学校における〈モノ〉の教育的な意義、または〈モノ〉を通してみる学校生活の遷り変わりなど、従来のアプローチでは見えてこなかった部分を描き出すことが可能なのではないでしょうか。

ここでは、学校で使用する教育・学習の為の用具を建築、設備などを含めて広い意味での〈教具〉と捉え、どのような〈モノ〉を〈教具〉として時間的規律が身につくように考えられてきたのかを検討してみたいと思います。

## 3．自由学園における時間の規律

自由学園における時間の規律管理は、一般に学校生活でイメージされるような半ば強制的・機械的なものではありません。先に述べたように、学校運営の広範が生徒の手に任されているので、時間の規律管理についても生徒の組織による管理や自発的な取り組みが基本となっています。

以下、具体的な〈モノ−教具〉から自由学園における「時」の管理の仕方を見ていきたいと思いますが、はじめに、始業・終了の合図など、学校生活において具体的にどのように「時」を知らせているのか見ていこうと思います。

時のリーダー・時の係り

時間の合図は各部毎に「時のリーダー（係り）」や「日番」が、それぞれ決

第Ⅱ部　近現代考古学の射程

写真2　1926年頃女子部（ベル）

写真3　1932年頃女子部（ベル）
学生の「美術グループ」がデザインして製作したもの

められた方法によって交代制で行い、メロディー（多くはオリジナル曲）やリズムも時間帯によって異なり、生徒自身が作曲したものを使用することもあります。

　女子部を例にみてみると、「クラスリーダー」の一人が鳴らしていた鐘（ベル）を1929年から「時のリーダー」が担当するようになり、一日の時間管理の責任を持つようになりました。各クラスは順番で「当番クラス」が回ってくるようになっており、「当番クラスは」の日番はその日一日学校全体の当番となるので、クラスから「時の係り」を出し、時間の合図をします。このようにして一日の時間の管理は当番制で全て生徒に任されているわけです。

表2　自由学園「時のリーダー」「時の係り」と音源

|  |  | 音源 | 時の係り |
|---|---|---|---|
| 初等部 | （小学校） | ベル・五音チャイム | 上級学年の当番会の係り（学校全体の日直） |
| 女子部 | （中学・高等学校） | ベル・チャイム | 当番クラスの日番のグループの中から時の係りが出る |
| 男子部 | （中学・高等学校） | 太鼓→板木 | 当番クラスの日番 |
| 清風寮 | （中学・高校生女子寮） | 5音チャイム（鉄琴） | 生活リーダー部屋（交替制）の人 |
| 東天寮 | （中学・高校生男子寮） | ラッパ・叫ぶ | ラッパはトランペットが吹ける人がいた場合　叫んで廻るのは当番部屋の最下級生 |

158

〈モノ―教具〉からみる「近代化」教育（大里）

写真4　1935年女子部（大型チャイム）
広い校舎（南沢）への移転と同時に、学生の「音楽グループ」が日本管楽器製作所に行き、大きさ、音色音程などを調べて選んだもので、食堂正面の石畳に据えられた

写真5　1935年男子部（太鼓）

写真6　1971年男子部（板木）

　音源については、女子部では1934(昭和9)年までは時を知らせるのにベルのみを使用していました。現キャンパス移転後は予鈴にはベルを鳴らし、本鈴は決められたメロディーに合せてチャイムを叩くようになりました。

　男子部では1936(昭和11)年頃までは「当番クラスの日番」が太鼓を叩いて

第Ⅱ部　近現代考古学の射程

写真7　1938年男子部（ラッパ）

写真8　1938年男子部（ラッパ）

いましたが、破れてしまうことも度々だったので、その後は板木をその時々に決められた数をリズムに合せて叩くことで時を知らせています〔写真5・6〕。

　また、男子部の生徒が寄宿する「東天寮」では、トランペットを吹ける生徒がいた場合は毎日の起床、就寝時に決められたメロディーを吹き、そうでない場合には、当番部屋の室長の号令のもと、下級生が「起床！」「普通科就寝！」などと叫びながら寮内を廻ります〔写真7・8〕。ときに「兵営東天寮」「家庭東天寮」と呼びならわされる生活の一面をあらわしています。

　その他、初等部では上級学年の係りがベルを鳴らしながら校内を廻り、食事時間の合図は音楽の時間に作曲したメロディーを自分の当番の日に五音チャイムを使って披露することもあります。

「よい生活を励む」―規律正しい生活の体得―

　次に、学校生活における「時」の管理を少し違った角度から見てみたいと思います。それは、学校での生活時間のみならず、一日の時間をトータルに自己管理するための「生活表」を基本とした規律的生活の励行です。

　自由学園では、クラス担任の教師がつける出欠席簿がありません。そのかわり個々の生徒は毎日生活の予定を立て、予定の達成度やその日の健康状態などを、毎朝「本鈴」（朝の集会）時に「家族」に報告します〔写真9〕。「家族

160

〈モノ—教具〉からみる「近代化」教育（大里）

写真9　1971年女子部　朝の本鈴、食堂前の庭に整列

写真10　1971年男子部
「生活表」を持ちより話しあう各クラスの日番と委員長

写真11　1925年頃女子部「家族生活表」

写真12　1925年頃女子部「生活表クラス統計」

写真13　1926年女子部生活表（第一号）

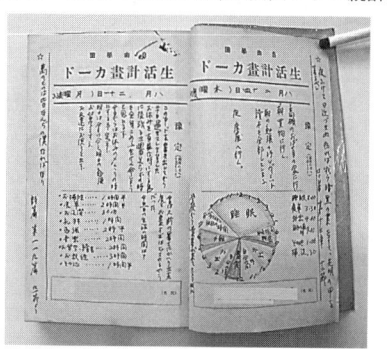

写真14　女子部高1生活計画カード（1939年）

161

第Ⅱ部　近現代考古学の射程

長」は、その報告を「家族」として表にまとめ〔写真11〕、さらにクラス統計を出し〔写真12〕、委員会が全てを集計し、副委員長がお昼時間などに全体の達成度の割合や出欠席、遅刻、健康及び就寝の「完全・不完」の人数等を毎日報告します。だからといって委員会に何かしらの強制力があるわけではなく、自己管理によって規律正しく健康的な「よい生活」をしっかりとすることを生徒たち同士で「励ましあう」という形がとられています。

そもそも「生活表」は、生徒に不健康が多いことを心配した創立者の羽仁もと子が、規則正しい生活をするようにと自ら手作りしたことから始まったとされていますが、1926(大正15)年にようやく形が定まって第一号が印刷されました〔写真13〕。「生活表」はその後も少しずつ形を変えていき、夏休み中にも「よい生活」が継続できるようにと「生活表」を作成することもありました〔写真14〕。

このように、「生活表」は強制的なものではなく、あくまでも個人が時間

写真15　1982年「完全出席」の式で、出席率(えんじ色)健康率(青色)の旗を授与され、学園長・全校生徒に拍手を受けるクラス代表

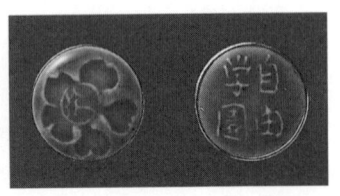

写真16　完全出席のメダル(富本憲吉作の陶器製メダル)　一つずつ手作りされていた。1923年の卒業式において完全出席者に贈られたのが最初

写真17　完全出席のメダル(金属製)　1932年に金属製のメダルに変わる(写真は現在のデザイン)　星の数は、完全出席が何年続いたかを表す

管理を行い、自らを律するために用いられたわけですが、「生活表」作成の成果として学校を休むことなく、規則正しく健康的な生活をおくることが出来た場合には「完全出席」者として、全生徒の前で表彰を受けるという仕組みになっています。そして、月ごとに「完全出席」の率、「健康完全」の率が高かったクラスには「自由の旗」が与えられ〔写真15〕、一年間完全出席を続けた生徒にはメダルが授与されるなど〔写真16・17〕、クラス間の競争意識や褒章制度により優秀者に名誉を与えることで、規律

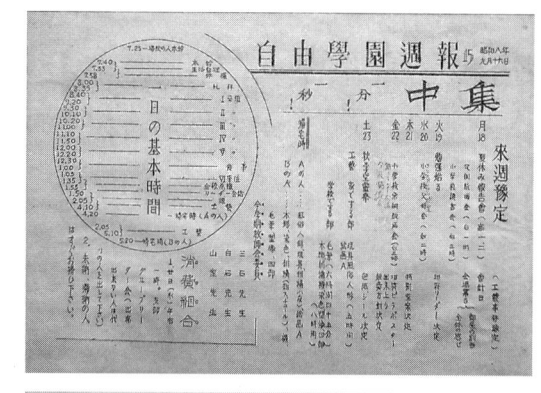

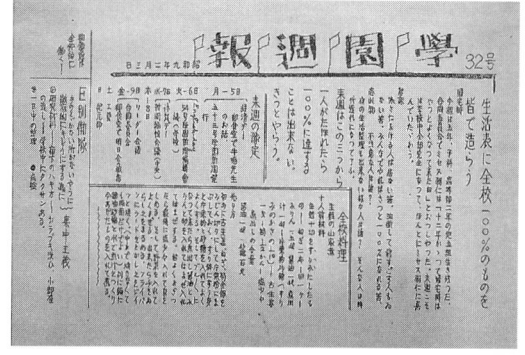

**写真18・19 「学園週報」**（1933・1934）
委員会による規律的生活の呼びかけ―生徒たちは、日々の学校生活を「良くしよう良くしよう」と励み、有効な時間の活用を模索し、常に前進しようと努力することが理想とされる

を内面化させて自発的に取り組むようなシステムが形成されています。

　このような学校生活における時間の規律のあり方は、生徒が「自らを経営する」という目的のために自覚的に取り組まれている場合には大きな教育効果を発揮します。それは、単に近代的合理主義による効率主義と禁欲主義ではなく（そのような側面も含みつつも）、自己管理できる主体的な人間の形成を基礎におき、学校という小さな社会から（羽仁もと子は主婦層に対しては「家庭から社会へ」と呼びかけています）、より大きな社会へ「よき生活」を広め、社会改良に結び付けようとする構想に繋がるものです。

第Ⅱ部　近現代考古学の射程

## 4　おわりに

　本稿では、自由学園における「時」に関する〈モノ〉を概観したに過ぎませんが、それらの〈モノ－教具〉をみることによって、時間の規律・管理に関する学校としての教育の特色が浮かびあがり、〈教具〉という〈モノ史料〉から教育観を描き出す可能性が提示できたのではないかと思います。
　今回のような〈モノ史料〉と文字情報としての日誌や、実際にそれらの〈教具〉を使用していた卒業生にインタビューをするなど、様々な記録史料をつき合わせることにより、学校生活の歴史をふくらみをもって捉えることが可能になるのではないでしょうか。

（自由学園講師）


付記：自由学園の80余年にわたる学校の歴史の中で、「時」についての制度も若干の変化がみられ、本来ならばきちんと時期区分する必要があるのですが、今回はその点については大まかな記述になっています。また、本文中に紹介した史料は、私が自由学園資料室客員室員としての整理作業の過程で、特に図書館資料室のご協力を得て掲載を許可していただいたものです。この場をお借りしてお礼申し上げます。


**参考文献**

自由学園　2001『自由学園80年小史』
自由学園女子部卒業生会(編)　1985・1991『自由学園の歴史　ⅠⅡ』
婦人之友社(編)　2003『読者と歩んだ一世紀展』
斉藤道子　1988『羽仁もと子──生涯と思想』
桜井準也　2004『モノが語る日本の近現代生活──近現代考古学のすすめ』
橋本毅彦・栗山茂久(編)　2001『遅刻の誕生──近代日本における時間意識の形成』
石附実編　1992『近代日本の学校文化誌』
中内敏夫・長島信弘他　1995『社会規範──タブーと褒章』

# 4．身体

近代になると教育制度や様々な情報メディアを通じて従来なかった新たな観念が植えつけられ、浸透していきました。そして、我々は近代的身体を獲得していったのです。ここでは「衛生観念」「屎尿処理」「近代的身体」についてとりあげます。

# 衛生展覧会と人体模型そして生人形

浮ヶ谷 幸代

## はじめに

 現代の日本において医療の中軸となっている西洋由来の医学は、近代以降医制の公布を皮切りとして国家の公衆衛生行政の基盤となってきました。医療制度が整えられるにつれて、人々は衛生観念の普及と生活様式の西洋化の波に晒されながら、近代以前の生活知や知覚を変換させてきたといわれています。けれども、近代を画期として、人々の心性はすべて変換されてしまったのでしょうか。そこで、本稿では衛生思想の啓蒙装置として機能した衛生展覧会と人体模型、そして幕末から明治にかけて興隆した見世物興行と生人形を取り上げて、そこに集まる人々のまなざしがどのように連続していたのかについて読み解くことを目的としています。人体模型や生人形というモノを通して、人間の心性や知覚に関する物質文化研究のひとつを提示したいと思います。

## 1．コレラ流行と国家衛生システムの確立

 「虎列刺(コレラ)は衛生の母なり」ということばがあります。幕末から明治にかけて流行したコレラは、外国船の入港する港から日本に入ってきたといわれています。表1のように、明治期2、3年毎にコレラによる死者数のピークがあり、明治19年(1886)には死者数が10万人を超える大流行となりました(立川 1971)。当時の人口を約4000万人とすると、400人に1人はコレラで亡くなったことになります。コレラ大流行による国家の危機は、明治政府が公衆衛生システムを確立する引き金となります。明治8年(1875)に旧厚生省の前身である内務省衛生局が設置され、このとき初代局長の長与専斎ら

によって、近代国家としての厚生行政の幕が切って落とされたのです(伴 1987)。

明治政府はコレラを予防・絶滅するために、対外的にはコレラに対する水際作戦として、イギリスやフランスに対する開港検疫権の獲得に腐心します。また、対内的にはコレラ患者を隔離し避病院への収容を断行するといった、衛生業務一般を警察の管轄下へ移行した強権的な衛生システムを確立していきます。ところが、当時頻発したコレラ一揆に見られたように、国家の強行政策は人々の反感や反発

表1 日本における年次別コレラ患者および死者数
(厚生省防疫課)(立川 1971:182)

| 年次 | 患者数 | 死者数 | 年次 | 患者数 | 死者数 | 年次 | 患者数 | 死者数 |
|---|---|---|---|---|---|---|---|---|
| 明治10 | 13,816 | 8,027 | 明治40 | 3,632 | 1,702 | 昭和12 | 57 | 11 |
| 11 | 902 | 275 | 41 | 652 | 297 | 13 | 18 | 10 |
| ⑫ | 162,637 | 105,786 | 42 | 328 | 158 | 14 | — | 1 |
| 13 | 1,580 | 618 | 43 | 2,849 | 1,656 | 15 | — | 5 |
| 14 | 9,389 | 6,237 | 44 | 9 | 35 | 16 | — | — |
| ⑮ | 51,631 | 33,784 | 大正1 | 2,614 | 1,763 | 17 | — | — |
| 16 | 669 | 434 | 2 | 87 | 106 | 18 | — | — |
| 17 | 904 | 417 | 3 | 5 | 100 | 19 | — | — |
| ⑱ | 13,824 | 9,329 | 4 | — | 63 | 20 | — | — |
| ⑲ | 155,923 | 108,405 | 5 | 10,371 | 7,482 | ㉑ | 1,245 | 560 |
| 20 | 1,228 | 654 | 6 | 894 | 716 | 22 | — | — |
| 21 | 811 | 410 | 7 | — | 32 | 23 | — | — |
| 22 | 751 | 421 | 8 | 407 | 356 | 24 | — | — |
| ㉓ | 46,019 | 35,227 | 9 | 4,969 | 3,417 | 25 | — | — |
| ㉔ | 11,142 | 7,760 | 10 | 29 | 35 | 26 | — | — |
| 25 | 874 | 497 | 11 | 743 | 542 | 27 | — | — |
| 26 | 633 | 364 | 12 | — | 31 | 28 | — | — |
| ㉗ | 546 | 314 | 13 | — | — | 29 | — | — |
| ㉘ | 55,144 | 40,154 | 14 | 624 | 363 | 30 | — | — |
| 29 | 1,481 | 907 | 昭和1 | 25 | 13 | 31 | — | — |
| 30 | 894 | 488 | 2 | 2 | 2 | 32 | — | — |
| 31 | 655 | 374 | 3 | 1 | 1 | 33 | — | — |
| 32 | 829 | 487 | 4 | 205 | 114 | 34 | — | — |
| 33 | 377 | — | 5 | — | 2 | 35 | — | — |
| 34 | 101 | — | 6 | — | — | 36 | — | — |
| ㉟ | 12,891 | 8,012 | 7 | 4 | 1 | 37 | — | — |
| 36 | 172 | 139 | 8 | — | — | 38 | 1 | — |
| 37 | 1 | 48 | 9 | — | — | 39 | 2 | 1 |
| 38 | — | — | 10 | — | — | | | |
| 39 | — | 29 | 11 | — | — | | | |

をかうことになります(立川 1971)。そこで、衛生行政の推進者たちは、衛生思想を人々に浸透させるためには、衛生知識の啓蒙と日常生活の改善(西洋化)を目指すソフトな衛生システムの確立が急務であると認識するに至ります。

日常生活の改善のひとつとして、その規範となったのが府県条例で公布された違式詿違条例といえます。裸体、混浴、刺青、男女相撲など、それまでの生活に根付いていた慣習や身体を「野蛮」、「醜体」として排除する日常生活全般への介入がみられます(小木・熊倉・上野編 1990)。また、陋習を廃止する目的で産婆による堕胎や売薬を禁止する産婆取締規則が公布され、産後処理を規定する胞衣産穢物取締規則が公布されていきます。やがて、従来の習慣を禁止するといった否定的な政策を掲げる一方、衛生観念や西洋式ライフスタイルを積極的に導入するための啓蒙機関が作られていくのです。

第Ⅱ部　近現代考古学の射程

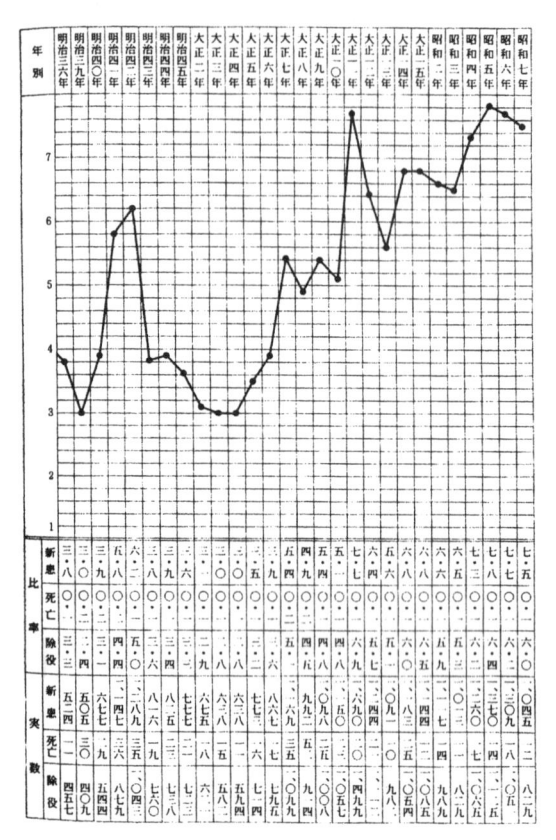

図1　全軍肺結核累年比較表（平均一日人員千に対する比率）
（小松　2000:107）

そこで、明治16年(1883)、日本赤十字社の創始者である佐野常民と衛生局長の長与専斎を中心に、医学者、軍医、土木工学者をメンバーとした中央の啓蒙機関「大日本私立衛生会」が作られます。この半官半民組織は、『大日本私立衛生会雑誌』の発行、総会と常会の開催、種痘所の設置そして衛生観念の普及のために衛生参考品展覧会を開催するようになります。さらに、大日本私立衛生会の下部組織である「地方私立衛生会」は、日常生活に関わる衛生法を啓蒙・普及するために、口演と幻燈を織り交ぜた通俗衛生演説会を各地で開催することになります。開催場所は役場や病院、劇場など、開催時間は午後6時前後から10時、11時まで、入場者数は常時200人から1000人、多いときには2000人といわれています(瀧澤　1998)。演説会では、衛生知識を口演するだけではなく、幻燈による視覚効果を十分利用して衛生思想の浸透を図ったというわけです。

また、明治の終期「衛生かぞえ歌」が鼻歌のように口ずさまれたり、健康や道徳、模範となる生活習慣を盛り込んだ「衛生唱歌」が作られたりしてい

ます(小野 1997)。

## 2．結核、性病流行と衛生展覧会

　明治も後期になると、急性感染症のコレラが下火になり、代わって慢性感染症の結核、性病(梅毒)が浮上してきます。とりわけ結核が問題化してくるのは、図1と表2に見られるように、軍隊と女子工場労働者における感染でした(小松 2000、福田 1995)。欧米列強に「追いつけ追い越せ」を目標にした日本国家にとって、「富国強兵」のスローガンのもと、軍隊での結核患者

表2　死亡原因別　明治39・40・41年平均
(内閣統計局の死因統計による)(小松 2000:161)

| 種類 | 肺結核 | 肺結核にあらざる結核及び結核に疑いある者 | 脚気 | 胃腸病 | その他 | 計 |
|---|---|---|---|---|---|---|
| 10〜15歳 | 236 | 361 | 5 | 97 | 308 | 1000 |
| 15〜20歳 | 345 | 273 | 13 | 64 | 305 | 1000 |
| 20〜25歳 | 314 | 252 | 17 | 71 | 346 | 1000 |
| 25〜30歳 | 275 | 225 | 15 | 84 | 401 | 1000 |
| 30〜35歳 | 213 | 205 | 12 | 98 | 472 | 1000 |
| 35〜40歳 | 166 | 183 | 10 | 107 | 534 | 1000 |
| 40〜45歳 | 139 | 135 | 7 | 125 | 594 | 1000 |
| 45歳以上 | 114 | 159 | 4 | 147 | 576 | 1000 |
| 綿糸、織物、編物業、製造業 | 337 | 260 | 26 | 68 | 309 | 1000 |
| 有業者平均 | 103 | 188 | 9 | 150 | 550 | 1000 |
| 帰郷死亡者 | 390 | 315 | 64 | 86 | 146 | 1000 |

備考　1．「帰郷死亡者」は明治43年のみなり
　　　2．「帰郷死亡者欄」は別として他の各欄「項中「結核に疑ひあるもの」は内閣死因統計中の脳膜炎、急性気管支炎、慢性気管支炎、肺炎気管支肺炎、肋膜炎、その他の呼吸器疾患を包含す

表3　徴兵花柳病患者の年次推移一覧表 (清水 1991:328)

| 年　次 | 検査人員 | 梅毒 | 軟性下疳 | 淋病 | 計 | 検査人員1000対 |
|---|---|---|---|---|---|---|
| 大正15年(1926) | 527,787 | 1,153 | 1,504 | 4,351 | 7,008 | 13.38 |
| 昭和2年(1927) | 586,469 | 1,133 | 1,646 | 4,215 | 6,994 | 11.93 |
| 〃 3年(1928) | 576,128 | 1,287 | 1,796 | 4,308 | 7,391 | 12.83 |
| 〃 4年(1929) | 593,338 | 1,149 | 1,276 | 4,181 | 6,606 | 11.13 |
| 〃 5年(1930) | 604,122 | 978 | 1,125 | 3,957 | 6,060 | 10.03 |
| 〃 6年(1931) | 632,178 | 1,154 | 1,051 | 3,941 | 6,146 | 9.72 |
| 〃 7年(1932) | 641,969 | 1,202 | 1,373 | 3,834 | 6,409 | 9.98 |
| 〃 8年(1933) | 651,240 | 1,371 | 1,654 | 4,822 | 7,847 | 12.05 |
| 〃 9年(1934) | 657,853 | 1,023 | 1,657 | 4,332 | 7,012 | 10.66 |
| 〃 10年(1935) | 648,361 | 1,173 | 1,589 | 4,216 | 6,978 | 10.76 |
| 〃 11年(1936) | 630,566 | 826 | 1,473 | 3,520 | 5,819 | 9.22 |

の増加は、国家戦力にとって大きな損害であり、それは国力を低下させる重大な問題となったのです。また、「殖産興業」のスローガンのもと、日本の産業革命を支えていた繊維・紡績工場で働く若き女性たちは、劣悪な労働環境のなかで次々と結核で倒れていきます。小説『女工哀史』や、映画『あゝ野麦峠』に描かれているような世界が現実だったのです(福田 1995、立川 1971)。女工の結核感染は、工場の生産力を激減させ国家の経済力にとって大きな損失となりました。結核対策は国家の急務となったのです。

そこで政府は明治37年(1904)に、「痰壺令」と称された「肺結核予防に関する件」を公布し、大正2年(1913)に日本結核予防協会を設立、大正8年には結核予防法を公布していきます。昭和9年(1934)になると、結核推定患者は全国でおよそ120万人といわれ、当時の人口を約7000万人とすると、60人に1人が結核に感染していたことになります。同年、結核の公立療養所は102ヶ所、私立病院等を併せると3000ヶ所近く設置されています(福田 1995)。このように、結核という病気は、軍隊や工場にとどまらず、一般の人たちにも伝播していく恐ろしい病気として認識されていたのです。

また、当時の人々を震撼させていたのは性病でした。明治以前から花柳界の遊女たちは梅毒感染の恐れに直面していましたが、一般的に取り上げられるのは明治期に入ってからです。コレラ流行の陰に隠れていた結核と同様、表3によると、大正期から昭和期にかけて入隊者の100人に1人が花柳病(性病)に感染していたことがわかります(清水 1991)。幕末期、既に長崎や横浜には娼妓のための検梅病院が設置

表4 教育博物館の特別展覧会 (宮崎 1992:112)

| 名　　　称 | 会　　期 | 総入場者数 |
|---|---|---|
| 虎列拉病予防通俗展覧会 | 大正5年9月下旬～5年11月下旬 | 約40,000 |
| 大戦と科学展覧会 | 〃 6年11月17日～6年12月16日 | 〃40,000 |
| 食物衛生経済展覧会 | 〃 7年3月2日～7年3月31日 | 〃17,000 |
| 天然痘予防展覧会 | 〃 7年3月12日～7年4月11日 | 〃23,000 |
| 廃物利用展覧会 | 〃 7年6月22日～7年8月31日 | 〃67,000 |
| 家事科学展覧会 | 〃 7年11月2日～8年1月15日 | 〃50,000 |
| 災害防止展覧会 | 〃 8年6月4日～8年7月10日 | 183,605 |
| 生活改善展覧会 | 〃 8年11月30日～9年2月1日 | 107,670 |
| 「時」展覧会 | 〃 9年5月16日～9年7月4日 | 222,845 |
| 鉱物文明展覧会 | 〃 10年3月21日～10年5月22日 | 117,437 |
| 計測展覧会 | 〃 10年6月6日～10年7月5日 | 110,257 |
| 印刷文化展覧会 | 〃 10年9月25日～10年10月25日 | 313,580 |
| 活動写真展覧会 | 〃 10年11月20日～10年12月10日 | 131,353 |
| 運動体育展覧会 | 〃 11年4月30日～11年5月31日 | 168,284 |
| 消費経済展覧会 | 〃 11年11月2日～11年11月29日 | 126,407 |
| 動力利用展覧会 | 〃 12年6月13日～12年6月27日 | 93,015 |
| 乳展覧会 | 〃 13年5月11日～13年6月1日 | 23,710 |
| 衛生工業展覧会 | 〃 13年7月6日～13年8月11日 | 27,937 |

されていました。日清戦争後の明治33年(1900)に娼妓取締規則が公布され、公娼制度の確立とともに軍隊内の性病が国家の一大事となるわけです。日露戦争の後、明治38年に日本花柳病予防協会が設立され、大正10年(1921)には日本性病予防協会の設立、そして昭和2年(1927)には花柳病予防法が公布されていきます。軍隊内での感染状況は一般の人たちの日常生活にも拡大していくと予想されていたのです。

ところで、ほぼ同時期、ドイツでは細菌学者のコッホが1882年に結核菌、翌年コレラ菌を発見し、1905年にはシャウデン&ホフマンが梅毒菌を発見します。さらに、1880年代から1900年代にかけてレプラ菌、破傷風菌、赤痢菌など、次々に細菌が発見されたことで、この時代は医学史の中では細菌学革命と呼ばれています(小川 1964)。しかし、特効薬はまだ開発されず、結核の治療薬である抗生物質のストレプトマイシンが日本で一般化するのは、第二次世界大戦後まで待たなければなりません。ですから、明治、大正、昭和にかけて結核という病気は、一般の人たちのあいだでは「死の病」と見なされていたのです。

そこで、結核、性病などの感染症を予防するために企画されたのが、全国主要都市で開催された衛生展覧会だったのです。なかでも、日本の博物館学の父と呼ばれる棚橋源太郎が企画した大正期の教育博物館主催の特別展覧会

表5 日本赤十字博物館の特別展覧会
(宮崎 1992:139)

特別展覧会一覧表

|  |  |
|---|---|
| 乳幼児保健展覧会 | (昭和2年5月3日～17日) |
| 冬の衛生 〃 | (〃 2年11月13日～12月4日) |
| 民族衛生 〃 | (〃 3年5月1日～21日) |
| 精神衛生 〃 | (〃 3年11月9日～29日) |
| 栄養改善 〃 | (〃 4年10月13日～11月16日) |
| 早老予防 〃 | (〃 5年11月2日～12月6日) |
| 人体有害動物 〃 | (〃 6年5月1日～24日) |
| 婦人衛生 〃 | (〃 6年11月1日～29日) |
| 児童を中心とした歯の衛生 | (〃 7年4月8日～5月7日) |
| 中毒防止 〃 | (〃 7年10月23日～11月20日) |
| 夏の衛生 〃 | (〃 8年6月11日～7月22日) |
| 結婚衛生 〃 | (〃 8年12月2日～) |
| 救療史料 〃 | (〃 9年11月14日～30日) |
| 結核知識 〃 | (〃 10年4月27日～6月5日) |
| 都市衛生 〃 | (〃 10年11月2日～12月8日) |
| お産の 〃 | (〃 11年5月3日～6月7日) |
| ホルモン・ビタミン 〃 | (〃 11年10月25日～11月9日) |
| 観光日本公衆衛生 〃 | (〃 12年5月9日～6月13日) |
| 少年赤十字 〃 | (〃 12年8月1日～15日) |
| 防空法徹底強化防護 〃 | (〃 12年10月17日～12月27日) |
| 国民体力向上 〃 | (〃 13年6月2日～6月30日) |
| 学童栄養資料 〃 | (〃 13年11月13日～12月4日) |
| 大陸開発衛生 〃 | (〃 14年5月12日～6月22日) |
| 日本民族優生 〃 | (〃 14年11月3日～12月3日) |
| 近視予防眼の科学 〃 | (〃 15年5月1日～30日) |
| 衛生日本回顧 〃 | (〃 15年10月6日～11月16日) |
| 時難克服戦時国民食 〃 | (〃 16年4月27日～5月31日) |
| 戦時被服 〃 | (〃 17年4月28日～6月2日) |
| 救急看護 〃 | (〃 18年4月25日～6月5日) |
| 新防空戦 〃 | (〃 19年1月23日～3月22日) |
| 栄養失調 〃 | (〃 20年11月17日～21年2月) |

第Ⅱ部　近現代考古学の射程

図2　日本赤十字参考館の様子
(宮崎　1992:138)

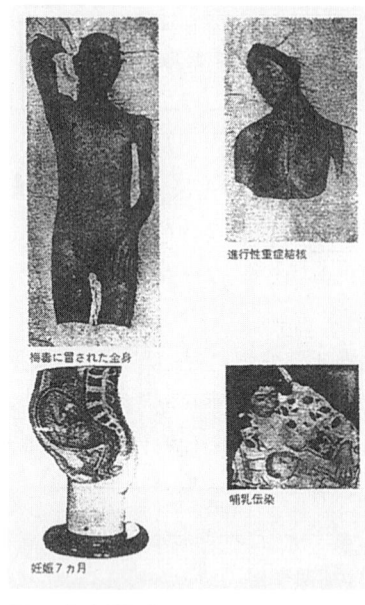

図3　衛生博覧会に出品された人体模型
(小野　1997:171)

(表4)と昭和期の日本赤十字博物館主催の特別展覧会(表5)は中心的役割を果すことになります(宮崎　1992)。人々に衛生思想を浸透させるために、これらの衛生展覧会は啓蒙装置として重要な役割を果すのです。

　ラジオ、トーキー映画、新聞・雑誌などのメディアの大衆化を背景に、衛生思想を啓蒙するだけでなく、道徳的意味や娯楽的要素を兼ね備えた衛生展覧会は人々の注目を集めます。図2の会場入り口のにぎわいをみると、老若男女こぞって展覧会に出かけていったことが窺えます。また、衛生展覧会は内務省や文部省が主催した特別展覧会以外に、図3、図4、図5のように、全国各地で地方自治体、新聞社、警察などによって頻繁に開催されていました(小野　1997、田中　1994)。人体模型や病理模型のみならず、そこで放映される赤十字社製の活動写真や衛生映画に惹かれて足を運んだ人たちも多かったことでしょう。このように、衛生展覧会とは啓蒙、道徳、娯楽とが渾然一体となった展覧会であったといえます。

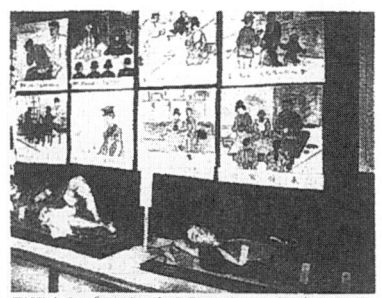

衛生博覧会と人体模型そして生人形（浮ヶ谷）

図4　名古屋衛生博覧会（小野 1997:175）

図5　岡山市での警察博覧会に警視庁医務課が出品した「妙齢婦人性病模型」
（田中 1997:135）

　先の特別展覧会の年間開催数、開催期間などを見ると、どれだけ人気を博していたかが想像できます。昭和12年(1937)の日本赤十字博物館収蔵品の年間貸出状況は、全国79ヶ所、貸し出し総計1万2600点、総観覧者数758万2880人を記録したといわれています(田中 1994)。当時の人口を約7000万人とすると、1年間で約10人に1人は展覧会に足を運んだことになります。

　さて、このような公的な展覧会とは異なる、もうひとつの私設展覧会を紹介しておきましょう。大正中期から後期にかけて、有田ドラッグ商会という全国規模の一般薬販売のチェーン店が全盛を誇っていました。全盛期には全国で支店が約600ヶ所、売上平均は月40万円前後にもなったとのことです。ところが、経営者の有田音松は事業拡大の際に、支店との契約不履行や捏造した体験談を新聞の全面広告に出すといった詐欺まがいの方法で暴利を貪ったことから、後に雑誌で糾弾されることになります。このチェーン店の軒先

に飾られていたのが、梅毒の人体模型や病理模型だったのです。この病理模型の前を通る子どもたちは恐怖に慄く一方、大人たちは好奇心から店に入っていったとのことです(稲垣 1966)。

　このように衛生展覧会は、公私を問わず、人々の間に相互監視のまなざしを育成し、「眼目の教え」を基軸にして「清潔、強靱、道徳的な身体」と「不潔、病的、非道徳的な身体」(貧民、娼婦、老婆、露天商、芸人、病人等)とを対比させ、前者を近代的身体として人々に内面化させる一方、後者を「間違ったもの、危険なもの」として視覚化する装置として機能したといえます(田中 1999、今西 1997、奥 1993、小野 1997、松田 2003、吉田 1999、吉見 1992)。とりわけ、衛生思想に裏打ちされた人体模型や病理模型を通して、そこに集まった人たちは西洋医学の知識や人体内部の構造、病原菌などに対して恐怖や驚きとともに、好奇なまなざしで眺めていたことでしょう。

### 3．人体模型と生人形

　では、いったいだれがそのような人体模型を作ったのでしょうか。ひとつは、明治28年(1895)に島津製作所内に作られた標本部で人体模型や病理模型は制作されていました。ここでは紙製の人体模型と蠟製の病理模型が作られていました。紙製の工法は、材料の紙を重ねて石膏型で成型し、それを膠で接着成形して胡粉で地塗りし、その上に彩色するという方法です。戦後になると、紙製に代わって現在のような合成樹脂製の模型が開発されていきます。昭和23年(1948)この標本部は独立して、株式会社京都科学となり現在に至っていますが、現在国内の医療系教育機関にある人体模型のほとんどはここで作られたといえるでしょう(50年史編集委員会 1998)。図6は、明治44年(1911)の島津製作所が作成した写真帖の一枚ですが、模型工場の成型部(上)と彩色部(下)の様子が映っています。人体模型の傍らで働く洋装と和装の入り混じった人たちの様子から、当時和洋のライフスタイルが混在していたことが窺えます。

　もうひとつ人体模型を制作したのは、幕末から明治期にかけて見世物興行で人気を博した生人形師でした。とりわけ、松本喜三郎はその人形が当時の

図6 人体模型工場（島津製作所 1991）

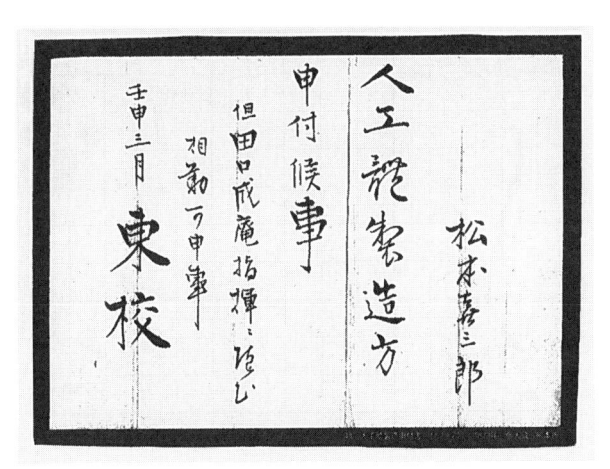

図7 人体模型制作の伝来文書
（「生人形と松本喜三郎」展実行委員会編 2004）

第Ⅱ部　近現代考古学の射程

文筆家 斎藤月岑に「男女とも活る人に向ふが如し」(今井校訂 2004)と評されたほど、生身の人間に迫る表現力と技術に優れた生人形師でした(「生人形と松本喜三郎」展実行委員会編 2004、以下実・委とする)。図7は、明治5年(1872)、東校(東大医学部の前身)から喜三郎宛てに出された人体模型制作の依頼文書です。このとき制作された人体解剖模型(紙塑人形)は、その後熊本大学医学部に移管されたのですが、戦災で焼失しています。また、喜三郎は明治6年(1873)のウィーン万国博覧会に「造り花」と「骨格連環(骨格標本)」を出品した功績を称えられて、博覧会事務局総裁の大隈重信と副総裁の佐野常民から賞状が贈られています。卓越した技と国家への貢献によって「百物天真創業工」という賛称も与えられます(実・委)。他にも、日本赤十字社に生人形を収めたり、万国博覧会に等身大の生人形を出展した生人形師もいました。ですから、欧米諸国に向けて日本文化としてアピールしたものは、工芸品だけでなく生人形師の技でもあったともいえるのです。

　ところが、それほどの評判を得ていたにもかかわらず、生人形師による人体模型や等身大の生人形は、現在ごくわずかしか残っていません。その理由のひとつとして、明治20年(1887)の東京美術学校の設立時に、それ以前「工芸」として広く括られていたものが「美術(近代美術)」と「工業と工芸(産業)」とに制度的に分化され、細工物としての生人形は「美術」の領域から排除されていったことが考えられます(宮武 2000)。博覧会への貢献は評価されても、見世物興行を本業とする生人形師やその作品は、伝統的工芸品や西洋由来の美術からは一段低く見られていたのです。詩人で彫刻家の高村光太郎は、父光雲は賛辞のことばを与えていますが(大木 1961)、西洋由来の彫刻を正統なものとして日本に根付かせるために生人形師を蔑視することばを残しています(実・委)。

　さらに、見世物興行という特殊性もあったと考えられます。喜三郎は熊本出身ということから、熊本に古くから伝わる地蔵祭の「つくりもの」の影響を受けていたといわれています(実・委)。即時的で即興性に富んだ「つくりもの」は、長期的な保存や陳列を前提としていないことが特徴です。そのうえ、国内を巡業して回ったことなどから、展示された生人形の破損や損傷も

激しかったと推測されます。なかでも、図8の「粂の仙人」に登場する白い脛を露わにした「布洗い女」ように、大衆をひきつけたエロティックな生人形は何度も当局の検閲に遭い、撤去や破損の憂き目に遭いました（朝倉 1988、木下 1999)。ですから、実物が残っていない現在、当時の展示物や場面の再現には錦絵や引き札、文書や文筆家などの記録から想像するしかないのです。

図8　錦絵「粂の仙人」　歌川国芳画
（木下 1999:105）

　では、それほどの人気を博した見世物興行とはどのようなものだったのでしょうか。そこにはどのような生人形が展示されていたのでしょうか。

## 4．見世物興行と生人形

　幕末から明治にかけて活躍した生人形師たちの本業は、見世物興行の企画であり、また出しものとしての生人形の制作でもありました。先に紹介した松本喜三郎はそうした世界での第一人者でした。

　安政3年(1856)に浅草で行われた喜三郎の見世物興行によれば、その敷地面積は間口13間×奥行14間(23.6ｍ×25.4ｍ)、興行期間150日、入場料は64文、後に96文（歌舞伎が最低162文)、興行収入は平均70両（歌舞伎の大入で50両)だったといわれています（朝倉 1988)。明治12年(1879)の大阪千日前での喜三郎の興行には、約3ヶ月で60万人以上が入ったと記録されています（川添 2001)。当時の人口を約4000万人とすると、いかに人気を博していたかが窺えます。この時代、喜三郎以外にもさまざまな出し物で興行を行う生人形師や細工師がいましたから、とりわけ東京や大阪など都市に住む人にとって、見世物興行は娯楽の極みとして庶民文化に根付いていたといえるでしょう。

　では、いったいどのような出し物だったのでしょうか。喜三郎は安政元年

第Ⅱ部　近現代考古学の射程

図9　錦絵「異国人物島」歌川国芳画（川添 2003:248）

図10　裸体生人形写真
（木下 1999:108）

(1854)『鎮西八郎島廻り　生人形細工』と題した興行で大坂難波にデビューします。ここで大成功を収めた喜三郎は、翌年浅草奥山で同じ興行を行います（実・委）。そのときの出し物が、図9にあるような手長、足長、無腹、穿胸などの異形の異国人物でした。こうした場面は、外国船の到来に圧力を受けるという時代性を反映しているとともに、近世文化の伝承物語には普通に見られるものでした（川添 2000）。けれども、そこで観客が度肝を抜くほどのインパクトを受けたのは、等身大の生き写しの人形であったといえるでしょう。

「活る人に向ふが如し」という評判を得ていた喜三郎の生人形は、その特徴として何よりも「人肌」のリアルさ

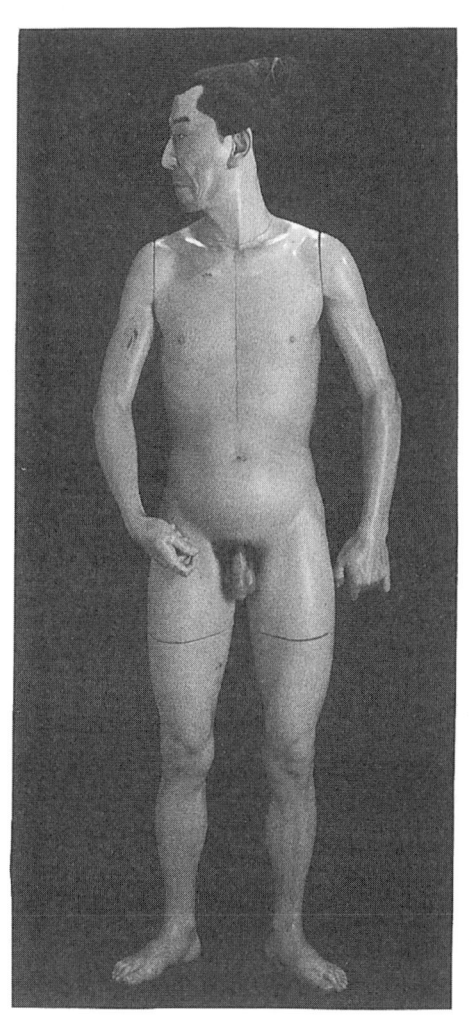

衛生博覧会と人体模型そして生人形（浮ヶ谷）

図11　貴族男子像
(「生人形と松本喜三郎」展実行委員会編　2004)

図12　谷汲観音像
(「生人形と松本喜三郎」展実行委員会編　2004)

にあるといえます。「人肌」や「裸体」のリアルさが現れているものに、安政2年(1855)の興行で評判になった長崎の丸山遊女の裸体人形(図10：同ポーズの生人形写真)や安政3年(1856)の浅草興行に展示された「吉原仮宅」の遊女黛の生人形などがあります。その技法は、胡粉(貝殻の粉末)を溶かして肌色を作り、それを霧吹きで吹き付けていくといった方法で、この技法によって自然な人肌ができるといわれています。この「人肌」のリアルさゆえに人体模型を依頼されたのだろうし、制作の際にその技法は存分に発揮されたことでしょう。とりわけ、明治初期アメリカ人のケプロンが注文した図11の「貴族男子像」(スミソニアン自然史博物館所蔵)に、人体そのものの美を追求した喜三郎の完璧なまでの自然観照能力とその技を見ることができます(実・委)。この人形は着衣を前提にしていたにも関わらず、身体の細部に至るまで技巧が徹らされていることがわかります。

　また、明治4年(1871)から浅草奥山で興行した喜三郎の「西国三十三所観音霊験記」は、喜三郎一世一代の大作であり最高傑作とされています。その内容は、第一番の紀州那智山青岸渡寺から第三十三番の美濃谷汲山華厳寺までの西国観音霊場の縁起や故事に取材したものでした(大木 1961)。なかでも、第三十三番所の場面に置かれた谷汲観音像(図12)は、現在熊本県の浄国寺に安置されています。この観音像は、生人形でありながら神仏として扱われた稀有な例といえるでしょう。聖と俗のはざまに位置するこの観音像は、観る者に見世物小屋と仏寺院との境界を容易に越境させる魅力を放っています。当時の人々の心性には、エロティックなものへの好奇心と聖なる対象への信仰心とが、相矛盾することなく混在、融合していたことでしょう。

## おわりに

　人々を見世物興行に誘ったものは、単なる娯楽性だけではなく、技に対する驚異とともに道徳性、そしてエキゾティシズム、エロティシズムを顕現した生人形であったように、衛生展覧会で人々の興味を引いたものは、病原菌、臓器、胎児、性器といった不可視なるものを可視化する人体模型や病理模型でした。主催する側の意図とは裏腹に、観る側には西洋医学の知識や人体模

型、病理模型に対する驚きや恐怖だけではなく、近代以前の生活に根付いていた異形や性的なものに向かう好奇のまなざしが存在していたといえるのではないでしょうか。明治期に移入された衛生思想の普及は、国家の衛生政策という近代化装置からみれば、確かに人々の日常生活や身体へのまなざしに大きな転換をもたらしたといえます。けれども、人々は新たな知覚の変換を起こしつつも、明治以前から連続している心性や知覚を混在させたまま、衛生観念を受容していったといえるのではないでしょうか。

(千葉大学)

**参考・引用文献**

朝倉無聲　1988『見世物研究』　思文閣出版
「生人形と松本喜三郎」展実行委員会（編）　2004『生人形と松本喜三郎』(図録集)　「生人形と松本喜三郎」展実行委員会
稲垣喜代志　1969「ニセ国士・有田音松伝：日本のジキルとハイド」『ドキュメント日本人9　虚人列伝』　学芸書林
今井金吾(校訂)　2004『定本　武江年表　下』　ちくま学芸文庫
今西　一　1997『近代日本の差別と性文化：文明開化と民衆世界』　雄山閣出版
大木　透　1961『名匠　松本喜三郎』　昭文堂書店(2004年復刻版)
小川鼎三　1964『医学の歴史』　中公新書
小木新造・熊倉功夫・上野千鶴子　1990『風俗　性』　岩波書店
奥　武則　1993『文明開化と民衆：近代日本精神史断層』　新評論
小野芳郎　1997『〈清潔〉の近代：「衛生唱歌」から「抗菌グッズ」へ』　講談社新書メチエ
柿本昭人　1991『健康と病のエピステーメー：十九世紀コレラ流行と近代社会システム』　ミネルヴァ書房
金子　淳　2001『博物館の政治』　青弓社
川添　裕　2000『江戸の見世物』　岩波新書
　　　　　2001『江戸の見世物：第146回江戸東京フォーラム講演レジュメ・一部抜粋』(2004/03/12access)
　　　　　2003『見世物探偵が行く』　晶文社
木下直之　1999『美術という見世物』　ちくま学芸文庫
50年史編纂委員会　1998『50th　京都科学の歩み』　株式会社京都科学

第Ⅱ部　近現代考古学の射程

小林淳一　1999『海を渡った生人形：ペリー以前以後の日米交流』　朝日選書
小松良夫　2000『結核：日本近代史の裏側』　清風堂書店
島津製作所　1911『島津製作所寫眞帖』(島津創業記念資料館所蔵)
清水勝嘉　1991『昭和戦前期　日本公衆衛生史』　不二出版
瀧澤利行　1998『健康文化論』　大修館書店
立川昭二　1971『病気の社会史：文明に探る病因』　ＮＨＫブックス
田中　聡　1994『衛生展覧会の欲望』　青弓社
伴　忠康　1987『適塾と長与専斎：衛生学と松香弘志』　創元社
福田眞人　1995『結核の文化史』　名古屋大学出版会
松田京子　2003『帝国の視線』　吉川弘文館
宮崎　惇　1992『棚橋源太郎：博物館にかけた生涯』　岐阜県博物館友の会
宮武公夫　2000『テクノロジーの人類学』　岩波書店
山本俊一　1994『梅毒からエイズへ：売春と性病の日本近代史』　朝倉書店
吉田憲司　1999『文化の「発見」：驚異の部屋からヴァーチャル・ミュージアムまで』　岩波書店
吉見俊哉　1992『博覧会の政治：まなざしの近代』　中公新書

# 胞衣の行方
## ―東京の胞衣神社と胞衣会社―

野尻 かおる

## 1. はじめに

　「中絶胎児を一般ごみ」。その衝撃的な見出しは、2004年7月20日の朝日新聞朝刊の一面に踊っていました。横浜の産婦人科医で、妊娠12週以上の中絶胎児を墓地埋葬法に基づき火葬・埋葬せず一般ごみとして廃棄していたという、事件を報じたものでした。この報道により、医療現場の倫理が問われたことは勿論ですが、一般市民に対し胎児や胞衣処理に対する違和感を生じたさせることになったのです。朝日新聞の記事によれば、所謂「えな条例」を持つ8都道府県では12週未満の胎児や胎盤を感染症廃棄物とせずに専門業者に許可を与えて扱わせていますが、ほとんどが廃棄物処理法の感染症廃棄物として処理されているというのです。しかし、たとえ廃棄物処理法に則って適正に処理されたとしても、母親の体から出た胎児や胞衣が「廃棄物＝ごみ」として扱われてきたことに対する違和感はどこからくるものなのでしょうか。胎児や胎盤に生命を見出しているからなのでしょうか。ここでは、別の経過を経ながらもかなり近い違和感を味わったであろう、近代の人びとの胞衣への視線について、お話ししてみたいと思います。
　私が胞衣の行方について意識したのは、荒川区で携わった民俗調査で道灌山の「胞衣神社」「胞衣会社」（ここでいう「胞衣会社」とは明治23年〈1890〉創立の「日本胞衣株式会社」を示すが、その後の他社との合併等による名称変更もあり、ここでは便宜上「胞衣会社」と呼ぶ)の存在を知った時です。乱暴な物言いをすれば、近現代において、胞衣は「処理されるモノ」らしいのです。ですから、出産経験のある私の体内から排出された胞衣も、何らかの方法で処理されたと思われます。しかし、史料や聞き取り調査で明らかにされてきた産育儀礼

第Ⅱ部　近現代考古学の射程

**図1　道灌山胞衣神社**
(『明治・大正・昭和　東京1万分1地形図集成』柏書房、『東京名所図会・北郊之部』睦書房　より)

の研究によれば胞衣は「納めるモノ」なのです。果たして、この変化はいつ頃、どのようにして起き、そして定着していったのでしょう。

　私は、人生儀礼の最後を締めくくる葬送儀礼の中、殊に江戸の火葬場の成立や変容に関心を持ち、火葬場が葬送儀礼を担う宗教施設から「遺体処理」の場に転じたことなどを研究してきました(荒川区教育委員会 1993、野尻 2003)。この文脈から近代の「胞衣処理」を解釈することはできないだろうか。誕生にかかわりの深い胞衣の処理について関心を寄せたのは、背中合わせにある生と死をめぐる儀礼の近似性からです。このことについては、小松和彦氏の通過儀礼における蓑笠をめぐる論考(小松 1983)等にも刺激を受けました。小松氏は、蓑笠を「死者もしくは死者のメタファー」とされ、誕生

の儀礼においても胞衣を蓑笠とみなし、「エナ＝蓑笠」は死から生への社会的境界を越える道具であり、それゆえ「生のメタファー」ともいうことができると位置付けられているのです。

それにしても、胞衣の研究は、考古学・歴史学・民俗学等の先学による膨大な先行研究及び事例報告がなされおり、とても"にわか近代胞衣処理研究者"である私の力が及ぶところではありません。ですから、今回は東京の胞衣神社と胞衣会社を事例として取り上げる小論を提示することで、ささやかな問題提起とさせていただきたいと思います。

## 2．「東京の胞衣神社・胞衣会社」以前—江戸の胞衣納めの研究史から—

近世の胞衣納めの研究を見てみますと、ほとんどが遺物や遺構に触発された考古学先行の研究であり、江戸時代という区分よりも、むしろ江戸という地域に特化した研究のように思われます。

考古学研究の分野では多くの胞衣埋納遺構や胞衣納めに用いられたとされる容器の事例報告がなされておりまして、ここでは一々紹介はできませんが、木下忠氏(木下 1981)をはじめ、北原糸子・谷川章雄氏(谷川・北原 1989)、伊藤敏行氏(伊藤 1991)、小沢詠美子氏(小沢 1996)、中野高久氏(中野 1999)、中村禎里氏(中村 1999)、追川吉生氏(追川 2002)、小林謙一氏(小林 2002)など、示唆に富む研究が少なくありません。

新宿区北山伏遺跡の報告書(1989)で、筆や墨等の共伴資料の出土がみられない事例を、① 土器が上下二枚合わせで出土している、② 遺構東北隅5×3ｍほどの範囲に不規則に点在していること、③ 同時期に埋められたものではなく、個々に埋められたことを判断基準として「胞衣処理施設」と判断したことから、このような2枚合わせの土器の出土例を胞衣処理に関わる遺構と解釈する傾向ができあがっていったようです。歴史学では、小沢氏の精緻な研究があり、この延長線上にある研究として位置付けられます。

近年の研究では、これまでの事例解釈の見直しが盛んになってきました。中野氏は、江戸遺跡においては、民俗事例や文献史料に見られる胞衣と一緒に納めるもの(墨・縫い針・徳利)等が共伴する胞衣埋納遺構が少ないこと

を指摘し、これは江戸において胞衣に対する儀礼の規定がない、あるいは定着していないことを示唆しており、各家における伝統の儀礼形態を独自に行なっていたと考えられないか、という非常に興味深い見解を披露しています。

　また、追川氏は、江戸における胞衣埋納遺構研究では、土器が用いられたとする小沢氏の指摘を肯首しつつ、曲げ物や桶を用いた遺跡に残存しにくい材質の容器を用いた埋納遺構の存在には注意すべきであるとの見解を示しました。さらに、江戸遺跡を残した社会集団毎に胞衣埋納遺構の集成を試み、「社会集団を異にする遺跡間で質的な共通性が認められる以上、江戸における胞衣埋納が社会集団毎に画一的に規定されるものではないことは明らかである」と述べています。私は江戸の火葬場についての論考において、火葬の受容と土葬の受容を見るに当り、階層分類を前提として解釈することへの疑問を呈し、そこには「宗教上の選択」と「儀礼を選択できる江戸という都市のもつ許容性」の存在があることを述べましたが（野尻 2003）、このことは、中野氏や及川氏の解釈にも通じるものではないかと思うのです。

## 3．江戸の胞衣の行方

　これまで、江戸の胞衣納めの研究を見てきました。当然、これらは土の中に納めることが前提の研究です。しかし、土の中に儀礼として納められない胞衣も存在しそうです。北原氏が『小児必要養育草』に見られる、産婆が胞衣を薬店に横流しする話や天野信景著『塩尻』の医者が胞衣を盗んで薬にする話を紹介しています（北原・谷川 1989）。胞衣が薬として用いられることは、中国の本草学に位置付けられています。明代の『本草綱目』（1596年刊）52巻「人部」に、人胞と胞衣水が挙げられています（中村 1999、斉藤 2003）。

　時代は下りますが、『日本産育儀礼資料集成』の「胞衣を煎じて飲むと肺病が治る」との福井県の事例や新生児の痣を胞衣で撫でると消えるという各地の事例でわかるように、日本においても民間療法として胞衣が使われていたようです。

　医師の法橋寺島良安は、正徳から享保年間に編纂した『和漢三才図会』巻

十二の中で、胞衣を薬用に供することを「若し人の為に烹らるれば、子多くは育たず。然れども、往往薬中に之れを用ひる者有り。仁者は且に為さざるなり」(『庶民生活史料集成』)と厳しく批判しています。また、女性向けの指導書『女重宝記』(草田寸木子 1692年刊)巻3では「下々の産には、胞衣を薦につつみ路道に捨つるを、鴉からすゆきて、宮社のうへ神木鳥居にすておくは、もったいなき事也」と嘆いています(中村 1999)。彼らの嘆きからは、医学的に効能があるとされながら人体を薬剤に使うことへの嫌悪感や都市部においての胞衣を取り巻く事情が見て取れます。

　中村氏が述べられた、近世の産科医や女性向指南書を通しての、胞衣納めの儀礼の普及など、このあたりのことは大変興味深いです(中村 1999)。しかし、私の関心を引き付けたのは、やはり埋められなかった胞衣の行方といいますか、むしろ、胞衣が産婆や医師を介して薬に変わるという、ルートの存在なのです。それこそが、これから述べる近代の胞衣処理システムを出現させる礎となるものであると考えたいのです。

## 4．東京の胞衣の行方

　荒川区は、江戸時代は江戸の町の周縁部に位置するに近郊農村であり、近代は急速に工業地化・宅地化が進んだ地域といえます。

　荒川区教育委員会で行なった民俗調査の報告書(荒川区教育委員会 1993・1996)から、以下のような胞衣にまつわる事例を拾うことができます。

　① 素焼きの容れ物が薬局で売られており、これに胞衣を入れる→2、3日すると「胞衣社」が取りに来る、② 産婆が素焼きの容れ物を用意し、これに胞衣を入れる→産婆が胞衣会社に連絡し、会社から取りに来る、③ 胞衣会社というのがあって、胞衣を回収して瀬戸の壺に入れ、神社の右側に埋めた、④ 胞衣会社に頼むような家は、裕福であるか、そういうことに凝っている家、⑤ そうでない家は自分の家の庭の北側を掘って埋めた。

　これらの事例の中には、民俗学の人生儀礼でいうところの「胞衣埋め」「胞衣納め」などの儀礼がほとんど欠落していることが窺えます。さらに「胞衣社」「胞衣会社」が胞衣を引き取りに来るというのです。

第Ⅱ部　近現代考古学の射程

### 明治23年の「日本胞衣株式会社大旨」

"にわか近代胞衣処理研究者"にとっては、よい先達が必要です。その一つが―評価はさておき―恩賜財団愛育会による全国の事例であり(恩賜財団母子愛育会 1975)、首都東京に特化すれば、道灌山の胞衣神社の設立とその背景についての土井氏の先駆的な研究、そして猿渡氏の丁寧なルポルタージュを交えた報告があります(猿渡 2000)。土井氏によれば、胞衣会社と道灌山の胞衣神社とは実は権大講義松本亥平らによって一体のものとして明治23年(1890)に創設されたことが報告されています(土井 1994、ほか)。

　明治24年3月、「胞衣及産穢物ハ家産ニ近接セル場所ニ埋納スヘカラス、但胞衣産穢物取扱業者ハ東京府庁ノ許可ヲ得タル一定ノ埋納焼却場ノ外埋納又ハ焼却スルヲ得ス」(警察令第三号)という胞衣産穢物取扱業者以外の一胞衣埋納を規制する命令が出されます。これは一般家庭にも及ぶ胞衣埋納の規制で、胞衣は公衆衛生上好ましくない存在とみなしたのです。因みに、24年の8月には「墓地及埋葬取締細則並」と「墓地管理規則」(警察令第12号)が制定されました。こちらでも、墓地を衛生的に維持管理することが強調されています。胞衣会社の創立に関わる松本亥平・松本龍智は、前年の22年に胞衣容器を製造販売する日本胞衣納器商会を立ち上げました(土井 1995)。この時の「日本胞衣納器商会大意」によると旧来の雑多な胞衣容器や近来普及している土器(上下二枚重ねのごとうかわらけ)が衛生上問題であること、納祭上不適切であることを指摘し、二人が発明した陰陽五行にもかなった意匠登録済みの善良納器こそが胞衣納めに適切な容器であると主張しています。ここから、胞衣埋納に対する規制の情報を事前に持ち、胞衣容器と胞衣処理を独占的に扱おうとした松本亥平らの周到さが窺えます。その意味では、土井氏が指摘するように、明治政府の推進する衛生政策に呼応する形での会社設立であるといえるでしょう。

　では、土井氏が紹介した、明治26年(1893)6月の増資・定款改正出願書類(東京都公文書館蔵「庶政要録」所収)中の明治23年1月付「日本胞衣株式会社大旨」(以下、「大旨」と略す)を読んでみましょう(土井 1994)。

　この「大旨」は、会社設立の事由と道灌山の胞衣神社の創祀について述べ

ており、以下(a)〜(i)のような興味深い記述があり、末尾には「創立　権大講義松本亥平、首唱　松本龍智」とあります。

　(a) 衣納めの祭りは、伊弉諾・伊弉冊が夫婦の道を始めた(所謂、美斗能麻具波比〈ミトノマグハイ〉を為して諸神を生んだ時)が起源で、古式が存在することは美濃国の恵那神社の存在で既知のことである。(b) その後古式は忘れさられ、胞衣は捨てられ、または人畜が踏みつける所や戸口の下に埋めるなど誤った埋納の仕方が蔓延している。(c) 明治天皇の時代になり衛生の考え方がおおいに普及してきた。(d) 従前の処理会社が大切な胞衣を汚物と一緒に破棄していることは、痛ましいことである。(e) 当社は、大成教に附属し、その教えに則り胞衣を鄭重に扱うことを明確にし、子どもをもうけた家々に喜び満足を与える胞衣の埋納を行なう。(f) そのために既に胞衣埋納の許可を得た6社を合併し日本胞衣会社を設立する。(g) 胞衣の守護神伊弉諾・伊弉冊を祭神とする胞衣神社を、許可を得て道灌山に設ける。(h) 胞衣祭を春秋2回執行する。(i) 教会(胞衣神社ヵ)は胞衣の大切さを伝える教場であるから大成教長官の平山省斎、副長官本荘宗武・磯部最信らの指導・助言をえる。

　「明治政府の推進する衛生政策に呼応する形での会社設立」であれば、何故(d)・(f)だけではすまず、胞衣埋納の古式を持ち出し、胞衣神社を創祀しなければならなかったのでしょうか。

**胞衣神社と大成教**

　明治時代の東京の胞衣納めについての記録として平出鏗二郎の調査報告があります。東京の習俗の記録がないことを嘆き、精力的に調査収集して明治35年(1902)に『東京風俗志』を出版しました。平出は、この報告の「出産及び老幼の祝儀」の項目の中で、胞衣納めの儀礼の変化と衰退、特に胞衣会社の出現と法的規制に注目しています。

　明治政府は、王制復古と文明開化という矛盾したベクトルを両立させようとする政策を推し進めました(鎌田 1996)。開化主義的な啓蒙の立場から、猥雑・懶惰・浪費・迷信であるとされた民俗信仰的な行事や習俗に対する禁圧が各地で行なわれたのです。維新政権成立間もない時期から、道祖神祭・虫送り行事・門松の設置等が規制され、明治5年(1872)以降には、盂蘭盆

第Ⅱ部　近現代考古学の射程

会・盆踊り・地蔵祭り・六道銭・疫神送り等が禁止されました(安丸 1988)。明治初期の胞衣納めを禁じる具体的な史料を確認してはいませんが、殊に首都東京においては胞衣納めの習俗もまた近代的民族国家の形成のためには排除されるべき対象となっても不思議はないでしょう。そこに加えて国家挙げての衛生政策です。しかしながら、長年にわたって地域や家で行なわれてきた民俗行事や習俗が統制・抑圧によってその意味を問われたとしても、一気に消滅するというものではないでしょう。胞衣納めでいえば、平出の報告からも窺い知ることができるように、いくつかの段階を経て変容していったのです。その変容をスムースに成し遂げるために出現したのが胞衣神社ではないかと、私は考えています。

　(e)・(i)にあるように、胞衣神社は大成教により創立されましたが、土井氏も猿渡氏も平山省斎が開いた大成教との関わりについてあまり深く述べてはいません。しかし、この大成教が明治期の胞衣神社創祀に大きく影響を与えているのだと思います。それには、教祖平山省斎を見ていく必要があります。

　明治初期の神社神道は「国家祭祀・道徳」と位置付けられていました。宗教ではない国民祭祀・国民道徳の機関となっていたのです。明治5年(1872)、国民教化を具体化するため教部省に教導職(大教正から権訓導までの14級)が設けられ神職と僧侶がその任にあたることになりました。そして明治15年(1882)、儀式・祭祀を司る神社の神職「神官」と国民を強化する教導職とが明確に分けられました。この時、官幣大社氷川神社と日枝神社の宮司職を兼任し教導職として最高位の大教正であった省斎は、宮司職を辞して神道家として、つまりは大成教の管長として宗教活動をすることを選択しました(井上 1991a)。省斎は、いわゆる教祖的でない教祖で、あくまでも神道として伝承されてきた文化や精神をその時代と次世代に伝え継承しようとした神道家であるとされます(鎌田 2002)。

　ここでは紙幅の都合上、大成教の教義を詳しく述べられませんが、その教規には通過儀礼(婚姻式・誕生式・成年式・葬儀式)がきちんと位置付けられています(鎌田 2002)。また、井上氏によれば、省斎の論法は物事の起源はす

べてわが国の神々に発し、それが世を経るにしたがって、時代に合わせてさまざまな制度を取り入れるようになる、伝統を重視しながらも、絶えず変化しつつある現状に対処していこうという思考法をとるとされます(井上1991a)。「大旨」の(a)〜(c)に見られる、胞衣納めの起源→誤った埋納の拡大→近代的な衛生の観点をもつ古式にならった鄭重な胞衣納めの実践、これは明らかに省斎の考え方に則ったものといえるでしょう。

　ですから「大旨」において、松本亥平が「権大講義」を冠したことには意味があるといえます。明治22年(1889)に「日本胞衣納器商会」を立ち上げ、胞衣処理を衛生的観点からの利潤追求につなげた松本亥平とは区別する必要があったのです。土井氏は「権大講義」を教導職13級のうちの7級(14級の内、8級の誤認ヵ)にあたり、明治17年には廃止されてはいるものの肩書として使用したとされます(土井 1997)。この「権大講義」とは、土井氏がいう教導職ではありません。確かに同年8月11日に教導職は廃止されました。同日付太政官布達70号では「従前教導職タリシ者ノ身分ハ総ジテ其在職ノ時ノ等級ニ順ジ取扱フ者トス」とありますので、移行措置として暫定的に教導職が残されたようです。しかし、教導職廃止を告げた同日付太政官布達第19号で、寺院及び神道各派に管長を置き、管長は神仏各教規宗制を定め内務卿の許可を得ることと定められました。その教規中に「教師タル分限及其称号ヲ定ムル事」「教師ノ等級進退ノ事」とあります(日本近代思想大系5『宗教と国家』)。教派神道においては教団としての体制を急速に整えるべく教団の教師の称号として教導職の称号を用いたのです(井上 1991b)。なお、猿渡氏は「権大講義　松本亥平」について大成教の14の階級からなる教師資格の内、上から8番目にあたる教会長クラスの位であることが判明したと述べられています。これは現在の教団組織の機構を使っておられるわけで、あくまで参考にとどめておくべきものでしょう。

### 胞衣会社以前

　さて、大旨(f)の部分に注目してみましょう。「従前東京府下ニ於テ胞衣埋納所ヲ六社ト制限セラレ御許可ヲ蒙リタル」との記述からは、明治23年(1890)以前に東京府下の「胞衣埋納所」が6社に制限されたことがわかりま

す。このことは、東京府下に6社以上の胞衣処理に関わる事業者が存在したこと推測させます。恐らく、この時、零細な胞衣処理に関わる業者は才覚のある業者に吸収されたり廃業したりしたことでしょう。

　同21年の都市改正条例により道路・河川・橋梁・鉄道・公園・魚鳥市場・青物市場・獣畜市場・と場・火葬場・墓地などの都市施設が対象となり首都にふさわしい都市づくりをめざした計画が作られました。また、これに先駆け、同13年「火葬場取締規則」、同17年「墓地及埋葬取締規則」等で、墓地や火葬場の場所や数が制限されました。同23年の「日本胞衣株式会社定款」(土井　1994)によれば、許可された6社は東京府下南葛飾郡吾妻村(現墨田区)の吾妻社、同北豊島郡雑司ヶ谷村の貴子母社(現豊島区)、同北豊島郡中里村(現北区)の東京衛生社・栄生社、同荏原郡大井村の益人社(現品川区)、同北豊島郡三河島村(現荒川区)の子安社と地域的に偏りがあります。「胞衣埋納所」の制限もこのあたりの事情に連動しているのかもしれません。

　ところで、明治23年(1890)以前に許可を得た胞衣処理の事業者とは、民俗信仰的な行事や習俗に対する禁圧から出現した会社なのでしょうか。私はむしろ、少なくとも江戸後期には存在していた「胞衣が産婆や医師を介して薬に変わるというルート」を継承している事業ではないかと考えるのです。そして、大旨(d)の論理から、これら6社が得ていた権利は近代資本に吸収合併されたのです。それは胞衣容器製造販売業・胞衣納めの祭祀を関連事業とするいわば胞衣処理総合商社としてコーディネイトされたものでした。胞衣会社の経営陣は、材木問屋建設請負業・売薬業・借地借家稼業・石炭礦採掘業・陶磁器販売業などの経営をかねています(猿渡　2000)。売薬業の存在は気になるところですがここでは言及するにとどめておきます。

**道灌山の胞衣神社と胞衣会社**

　では、胞衣会社と胞衣神社との運営の実態を見てみたいと思います。

　胞衣神社に胞衣を納め、その手数料として20銭を納めた人に胞衣株式会社が渡す証書である「胞衣納祭証・領収証」(明治30年〈1897〉、八王子郷土資料館蔵)が伝存しています(土井　1994)。納祭証には「胞衣ヲ本社ノ定款ニ依リ府下道灌山胞衣納祭地ニ鎮納シタル事ヲ証明ス」、つづく領収証には「胞

衣納祭及産穢物除去手数料トシテ正ニ受取候也」とあり、実務的な記述に徹しています。しかし、裏面には注目すべき記述が見られます。

ここには、(j) 胞衣の納祭所が本部の道灌山を含め6ヶ所あった、(k) 他家と同所に納めることを望まない家には胞衣納祭所の区画を一等地2円、二等地1円50銭、三等地1円で「貸渡」しする、(l) 大旨の(h)にもあるように道灌山胞衣神社において春秋2回の大祭を行ない、(m) 胞衣と出産に伴う汚物の運搬は胞衣会社・胞衣神社が行ない手数料を支払うことが、記されているのです。

(j)の納祭所について、会社設立時の「日本胞衣株式会社定款」では「府下産家貴重ノ胞衣ヲ納祭シ及ヒ産穢物ヲ焼却シテ衛生ノ稗益ヲナス」が営業目的であるとしています。胞衣の納祭とそれに伴う衛生上の公益としての産穢物の処理とを分けてはいるものの、同定款には「胞衣埋納所及産穢物焼却所」を同じ場所に設けており、実質的には二つは一体の施設であるとみなしてよいでしょう。しかし、「胞衣納祭証・領収証」の裏書は産穢物焼却所に触れておらず、胞衣株式会社・胞衣神社の何らかの意図がここに見て取れます。

また、(k)の納祭所区画の「貸渡」については、「借地料」の期限を設定しておらず、これを地租や維持管理にあてるとしており、寺院の墓地の永代供養料に類似しています。近年の発掘調査によれば、胞衣神社旧境内地から、分譲された区画の遺構が確認されています(北区教育委員会 2003)。

さらに、道灌山の胞衣神社において春秋2回の大祭(胞衣祭)を執行するとあります。このことは、つまりは、胞衣は処理されたのではなく、あくまでも納祭所に「鎮納」したのだと、依頼者側に納得させることを意味するのだと思います。さらに踏み込んでいえば、「鎮納」や「胞衣祭」は、依頼者のためのみならず、公衆衛生上好ましくない存在とみなされた胞衣及び出産の穢物を直接扱う胞衣会社自身のための祓えの祭祀ではなかったのかとも思うのです。ちなみに、斎藤純氏が「道灌山の法螺抜け」にまつわる伝承資料の論考の中で「法螺抜けの跡は明治四二年まで残っており、ここに胞衣を埋める神社を祀った者は承知していたはずだ。水や土砂が胞衣を他界へ流し去るような場所とみなしたのだろうか」と触れておられ、道灌山が祭祀の場とし

第Ⅱ部　近現代考古学の射程

表1　恩賜財団母子愛育会調査に見る近代の胞衣処理

| 種類 | 県名 | 地方・市郡町村字名等 | 規則 | 処理の方法 | 処理の場所（処理者） | 時期 |
|---|---|---|---|---|---|---|
| △ | 青森県 | 中津軽郡船沢村 | ― | 埋める | 堆肥場 | ― |
| ◎ | 岩手県 | 南岩手地方 | ― | 焼却 | 焼き捨て場 | 今 |
| ◎ | 宮城県 | 仙台市 | ― | 焼却 | （会社） | 現今 |
| △ | 福島県 | 稲敷郡生坂村 | 有 | 埋める | 墓地、または吉方を選んで宅地内 | ― |
| △ | 栃木県 | 宇都宮市 | 有 | 埋める | 八幡公園の稲荷神社の所 | ― |
| △ | 栃木県 | 河内郡豊郷村 | 有 | 埋める | 自家の墓地の清浄な所、家の出入り口の敷居の下 | 現今 |
| △ | 群馬県 | 吾妻郡原町 | ― | 埋める | 墓地 | 現今 |
| △ | 群馬県 | 吾妻郡中之条町 | ― | 埋める | 出入りが多いところ | ― |
| △ | 群馬県 | 吾妻郡東村 | ― | 埋める | 墓地 | ― |
| △ | 群馬県 | 吾妻郡太田村 | ― | 埋める | 墓地 | ― |
| △ | 群馬県 | 吾妻郡坂上村 | ― | 埋める | 墓地 | ― |
| ◎ | 群馬県 | 吾妻郡坂上村 | ― | 焼却 | 山 | 現在 |
| △ | 群馬県 | 吾妻郡嬬恋村 | ― | 埋める | 墓地 | ― |
| △ | 群馬県 | 吾妻郡草津村 | ― | 埋める | 墓地 | 今 |
| △ | 群馬県 | 吾妻郡六合村 | ― | 埋める | 墓地 | ― |
| △ | 群馬県 | 利根郡久呂保村 | ― | 埋める | 共同地 | ― |
| ◎ | 群馬県 | 市街地 | ― | 焼却 | （胞衣会社） | 現時 |
| ◎ | 群馬県 | 郡部 | ― | 埋める | 共同埋地 | 現時 |
| △ | 千葉県 | 香取郡 | ― | 埋める | 墓地 | ― |
| △ | 千葉県 | 君津郡・安房郡 | ― | 埋める | 墓地 | ― |
| ◎ | 新潟県 | 中魚沼郡水沢町 | ― | （焼却） | 火葬場 | 今 |
| ◎ | 新潟県 | 新潟市 | ― | 埋める | （産婆組合） | 今 |
| ◎ | 富山県 | 高山市付近 | 有 | 焼却 | （衛生関係会社） | ― |
| ◎ | 富山県 | 高岡市内 | 有 | 焼却 | （取りにくる役） | ― |
| ◎ | 富山県 | 氷見郡 | 有 | 焼却 | ― | ― |
| ◎ | 富山県 | 東砺波郡五鹿屋村 | 有 | 焼却 | ― | ― |
| ◎ | 富山県 | 東西砺波郡南部山地方 | 有 | 焼却 | ― | 現在 |
| △ | 富山県 | 東西砺波郡南部山地方 | 有 | 埋める | ― | 現在 |
| △ | 石川県 | 江沼郡塩屋町 | 有 | 埋める | サンマイ | ― |
| △ | 石川県 | 江沼郡南郷村 | 有 | 埋める | ネコザンマイか山の日のあたらない藪 | ― |
| △ | 石川県 | 江沼郡月津村 | 有 | なげる | 三昧にある二つ三つの穴（アトナゲルアナ） | ― |
| △ | 石川県 | 江沼郡那谷村字滝泉 | 有 | 埋める | 三昧 | 今 |
| ◎ | 石川県 | 金沢 | 有 | 焼却 | （焼くのを業とするもの） | 現今 |
| ○ | 福井県 | 福井市 | 有 | ― | （後産取り） | ― |
| ○ | 福井県 | 福井市 | 有 | 焼却 | ― | ― |
| △ | 福井県 | 足羽郡 | 有 | 埋める | 宅地の人が踏まない所または墓地 | ― |
| △ | 福井県 | 三方郡 | 有 | 埋める | 墓地 | （今） |
| △ | 福井県 | 遠敷郡 | 有 | 埋める | 共同捨て場・墓地・厩の隅 | ― |
| ◎ | 福井県 | 大野郡 | 有 | 役場が処置 | （役場） | 今 |
| △ | 福井県 | 大野郡 | 有 | 埋める | 馬小屋、またはごみ捨て場 | ― |
| ○ | 福井県 | 丹生郡 | 有 | 焼却 | 波打ち際 | ― |
| ○ | 福井県 | 南条郡 | 有 | 焼却 | ― | ― |
| △ | 福井県 | 小川村 | 有 | 埋める | 一定の捨て場所、太陽の絶対にあたらない木陰 | ― |
| △ | 福井県 | 小川村 | 有 | 捨てる | 村近くの子捨て場 | ― |
| △ | 長野県 | 松本地方（本郷他6地区） | 有 | 埋める | 墓 | 現今 |
| △ | 長野県 | 南北安曇郡 | 有 | 埋める | 墓 | ― |
| ◎ | 長野県 | 北信濃地方 | 有 | 埋める | ― | 今 |
| △ | 長野県 | 南佐久郡畑八北大井 | 有 | 埋める | 墓地 | 現在 |
| △ | 長野県 | 小県郡・更級郡 | 有 | 埋める | 墓地 | ― |
| △ | 長野県 | 上伊那郡赤穂 | 有 | 埋める | 墓地 | （現在） |
| ◎ | 岐阜県 | 岐阜市上竹町 | 有 | ― | （産婆の手を経て胞衣会社） | ― |
| ○ | 岐阜県 | 岐阜市 | 有 | 焼却 | 胞衣社 | ― |
| ○ | 岐阜県 | 不破郡 | 有 | 焼却 | 火葬場 | ― |
| ◎ | 岐阜県 | 海津郡 | 有 | 捨てる | 火葬場 | ― |
| ◎ | 岐阜県 | 養老郡高田町 | 有 | ― | 町営 | ― |
| ◎ | 岐阜県 | 養老郡 | 有 | 埋める | 墓地 | 今 |
| △ | 岐阜県 | 安八郡・揖斐郡 | 有 | 埋める | サンマイ | 昔 |
| ◎ | 岐阜県 | 恵那郡中津川地方 | 有 | ― | （処理する職業のもの） | 今 |
| △ | 岐阜県 | 恵那郡中津川地方 | 有 | ― | 墓 | 今 |
| ◎ | 岐阜県 | 養老郡 | 有 | 埋める | 墓地 | 今 |
| ○ | 岐阜県 | 地名不明 | 有 | 焼却 | 火葬場 | ― |
| ◎ | 岐阜県 | 武儀郡美濃町・可児郡伏見村地方 | 有 | 捨てる | 墓地 | ― |
| △ | 岐阜県 | 加茂郡太田町 | 有 | 埋める | 墓地 | ― |
| △ | 岐阜県 | 可児郡広見村 | 有 | 埋める | 墓地 | 今 |
| △ | 愛知県 | 丹羽郡池village地方 | 有 | 埋める | 墓地に特に設けてある不浄物納場 | ― |
| △ | 愛知県 | 西加茂郡挙母地方 | 有 | 処置 | 部落の一定の場所 | 近時 |
| △ | 愛知県 | 渥美郡老津村地方 | 有 | 埋める | 村内数所の胞衣埋没所 | 今 |
| ◎ | 三重県 | 四日市市 | ― | 始末 | （衛生会） | （昔） |
| △ | 三重県 | 員弁郡 | ― | 埋める | ザンマイ | （今） |
| △ | 三重県 | 三重郡 | ― | 埋める | 墓地 | ― |
| ◎ | 三重県 | 三重郡 | ― | 埋める | 火葬場 | ― |
| ○ | 三重県 | 鈴鹿郡 | ― | 焼却 | 墓（ヨナトリサン） | ― |
| △ | 三重県 | 鈴鹿郡 | ― | 捨てる | 墓の古井戸 | ― |
| △ | 三重県 | 鈴鹿郡 | ― | 捨てる | 産場を捨てる字共用の穴 | ― |

194

胞衣の行方（野尻）

| 種類 | 県名 | 地方・市郡町村字名等 | 規則 | 処理の方法 | 処理の場所（処理者） | 時期 |
|---|---|---|---|---|---|---|
| △ | 三重県 | 河芸郡 | — | 捨てる | 墓地 | — |
| △ | 三重県 | 河芸郡 | — | 捨てる | 墓の井戸 | — |
| △ | 三重県 | 河芸郡 | — | 捨てる | 墓地 | （今） |
| △ | 三重県 | 津地方 | — | 埋める | サンマイ | — |
| ◎ | 三重県 | 津付近 | — | 焼却 | 胞衣焼却場 | （今） |
| △ | 三重県 | 志摩郡地方 | — | 埋める | 海岸の一定の地域 | （今） |
| △ | 奈良県 | 添上郡東里村 | 有 | 埋める | 墓地 | — |
| △ | 奈良県 | 山辺郡東里村 | 有 | 埋める | 墓地 | 今 |
| △ | 奈良県 | 山辺郡針ヶ別所村 | 有 | 埋める | 墓地 | 今 |
| △ | 奈良県 | 宇陀郡伊那佐村 | 有 | 捨てる | 共同墓地のかたわらヤケアナと称する深い穴 | 今 |
| △ | 奈良県 | 宇陀郡伊那佐村 | 有 | 捨てる | 墓地 | 今 |
| △ | 奈良県 | 吉野郡賀生村 | 有 | 埋める | 墓地、家近い木の根 | 近来 |
| △ | 奈良県 | 吉野郡大塔村 | 有 | 埋める | 墓地、人目にかからない屋敷内を深く掘る | 近来 |
| △ | 奈良県 | 北葛城郡高田町ほか | 有 | 埋める | 墓地、または雪隠の入口、その年の明きの方 | — |
| △ | 奈良県 | 磯城郡桜井町久我山村他 | 有 | 埋める | 部落ごとのエナヤブまたはノイド | 次に |
| ◎ | 奈良県 | 磯城郡桜井町久我山村他 | 有 | 埋める | 胞衣捨て | 近来 |
| ◎ | 鳥取県 | 西伯郡大幡村・大山村・賀野村・高麗村 | — | 埋める | 共同胞衣埋没所 | （今） |
| △ | 島根県 | 仁多郡鳥上村 | — | 埋める | 墓地、または屋敷内の吉方を選ぶ | — |
| ◎ | 島根県 | 大社町 | — | 埋める | 遠隔の地（取り集め人） | 本年 |
| △ | 島根県 | 大社町 | — | 取り扱う | （役場） | 今 |
| ◎ | 島根県 | 鹿足郡津和野町 | — | 納める | 墓地 | （今） |
| △ | 岡山県 | 赤磐郡佐伯本村 | — | 埋める | 納戸の床下か墓地 | — |
| △ | 岡山県 | 都窪郡妹尾村 | — | 埋める | 新山の共同墓地 | — |
| △ | 岡山県 | 都窪郡妹尾村 | — | 埋める | 墓地 | 今 |
| △ | 広島県 | 広島市 | 有 | 埋める | 一定の場所 | その後一時 |
| ◎ | 広島県 | 広島市 | — | 焼却 | （産婆会） | 現在 |
| △ | 山口県 | 吉敷郡嘉川村・豊浦郡安岡町・岡枝村・阿武郡大井村 | — | 埋める | 墓地 | — |
| ○ | 徳島県 | 徳島市及び付近、名東郡・勝浦郡・板野郡地方 | — | 焼却 | — | 最近 |
| △ | 徳島県 | 勝浦郡・那賀郡・海部郡・板野郡・阿波郡・美馬郡地方 | — | 埋める | 墓地 | — |
| △ | 香川県 | 香川県中部 | — | 埋める | 墓地 | — |
| △ | 愛媛県 | 新居浜市新居浜町 | — | 埋める | 共同墓地の一部（衛生夫） | — |
| ◎ | 愛媛県 | 喜多郡大川村 | — | 納める | 共同埋没所 | 今 |
| △ | 高知県 | 高知市付近 | — | 納める | 墓地その他 | 今 |
| ◎ | 福岡県 | 粕谷郡 | — | 焼却 | （嘉穂郡・飯塚市産婆会） | （今） |
| △ | 福岡県 | 粕谷郡 | — | 埋める | 墓地あるいは金神の方角を避けた場所 | （昔） |
| ◎ | 福岡県 | 粕谷郡 | — | 焼却 | 郡内の共同の焼却場 | （今） |
| △ | 福岡県 | 宗像郡・鞍手郡・嘉穂郡・朝倉郡・筑紫郡 | — | 埋める | 墓地 | 昔 |
| ◎ | 福岡県 | 宗像郡・鞍手郡・朝倉郡 | — | 焼却 | — | 現今 |
| △ | 福岡県 | 宗像郡 | — | 埋める | 産婦の臥床の下、または墓地 | 十年前くらい |
| ○ | 福岡県 | 遠賀郡 | — | — | （助産婦） | — |
| ◎ | 福岡県 | 遠賀郡 | — | 焼却 | 火葬場 | — |
| ◎ | 福岡県 | 嘉穂郡 | — | 焼却 | （郡産婆会胞衣焼却部） | 大正11年 |
| △ | 福岡県 | 嘉穂郡 | — | 埋める | 産床の下の土、あるいは墓地 | その以前 |
| △ | 福岡県 | 筑紫郡 | — | 埋める | 出産した床下または墓地 | （昔） |
| ◎ | 福岡県 | 筑紫郡 | — | 焼却 | 汚物焼却場 | 昨年4月 |
| △ | 福岡県 | 鞍手郡 | — | 埋める | 墓地の際 | その後 |
| △ | 福岡県 | 糸島郡・三潴郡 | — | 埋める | 墓地 | — |
| △ | 福岡県 | 糸島郡 | — | 埋める | 墓地 | — |
| △ | 福岡県 | 糸島郡 | — | 埋める | 墓地 | （今） |
| ○ | 福岡県 | 浮羽郡（町） | — | 焼却 | — | — |
| △ | 福岡県 | 三井郡 | — | 埋める | 墓地 | 現今 |
| ○ | 福岡県 | 三潴郡 | — | 焼却 | — | 近時 |
| ○ | 福岡県 | 三潴郡 | — | 焼却 | — | 昭和7年 |
| △ | 福岡県 | 福岡地方 | — | 埋める | 墓地 | — |
| ◎ | 福岡県 | 久留米地方 | — | 焼却 | — | 現今 |
| ○ | 福岡県 | 久留米地方 | — | — | （市役所） | 現今 |
| ◎ | 福岡県 | 門司地方 | — | — | （胞衣取り） | （今） |
| ◎ | 福岡県 | 八幡地方 | — | 焼却 | （衛生胞衣社） | （今） |
| ○ | 福岡県 | 一般 | — | 焼却 | — | — |
| △ | 福岡県 | 一般 | — | 埋める | 墓地 | — |
| ◎ | 福岡県 | 直方地方 | — | 焼却 | 火葬場 | — |
| ◎ | 福岡県 | 京都郡 | — | 焼却 | — | — |
| △ | 福岡県 | 県内一般 | — | 埋める | — | — |
| ○ | 福岡県 | 鞍上郡 | — | 焼却 | — | 目下 |
| △ | 佐賀県 | 杵島郡 | — | 埋める | 墓地または明きの方 | — |
| ◎ | 長崎県 | — | — | 納める | 市役所に持参 | 現在 |
| △ | 長崎県 | 東彼杵郡宮村 | — | 埋める | 最も人の踏む所、最も不浄の場所を選ぶ。あるいは墓地 | — |
| △ | 長崎県 | 対馬厳原付近 | — | 埋める | — | — |
| △ | 大分県 | 日田郡 | — | 埋める | 墓地か寝床の床下 | — |
| ○ | 宮崎県 | 南那珂郡一般 | — | 埋める | — | — |
| △ | 宮崎県 | 西臼杵郡一般 | — | 埋める | 墓地または産室の床下、またはその年の明き方 | — |

\* 分類の△は墓地の場を処理した事例または特定の場所を処理した事例、○は焼却の事例、◎は胞衣処理会社や胞衣処理場、火葬場等で処理が行なわれた事例である。 \*\* 「規則」は木下（1981）による明治期の胞衣処理に関する規則の有無。 \*\*\* 「時期」の「今」「現今」等は調査年の昭和10〜13年頃、（ ）内は筆者の判断による。

195

て選択された理由は、たいへん興味深い意見だと思います(斎藤 2003)。

　胞衣神社への埋納が定着したかどうかはさておき、胞衣会社と胞衣神社の出現は、明治政府が急速に推し進めようとした伝統的習俗の見直し及び公衆衛生の徹底の中で、儀礼と処理の両面を持つ緩衝材的な機能を果たすべく、たとえは悪いが、いわば隙間産業のようにして、出現したものとして理解したいと考えます。

　さて、恩賜財団愛育会による全国産育儀礼調査を見ますと500例以上の胞衣に関する事例が確認できます。この調査では東京の中心部、京都・大阪も欠落しています。それは、調査の目的が地域に伝承された胞衣納めの儀礼を拾うことを目的としていて、調査者がそれに則ろうとしたためであろうと思われますが、調査方針に反した調査者が存在したために、法的規制や衛生観念の普及から成立した近代の胞衣処理と判断できる事例を相当数確認できました(表１)。粗い分析で恐縮ですが、ここから、農村部においては、暫定的な措置として集落の中に特定の場所を設けたり、墓地を処理の場にした可能性があることが窺えます。また、江戸の胞衣屋のような業者が存在した可能性がある城下町などの大都市以外では、法的な規制の下で行政がそれを担い処理施設を設けたこと、または火葬場が処理の場とされたことが窺えます。現代においては「医療廃棄物処理施設・火葬場」へ集約されているようですが、江戸以来事業として継続し都市施設としての重大な機能を維持してきた東京では、少子化問題を抱え会社の存続の危機が迫りつつありますが、胞衣処理会社に託するシステムが現在も継承されているのです。

## 5．おわりに

　さて、その後道灌山の胞衣神社は大正10年(1921)頃消滅し、跡地は鉄道省の官舎に姿を変えました。また、東京、殊に中心部のイエの胞衣納め儀礼も消え去りますが、胞衣会社は存続し、経営主体は変化したものの現在も営業が続いています。胞衣会社の存続の理由は、当然衛生の普及の一翼を担った産婆や医師の胞衣処理への介入があげられましょう。例をあげれば、「麹町産婆会資料」(荒川ふるさと文化館所蔵)からは、胞衣会社から産婆組合に対

し胞衣の処理数に応じて毎月手数料が支払われていることが確認できるのです。

　では、胞衣神社やイエでの胞衣納めの儀礼が消滅したのは、何故なのでしょうか。納祭所への胞衣の埋納と、イエで行なわれていた胞衣納めの決定的な違いは、納めるという儀礼を自ら行なわず胞衣神社＝胞衣会社に全く委ねてしまったことです。胞衣はイエから胞衣会社の社員の手に渡り納祭所に運ばれて埋納されることになっています。この時、受領書は交わされますが、胞衣の運搬にも納祭にも家人が付き添うことはありません。消滅解明の鍵は、胞衣を土に埋めることを否定する衛生観念の普及もあるでしょうが、実際のところは、このあたり―儀礼を完全に他者に委ね続けることにより、儀礼の意味を失った、または意味が伝承されなくなった―にあるものではないでしょうか。

　しかし、なんといっても、病院出産の増加が胞衣に対する価値観を覆す決定的な要因となったといえましょう。そこでは、分娩室という隔離された衛生的な空間が設けられ、出産には大切な胞衣を納める胞衣壺も不要となりました。胞衣は家人ばかりでなく産婦の目にさえ触れることもなく、全て病院側の産穢物の中で処理されることになったのです。多少なりとも存在した胞衣を粗末にしてはならないという思いはついに消滅することになるのです。冒頭で述べた現代の胞衣処理への違和感の根源は、近代に消滅した胞衣納めの儀礼を見て初めて解明されるのではないでしょうか。


　「はじめに」で述べた、火葬場と胞衣納めの近似性については十分な論証ができなかったように思います。猿渡氏の報告にある火葬場「東京博善社」の創設者木村荘平らが胞衣会社の経営に乗り出したことも気になりますので、いずれまた改めて論じたいと思います。今回のシンポジウムにお声掛け下さったメタアーケオロジー研究会、御意見や情報を下さった衛生研究会、江戸在地土器研究会の皆様、浮ヶ谷幸代氏、田中藤司氏、亀川泰照氏、土井義夫氏、村上紀夫氏、猿渡土貴氏に記して謝意を表します。

（荒川区立荒川ふるさと文化館主任専門員）

第Ⅱ部　近現代考古学の射程

**参考文献**

『東京名所図会・北郊之部』　睦書房　1969

『明治・大正・昭和　東京1万分1地形図集成』　柏書房　1983

荒川区教育委員会　1993『町屋の民俗』荒川区民俗調査報告書(三)

荒川区教育委員会　1996『南千住の民俗』荒川区民俗調査報告書(四)

荒川区教育委員会　1997『南千住の民俗』荒川区民俗調査報告書(五)

伊藤敏行　1991「胞衣習俗と胞衣容器」『学芸研究紀要』8

井上順孝　1991a「平山省斎と神道大成教の形成」『教派神道の形成』　弘文堂

井上順孝　1991b「神道教派体制の成立過程」『教派神道の形成』　弘文堂

追川吉生　2002「江戸時代の胞衣埋納に関する研究」『東京考古』20

小沢詠美子　1996「「胞衣」をめぐる諸問題—江戸の事例を中心に—」『史潮』38

恩賜財団母子愛育会　1975『日本産育習俗資料集成』　第一法規出版株式会社

鎌田東二　2000『神道とは何か—自然の霊性を感じて生きる—』　ＰＨＰ研究所

鎌田東二　2002『平山省斎と明治の神道』　春秋社

北区教育委員会　2003『田端不動坂遺跡Ⅴ』北区埋蔵文化財調査報告30

北原糸子・谷川章雄　1989「胞衣をめぐる二、三の問題」『北山伏町遺跡』

木下　忠　1981『埋甕—古代の出産習俗—』　考古学選書18　雄山閣

小林謙一　2002「埋められたカワラケ」『江戸在地系土器の研究』Ⅴ

小松和彦　1983「蓑笠をめぐるフォークロア　通過儀礼を中心として」『現代思想』10月（その後、『異人論』青土社　1985　所収、ちくま学芸文庫　1995）

斉藤研一　2003「子とり」『子供の中世』吉川弘文館

斎藤　純　2003「道灌山の法螺抜け—瓦版の怪異譚とその背景」『世間話研究』13

猿渡土貴　2000「近現代における胞衣処理習俗の変化—胞衣取扱い業者の動向をめぐって—」『日本民俗学』226　日本民俗学会

土井義夫　1994「〔採取メモ〕　道灌山胞衣神社と日本胞衣株式会社」『貝塚』47　物質文化研究会

土井義夫　1994「〔採取メモ〕　日本胞衣株式会社の設立」『貝塚』48　物質文化研究会

土井義夫　1995「〔採取メモ〕　日本胞衣株式会社と日本胞衣納器商会」『貝塚』

49　物質文化研究会

土井義夫　1995「日本胞衣株式会社八王子出張所覚書」『桑都民俗』13　桑都民俗の会

土井義夫　1997「出産」竹内誠他編『方法　教養の日本史』東京大学出版会

東京都北区　1994『北区史　民俗編2』

中野高久　1999「近世遺跡の胞衣埋納遺構」『関西近世考古学研究』Ⅶ；109-118

中村禎里　1999『胞衣の命』海鳴社

野尻かおる　2003「近世都市江戸における火葬場の成立と変容―小塚原火葬寺を中心に―」地方史研究協議会編『江戸・東京近郊の史的空間』雄山閣

安丸良夫　1998「近代転換期における宗教と国家」日本近代思想大系5『宗教と国家』岩波書店

山口由紀子　2001「紫河車―胎盤療法」『ヒト胎盤品質試験検査、無菌試験総括報告書』Vol.10

　本稿脱稿後、土井義夫氏の「『胞衣納め』をめぐって」を所収する江戸遺跡研究会編『江戸の祈り―信仰と願望』(吉川弘文館、2004年11月)が刊行された。これまでの氏の研究をあらためてまとめられた論考であり、あわせて参照されたい。

第Ⅱ部　近現代考古学の射程

# 身体の近代と考古学

　　　　　　　　　　　　　　　　　　　　　　　光本　　順

## 1．はじめに

　身体の動作や身ぶりが、あらゆる文化によって異なることを示したのは、フランスの人類学者マルセル・モースです(モース　1976)。モースは、泳ぎ方、歩き方、走り方といった行為に関わる身体の動きに地域差や世代差が存在することを例示しながら、時代や社会によって伝統的につくられる身体のあり方を「身体技法」として提示しました。こうした社会の中で歴史的につくり出される身体への着目は、これまで社会学・人類学・文学・歴史学等において積極的になされてきました。なかでも、盛んに研究がなされてきたのは、近現代、とりわけ近代化における身体性の変容に関するものです。

　考古学においても、身体性へのアプローチは、近年進展しつつあります。私は、身体論的考古学の意義を、歴史的カテゴリーとしての人間像の追究にあると考えています(光本　2004)。近代的身体もまた、そうした歴史的身体の一形態であるとともに、現代の我々の行為や思考を今なお規定するものでもあります。分析対象であるとともに、研究者自身の身体性の一部となっていること、この二重性が、近代的身体を研究する際の大きな特徴をなすものといえるでしょう。

　では、近代的身体とは具体的にどのような性格のものなのでしょうか。そして、考古学はどのようにそれを研究し、あるいは考古学の議論の中に活かしていくことができるのでしょうか。

　小稿では、まず関連諸科学が示す近代的身体の様相について概観します。もちろん、多様な分野における多様な論点を網羅することはできません。あくまで筆者の問題関心に沿った、身体にかかわる問題系の一端を整理するこ

とを目指しています。つぎに、考古学における、近代的身体に関する議論の方向性を探ります。最後に、身体性と密接に関わるジェンダー／セクシュアリティというテーマについて、特にこれまで日本ではほとんど議論がなされてこなかった非異性愛をめぐる考古学の状況について検討していきたいと思います。

## 2．近代化された身体

### マナー

まず、身近な身体性の例として、マナーの歴史をみてみましょう。たとえば日本史学の熊倉功夫によるマナーに関する研究をみると、食事作法や礼法といった身体の動作が近代化の過程で大きく変化することがわかります(熊倉 1999)。明治期なかばの礼法書では、家庭の内部的関係におけるしつけやたしなみなどに焦点が当てられていたのが、大正期なかばあたりには公の場が重視されるものが出現していきます。その後、昭和16年(1941)に制定された「礼法要項」の影響で皇室に対するマナーに多くの頁が当てられるようになります。

このように、礼法書に記載されるマナーの種類の変化は、内／外、私／公に関する価値観や態度、あるいは政治情勢と密接に結びついていることがわかります。

### 規律・訓練

さて西欧近代は、身体を対象とした規範の網の目が張りめぐらされた時代といえるでしょう。フランスの思想家ミシェル・フーコーは、『監獄の誕生―監視と処罰―』の中で、近代の監獄や軍隊、工場、学校、病院において、「従順な身体」が形成されるメカニズムを明らかにしています(フーコー 1977)。刑罰は、18世紀には王(の身体)への反逆に対する報復として受刑者の身体を残虐に痛めつける身体刑が行われました。それが18世紀末以降の刑罰制度になると、法律違反者は監獄において非行者(潜在的に違反を犯す可能性のある人格)として扱われ、生活態度に関する規律・訓練によって、こと細かな規格に服従させられていきます。兵士については、17世紀には生ま

れながらに体格のよい者が選ばれていましたが、18世紀後半になると軍隊において立居振舞や集団行動に関する規律・訓練を経て、兵士という身体がつくられるようになります。

　この近代に特徴的な規律・訓練という技術は、上記のような閉鎖的空間において細かく個人の行動を管理し、他者と自己自身の内省的まなざしからなる拘束の仕掛けを駆使して、個人を規格化していきます。「従順な身体」は、心と身体が分離された近代の、心による身体の統治によって形成された産物ともいえるでしょう（市野川　2000）。そうした中で、理性と規格化に反する非理性とが分割され、さまざまな「異端者」あるいは「異常者」というカテゴリーが生み出されることになるのです。

　セクシュアリティ

　近代は「セクシュアリティの時代」とも言われます。セクシュアリティとは、一般的に性的指向性を中心とする概念、すなわちどういった対象をどのように愛するのかといったことを意味します。ミシェル・フーコーによると、近代においては、性的指向性という身体的経験が、個人の人格を表わすものとみなされるようになります（フーコー　1986）。

　フーコーの研究は、ジェンダー／セクシュアリティ研究に多大な影響を及ぼしています。ジェンダー・アイデンティティと性的指向性の結合によって、近代にはホモセクシュアルという主体が医学的な病理や社会的退廃の体現者として語られ、排除と矯正の対象となります。デイヴィッド・ハルプリンは、理性と非理性との分割を、ヘテロセクシュアリティとホモセクシュアリティの対立に置き換えて考察しています（ハルプリン　1997）。自然で（子孫をのこすという観点から）生産的、健全な前者と、反自然的で非生産的、退廃としてのホモセクシュアリティというカテゴリー化。前者によるレッテルによって、非異性愛は異性愛の周縁として位置づけられます。

　こうした排除は、社会のあらゆる場面で見受けられるホモフォビック（同性愛嫌悪）な言説の中で、繰り返し再生産されます。ホモフォビアについて考える上で、後ほど触れるクイア理論の中心的人物であるイブ・コゾフスキー・セジウィックが行った、男性同士の関係性に関する研究は刺激的です

(セジウィック 1999・2001)。セジウィックは、ルネサンスから20世紀までのイギリス文学を読み解きながら、近代における男性中心的な異性愛主義社会の枠組みの形成において、女性嫌悪とホモフォビアが原動力となることを提示しています。こうした異性愛男性の集合体については、「ホモソーシャル」という概念で呼ばれています。ホモソーシャル体制は、それを脅かす女性や非異性愛者を排除することによって維持されます。セジウィックの議論で興味深いのは、異性愛と同性愛が連続的に把握されている点であり、その連続性のために同性愛に対する排除の論理が作用するという点です。今でも日常的に、同性愛をネタにした「からかい」の言葉を耳にする機会に遭遇することがあるように、ホモフォビアが同性愛者でないことの証明書として、ホモソーシャルな関係の中で機能しているということは実感できると思います。

**身体の近代化**

文芸評論家の三浦雅士は、身体加工(衛生観念、コルセット、纏足)、表情(泣き方、笑い方)、動作(歩き方、農耕と遊牧、運動会)、軍隊(抽象的身体、産業的身体)、体育(体操、オリンピック)、舞踏といった諸側面から、近代の成立において、身体性の変容がいかに重要な問題であったかを論じています(三浦 1994)。そこで示されているのは、「裸で何も塗らず、形を変えず、飾らない身体」を、人間の標準の身体とみなす認識が、近代化の過程で出現したものであるということです。

標準的で均質な身体が、西欧において17世紀後半のルイ14世をはじめとする軍隊編成の中で形成され、そのモデルが工場や学校に敷衍化します。日本においては、明治以降にこの西欧的な身体性が輸入されます。それによって、たとえば歩行に関してみると、ナンバと呼ばれる片側の腕と脚を同時に動かすという歩行方法が、明治19年(1886)以降、学校教育における兵式体操にもとづく徹底的な身体管理の中で変容します。その結果生み出されるのは、行進や戦闘時の機敏な動きに適した左右の腕と脚を交互に動かすという、現代につらなる歩行方法です。この変化にも、近代における均質で非個性的な身体への志向性が表れています。

以上、これまでの研究をみると、近代的身体の特徴の重要な一側面として、規律・訓練による徹底的な管理と教育、標準化・均質化の作用、そして均質化の結果としての異端者の形成を見出すことができるでしょう。こうした標準化された身体は、個人の生命の維持に照準を定める近代的権力の延長上にあるものといえます(フーコー 1986)。近代的身体は、まさに政治・権力の場そのものといえるでしょう。

## 3．考古学の中の近代的身体

### 2つの視点

近現代の社会的特質をより深く探る上で、当時の身体性に注目することが非常に有効であることは、上述した研究をみると明らかでしょう。さらに、近代的身体が現在の身体観に大きな影響を及ぼしていることもわかります。

では、考古学によって近現代の身体性を論じることは、具体的にどのような意義をもつのでしょうか。議論の方向性としては、おもに二つの視点があると考えられます。すなわち、ひとつは実践的研究、もうひとつは自省的研究の方向性です。

多くの関連諸科学が近現代の身体性について論じる中で、考古学が実践的研究として焦点を当てるのは物質文化と身体との関係性であるといえます。このテーマに関しては監獄の構造から個人を規格化するまなざしのシステムを読みとったフーコーのように、身体をめぐる社会的作用のあり方を追究する際にこれまでも注目されてきました。たとえば、腕時計の出現によって、身体と時間とが結びつく過程を論じた社会学者の原田隆司と寺岡伸悟の研究も、物質文化と身体との関係性に関する示唆的な研究例として挙げることができます(原田・寺岡 2003)。

実践的研究の視点は、当然のことながら実際の物質文化の分析から、それを論じるものですが、この視点には近代より前の時代の身体性と、近現代のそれとを比較する試みも含まれるでしょう。特に身体に大きな変化をもたらしたとされる近代について、他の時代との比較研究の中で論じることは、近代に関するより客観的な評価を行う上で不可欠な手続であると思うからで

す。その際には、近代批判という分析の動機と、ど
のように向き合うかが問題となります。近代批判と
しての歴史復元という視座は有意義なものですが、
その一方で近代より前の時代性をいたずらに牧歌的
に描いてしまう危険性も、つねに意識しておく必要
があると考えます。

　実践的研究を行う際の材料は、銅像や人形などの
具体的に身体が表現されたものから、茶碗の持ち方
や建物の空間といった身体の動きを推定できる物質
文化に至るまで幅広いものがあります。たとえば、
桜井準也は近現代の飯茶碗について、その形態（胴
部や高台）や内面文様の施文位置に関する時間的変
化（図1）が茶碗を持つ動作や食事作法の変化に結び
つくことを論じています（桜井 2000）。銅像につい
ては、松原典明が近現代考古学の対象となりうるも

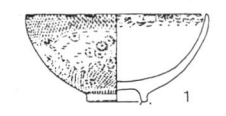

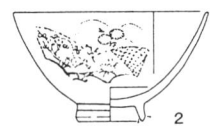

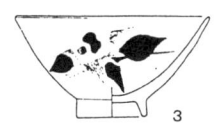

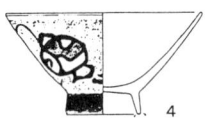

図1　飯茶碗の変遷
（桜井 2000 より）

のとして注目していますが（松原 2000）、近現代における身体論的考古学を
実践する対象として興味深い資料といえます。

　もうひとつの方向性である自省的研究は、研究者自身の身体性について検
討する試みです。身体史を主導するバーバラ・ドゥーデンは、歴史的な身体
のあり方を問う際に、近代以降の身体性に関する検討が不可欠であることを
説きました（ドゥーデン 1994）。近代的身体が考古学的な解釈の無意識の前提
として深く関与していることを考えるならば、この試みはあらゆる考古学的
な研究に寄与できる可能性をもつといえるでしょう。平均化・標準化された
身体の存在を前提とする、近代以降に形成された思考方法に自覚的になるこ
とは、標準化の中で排除されたマイノリティの存在に積極的に目を向けるひ
とつのきっかけにもなると思います。そもそも近現代考古学は、既存の考古
学の枠組みを内破する力をもつものと考えられていますが（五十嵐 2004）、
近代的身体についてもまさに同様のことがいえるのです。

　これまでの近代的身体の自省的研究としては、どのような研究がなされて

いるのでしょうか。ここでは実測図に反映される我われの物の見方が近代的産物であることと、図化の習得を通して考古学者という身体が形成されることについて論じた桜井準也の研究を注目される例として挙げたいと思います（桜井　1998・2003）。

　ではもう少し具体的に、考古学において近代的身体を議論することの意義を探るために、つぎに非異性愛に関する考古学を例にとってみたいと思います。

**非異性愛と考古学**

　考古資料の中に、なんらかの人物が描写・造形されている場合、しばしばそれが女性か男性かという点が検討の対象となります。あたかもそうした判定が、自然で自明な行為であるかのように。

　たとえば、日本考古学という脈絡の中で、「ホモ…」という単語が出てきた場合を考えてみましょう。はたしてそのとき、次にどんな言葉を予想するのでしょうか。おそらく、考古学の訓練を受けてきた人ほど、「ホモ・サピエンス」といった現世人類に関する用語をつい連想するのではないでしょうか。ここで問題としたいのは、なぜ「ホモ・サピエンス」であって、「ホモセクシュアル」ではないのかということです。日本考古学においては、非異性愛に関する記述はほとんど皆無の状況が続いています。「ホモセクシュアル」が日本考古学の中で登場しないような、学問的枠組みを支える原理には、近代以降の標準化された身体、あるいは異性愛を前提としたホモフォビックな身体観という、近代に顕在化する時代性が潜んでいると考えます。

　学問的世界や政治的運動の中での、非異性愛をめぐる活動をみると（河口2003）、まず1970年代から80年代にかけて、レズビアン／ゲイの解放運動と連動したレズビアン／ゲイ・スタディーズが、アメリカ合衆国において盛り上がりをみせます。それが90年代になると、ポスト構造主義の影響下において、人文科学の中でレズビアン／ゲイ・スタディーズからクイア・スタディーズへと移行していき、現在に至っています。レズビアン／ゲイ・スタディーズは、「レズビアン」や「ゲイ」といったそれぞれのアイデンティティの一体性を重視し、その集合体の形成によって異性愛社会の差別に立ち向か

ってきました。それに対し、クイア・スタディーズはそうしたカテゴリー内部、あるいは自己の内部に含まれるさまざまな差異を重視し、異性愛と同性愛を分割する権力の仕組み自体を批判的に研究することに力点を置いています(河口 前掲)。「クイア」とは、もとは同性愛に対する差別語として、欧米で使用されていた言葉ですが、中心としての異性愛に対抗する立場性としての積極的な意味がこめられた用語となっています。

　このような研究動向が西欧において進展する一方で、日本においては、90年代になってようやく同性愛に関する学術的論考が出版されるようになります。したがって、日本考古学の中で非異性愛が取り上げられてこなかったのは、非異性愛に対する社会的位置づけや、社会全体の風潮によるところが確かに大きいものといえます。一般的に、非異性愛は学問として取り上げられない傾向が強いようです。非異性愛は、往々にして異性愛の周縁に位置づけられるため、学問のメインストリームに登場することが困難な状況が生じるためです(河口 2000)。また、そもそも日本において、同性愛者が書籍やテレビといったメディアを通じて広く可視化され、同性愛に対する肯定的な、あるいはいわゆる「寛容」な風潮が現れたのは、90年代以降というごく最近のことです。したがってほんの十数年前までは、非異性愛に関する記述を考古学の中で行うことなど、あまりにハイリスクであったことは想像に難くありません。

　いっぽう欧米考古学では、非異性愛に関する研究の流れを受けて、クイア考古学という分野が近年活発に展開しつつあります。2000年には、雑誌『World Archaeology』の特集のテーマとして、クイア考古学が取り上げられています(Dowson 2000b)。トーマス・ドーソンは、クイア考古学について積極的に取り組むひとりです。ドーソンは、クイア考古学について、「同性愛」という近代的カテゴリーを過去に遡って探求することとは考えていません(Dowson 2000a)。そうした過去への安易な同一化は、歴史的な多様性を理解する際の妨げになるだけでなく、ある対象を「同性愛」や「クイア」として認定する行為の中に、現代のホモフォビアが滑り込む危険性があるためです。たとえば、考古資料で風変わりな格好の人物像があった場合、それを

第Ⅱ部　近現代考古学の射程

　「クイア」として認定する行為には、暗にホモフォビックな権力性や、非異性愛に関するマスメディアの中で作られた先入観が潜む可能性があります。そうした方向性を目指すのではなく、同性愛者のみならず、性や文化、知的活動に関する多様なマイノリティが中心的な価値観に対抗するための結節点として、クイア考古学は位置づけられています。

　それでは、こうした問題と最も近い位置にある日本のジェンダー考古学は、非異性愛をどのように扱ってきたのでしょうか。残念ながら、日本のジェンダー考古学では、これまで非異性愛についてはほとんど触れられてきませんでした。異性愛を前提とする議論の枠組み自体について、積極的に意識する必要があると考えますが、もっとも、日本のジェンダー考古学が、主として従来の歴史叙述における女性の扱いや、現在の女性の研究者を取りまく状況について、批判的視座の提示を行うという重要な役割を果たしていることは疑う余地がありません。そうした研究戦略の意義については異論ありませんし、今後ますます議論が活発化されるべきものと思います。ドーソンも主張するように、フェミニスト考古学とクイア考古学とは、ともに（男性）中心的価値観に対抗する立場として、問題意識を共有しているのです（Dowson 2000a）。こうした日本のジェンダー考古学の状況において、近年わずかながら非異性愛に関する記述（光本 2003、松本 2004）が現れました。このことは、新たな変化の兆しといえそうです。

　では、非異性愛の次元まで議論を拡張した場合、日本考古学におけるジェンダーをめぐる諸問題はどのようにみえてくるのでしょうか。ひとつは、これまで一般的に、異性愛による男女の区分があまりに前提とされすぎていたのではないかと思います。すなわち、性の多様性について、積極的に議論がなされてこなかったように思うのです。過去の多様な性のあり方を復元するためには、前提としての異性愛という枠組みをひとまず括弧に入れることで、ジェンダー表象をより客観的に分析することが可能となると考えます。

　また、考古学という学問的環境に関しても、非異性愛を意識化することは重要な意義があるでしょう。ジェンダー考古学では、日本考古学における女性の研究者の少なさという問題について、その原因のひとつとして、女性研

究者という存在のモデルの欠如が想定されています(松本・中園・川口 1999)。こうした状況からまっ先に想起されるのは、先のセジウィックの「ホモソーシャル」という概念です。それを用いることによって、男性中心的な構造について批判的に検討することができるとともに、異性愛的関係性の枠内だけでなく、非異性愛も対象とした議論が可能になります。自戒をこめて振りかえると、考古学が方法論の基礎に置く発掘調査では、きわめて伝統的な男女観が再生産されやすいように思います。「3K」という肉体労働として表現されることのある考古学では、ホモソーシャルなアイデンティティの維持が強化されやすい機会は散在しています。たとえば、ときに耳にする、考古学の中で理論的言説を行うことに対する批判的見解・拒絶的態度にも、一面では考古学を肉体労働とみなす認識と、それに関する伝統的な男性観の影が見え隠れする場合もあるのではないかと思います。女性嫌悪やホモフォビアに陥る落とし穴が多いことに、十分に意識的になっておく必要があると思うのです。

　ただしこうした状況は、ユニセックス化の進行という風潮の中で、現在進行形で変化しつつあるものと思います。近代以来のジェンダー観に対する懐疑の広がりは、中心への批判的視座が受け入れられる基盤としても極めて重要です。ここまで近代的身体について検討しながら、最後に性的マイノリティの問題に行き着きましたが、このような小文もまた時代の変化の産物といえるのかもしれません。

## 4．まとめ

　小稿の前半では、関連諸科学が明らかにしてきた近代的身体の一様相について、主に標準化・均質化、排除といったキーワードの中でみてきました。後半では、近現代考古学において身体という視点がどのように活用できるのかという点について探りました。その中で、非異性愛をめぐる考古学の状況を素材に、権力の場としての近代的身体の論理が今なお根深く作用していることについて検討してきました。

　近現代の物質文化を追究する際に、身体という分析視角は重要な役割を担

第Ⅱ部　近現代考古学の射程

います。なぜならば、その視角は物質文化の中に近現代における人間像の変容を読みとることを可能にすると同時に、我われのとかく自明視しがちな身体性に対して、新鮮な疑問を投げかける契機となるからです。近現代の身体性を論じる試みは、考古学においてはまだ日が浅く、今後積極的に分析を積み重ねていきたいと思います。

（岡山大学埋蔵文化財調査研究センター）

謝辞：執筆にあたり、近代的身体に関する文献について有益なご教示をいただいた慶應義塾大学の桜井準也先生にお礼申し上げます。また、岡山大学の新納泉先生、稲田孝司先生、松木武彦先生、松本直子先生には、小稿に関する貴重なコメントや身体の考古学に関する全般的なご指導をいただいています。記して感謝申し上げます。

**引用文献**

五十嵐彰　2004「近現代考古学認識論―概念と他者表象―」『時空を超えた対話―三田の考古学―』　六一書房

市野川容孝　2000『身体／生命』思考のフロンティア　岩波書店

河口和也　2000「レズビアン／ゲイ・スタディーズ」『総特集　現代思想のキーワード』現代思想2月臨時増刊号　vol.28-3　青土社

河口和也　2003『クイア・スタディーズ』　岩波書店

熊倉功夫　1999『文化としてのマナー』　岩波書店

桜井準也　1998「縄文土器製作における文様区画と施文過程―縄文人の認知構造の解明にむけて―」『東邦考古』22

桜井準也　2000「近代遺物の表象―機能・記号・身体―」『メタ・アーケオロジー』2

桜井準也　2003「日本考古学における図化技術の系譜とその背景―多視点図から透視図へ―」『メタ・アーケオロジー』4

セジウィック E.K.著(外岡尚美訳)　1999『クローゼットの認識論―セクシュアリティの20世紀』　青土社

セジウィック E.K.著(上原早苗・亀澤美由紀訳)　2001『男同士の絆　イギリス文学とホモソーシャルな欲望』　名古屋大学出版会

ドゥーデン B. 著(菅野盾樹・中村雅之訳) 1994『女の皮膚の下』 藤原書店
原田隆司・寺岡伸悟 2003『ものと人の社会学』 世界思想社
ハルプリン D.M. 著(村上敏勝訳) 1997『聖フーコー ゲイの聖人伝に向けて』 太田出版
フーコー M. 著(田邑俶訳) 1977『監獄の誕生―監視と処罰―』 新潮社
フーコー M. 著(渡辺守章訳) 1986『性の歴史 I 知への意志』 新潮社
松原典明 2000「近代の銅像」『季刊考古学』72 雄山閣
松本直子・中園聡・川口香奈絵 1999「フェミニズムとジェンダー考古学―基本的枠組み・現状と課題―」『HOMINIDS』Vol.002
松本直子 2004「ジェンダー」『現代考古学事典』 同成社
三浦雅士 1994『身体の零度―何が近代を成立させたか―』 講談社
光本 順 2003「行為と身体の考古学における方法と実践(素描)―弥生時代から古墳時代を事例として―」『メタ・アーケオロジー』4
光本 順 2004「身体の考古学と儀礼研究」『文化の多様性と比較考古学』考古学研究会50周年記念論文集
モース M. 著(有地亨・山口俊夫訳) 1976『社会学と人類学 II』 弘文堂
Dowson, T.A. 2000a. Homosexuality, queer theory and archaeology, in J. Thomas. (ed.) Interpretive Archaeology: a reader, Leicester University Press: London and New York. First published in Cota Zero (1998), 14, 81-7, (original in Catalan)
Dowson, T.A. (ed.) 2000b. Queer archaeologies. World Archaeology 32(2).

# 5. 技術

西洋技術の速やかな導入は近代日本にとって重要な課題でした。しかし、技術変革はどの分野においても一律に起こったものではなく、近代技術の導入が必ずしも伝統技術の消滅を意味するものではありませんでした。ここでは「土器生産」「家畜」についてとりあげます。

第Ⅱ部　近現代考古学の射程

# 近現代における土器生産

小林　謙一

　土器の生産は、列島において縄紋時代以来、連綿と行われてきた生産・生業活動です。陶磁器を除く土器生産は、近世以降、産業としての位置は相対的に低下してきましたが、土器自体が生活の中に占める割合は、小さなものではなかったといえます。
　考古学研究にとって、土器は時空間的な指標となり、重要な研究テーマです。近現代の土器生産に対する研究も、過去の土器生産・技術を復元する材料として、僅かながらも行われてきました（大橋 1980、小林 1994b・2002、ほか）。また、民俗学的には、民具研究の一部に含まれてきました（米川 1992、ほか）。物質文化研究として、生活文化、生業形態、技術伝承・革新過程の復元の上で、より重視されるべき資料であることは、まちがいないところでしょう。同時に、土器生産体制の歴史的変化を、他の生業形態、流通、経済体制との関連で、再構成するべきであると考えます。ここでは、都市江戸・東京の消費生活を支えてきた、在地系土器生産の生産体制の変化を中心に、近世から近代への変化を整理してみたいと思います。
　なお、近世から近代への土器生産の変化については、御庭焼（「三楽園焼」〈水本 2003〉など）や、例えば「入谷土器」（小俣 2004）など茶器や趣味の土器生産である、より小規模な土器・陶器生産や、瓦生産と煉瓦生産（水野 1999）との関係も含めて検討するべきであり、窯構造については陶磁器生産に伴う素焼窯（鈴木 2002）や人形窯（木立 1997）との関係も重要と考えますが、今回は、日常雑器土器としての江戸・東京在地系土器生産を中心に検討します。

## 1．近世から近代への土器生産の技術的連続性

　近世から近代への連続性について、まず最初に土器生産の技術的側面から検討します。図1に、福島県・山梨県・関東地方での土器窯・瓦窯の、現存するか最近まで残っていた窯や、近世から近代の考古学的な調査例を図示します。土器生産に用いられる窯は、図1の1に示した瓦生産のダルマ窯(藤原 1998)(達磨窯とする)、土器のキセル窯(関口 1988)(以下では土器窯とする)という平地式穴窯の構造(両角・小林 1991)を持ちます。図1の下には近世から近代の調査例をあげます。2は山梨県の近世達磨窯の発掘例(末木 1990)、3は東京都東大和市の近代達磨窯の発掘例(東大和市 1980)、4および5は近年まで残っていた達磨窯で、4は埼玉県鳩山市(埼玉県 1986)、5は東京都葛飾区の例(小林 1991)です。6～8は土器窯の調査例で、6は福島県三春町の発掘例(平田 1996)、7は現存する東京都葛飾区の白井氏の窯(小林 1994b)、8は現存する葛飾区橋本氏の窯(江戸東京博物館 1996)です。ともに、地下のロストル構造(分煙のための壁状仕切を残す下部構造)が特徴で、平面で見ると櫛のような形が残ります。土器窯は、一組のロストル構造、達磨窯は2つのロストル構造を向かい合わせます。

　上部構造は、土器窯では、瓦質土器を生産できる上を密封した焼成室の7のタイプと、ホウロクなど土師質の製品のみを対象とする、上部が解放した非密閉の焼成室の8のタイプがあります。達磨窯の上部構造は、上部密閉の土器窯を2つ合わせた形に近いものです(4・5の写真)。

　近世から近代にかけて基本的な窯構造は変わらず、土器製作技術としても、ロクロ成形や板づくり、型つくりといった基本的技術に変化はみられません。近代にいたって、土練機や機械ロクロ、それに伴う石膏型の導入などがあり、些かの近代化も認められますが、本質的な変化ではなく、生産体制の小規模化に伴う省力化のための改良と捉えられるでしょう。また人形などでは、電気窯の導入、瓦では大規模化・工業化への発達なども行われますが、伝統的な土器では従前の窯が使われ続けてきました。後述するように、近世末以降、土器生産は、江戸から周辺へ拡散していきますが(図2)、窯構造自体には変化はないようです。

第Ⅱ部　近現代考古学の射程

1　平窯の模式図と部位名称
（両角・小林　1991）

単式　　　　　　　　　　　　　　　　　　　　　　　　　　　　複式

2　下向坊ガ峰瓦窯

3　多摩湖第12遺跡

瓦用ダルマ窯

4　埼玉県鳩山町

5　染谷峰夫氏窯

6　福島県三春町丈六窯
（平田　1996）

7　白井和夫氏窯（模式図）

8　橋本正司氏窯（江戸東京博物館　1997）

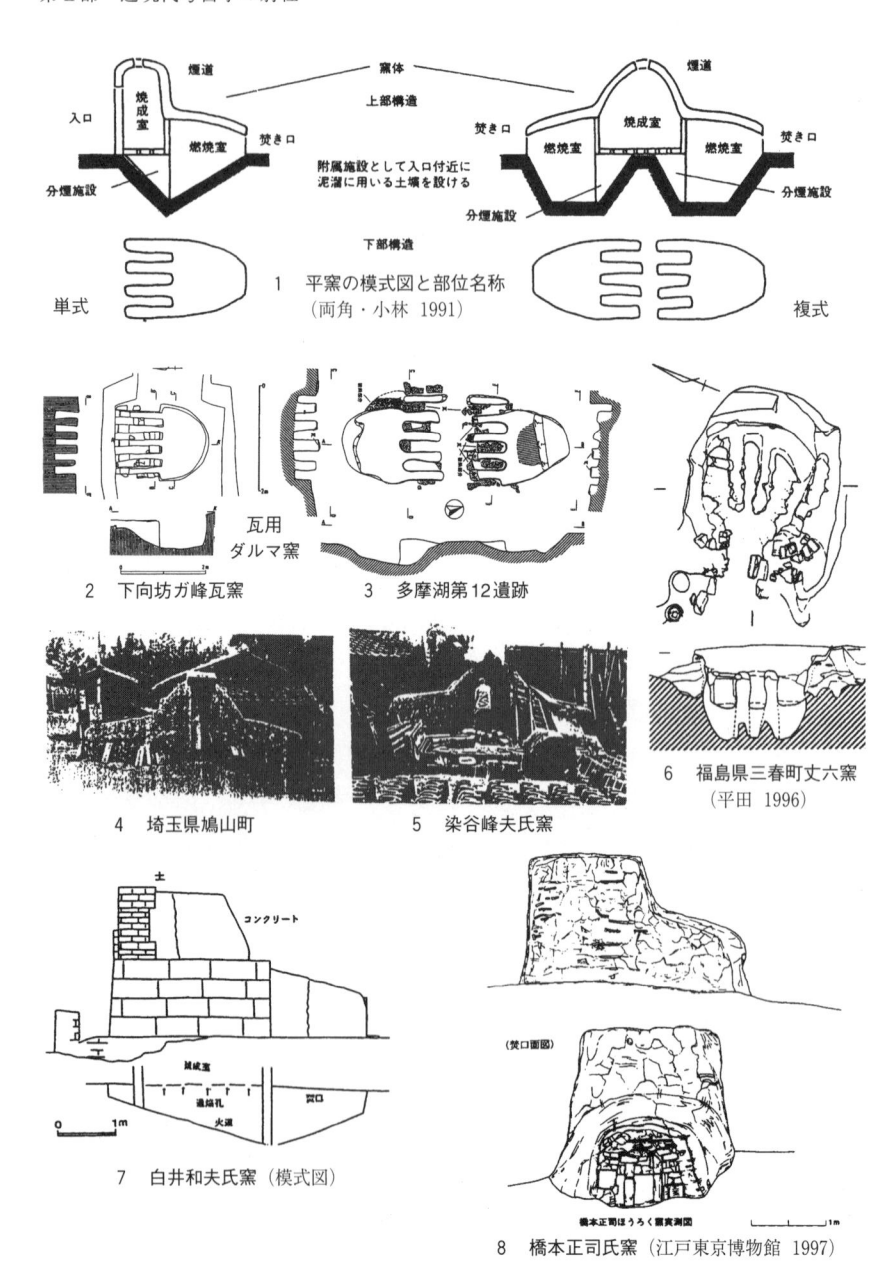

図1　近現代の土器窯

近現代における土器生産（小林）

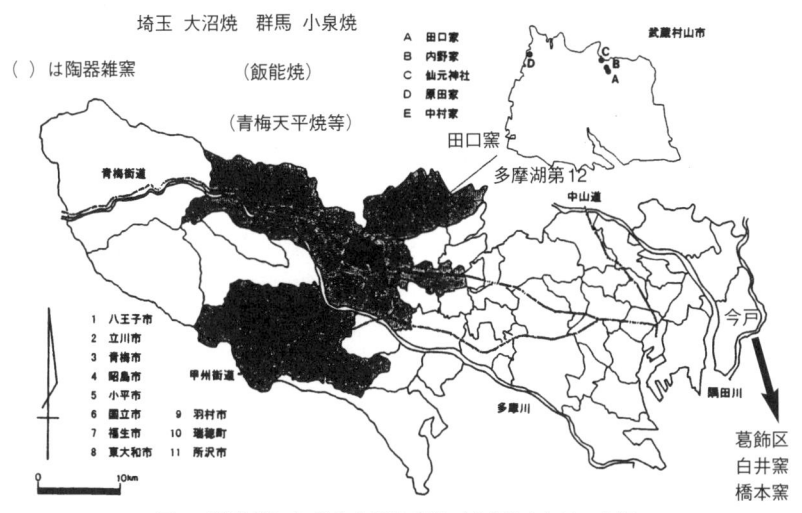

図2 近現代における土器生産地（武蔵村山市田口家窯）

埼玉 大沼焼　群馬 小泉焼
（ ）は陶器雑窯　（飯能焼）
（青梅天平焼等）

A 田口家
B 内野家
C 仙元神社
D 原田家
E 中村家

武蔵村山市
田口窯
多摩湖第12
中山道
今戸
隅田川
葛飾区
白井窯
橋本窯

青梅街道
甲州街道
多摩川

1 八王子市
2 立川市
3 青梅市
4 昭島市
5 小平市
6 国立市　9 羽村市
7 福生市　10 瑞穂町
8 東大和市 11 所沢市

白井窯　植木鉢
昭和30年代　以前

橋本窯
盆用焙烙

白井窯　白井善入銘
煎茶焜炉（明治前半期）

メンコカタ

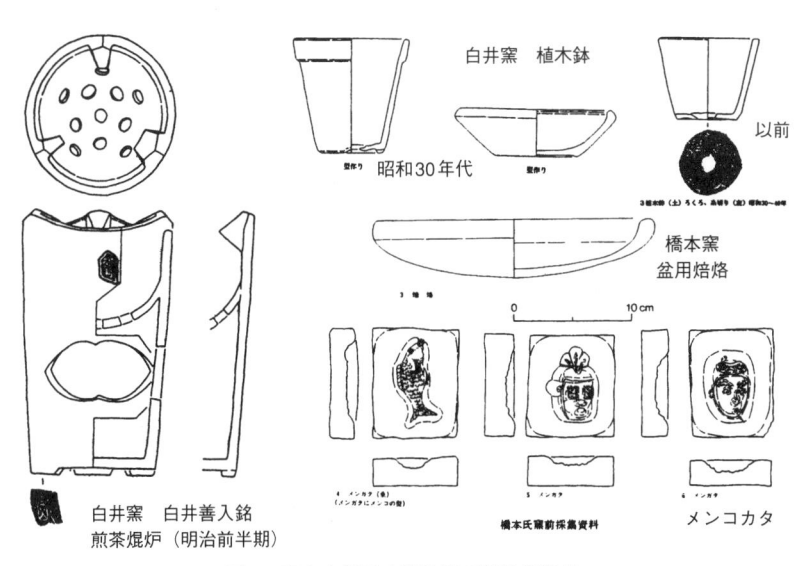

図3 東京在地系土器生産の近代の製品

217

第Ⅱ部　近現代考古学の射程

## ２．製品の変化、特に養蚕関連製品

　次に、生産されてきた製品について、近世と近代との違いを検討します。近代にいたり、生産地が今戸から周辺地域に拡散した後も、伝統的な製品が作られ続けてきました。葛飾区白井窯では、植木鉢や煎茶焜炉(図３左)・土風呂など(小林 1994b)、葛飾区橋本窯では焙烙(図３右中段)、メンコカタ(図３右下段)が認められます。植木鉢は、江戸後半以降、江戸での鉢植えブームに伴い生産が隆盛し、白井窯でも図３右上段に示すように、戦前まではロクロ成形での植木鉢、現代は石膏カタでの植木鉢生産を主力としていたようです。焙烙はいうまでもなく都市江戸での大量消費品でしたが、近代の橋本窯では、盆用(送り火に用いる)の製品として時期的に集中して生産するようになったと捉えることができます。火鉢類は、江戸製品は没落し、東京でも明治～大正にかけて三河高浜製品が大量に流通するようになります。

　近郊農村部に拡散した小規模窯は、養蚕関係の製品を多量に生産しています。火鉢はハタ火鉢、手あぶりは真綿のばしに変化し、養蚕暖炉が生み出される、とみることができます。

　生産される火鉢自体にも変化が認められます。近代の江戸型の土器製品は、北関東、南東北へも部分的ながら流通していますが、近代末期には、地域ごとの土器窯がその役割を受け継ぐと捉えられます。近代の東京では、火

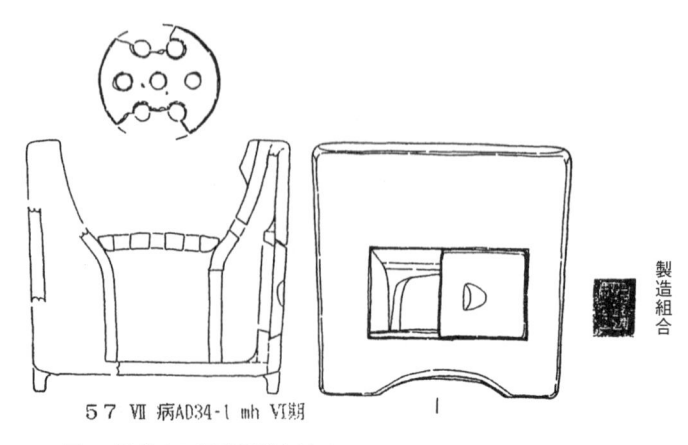

図４　近代の三河高浜製火鉢 (カクコンロ・タイショウコンロ)

鉢は陶器製や鉄製、金属製内張を持つ木製のものに変わり、調理や湯沸かしを兼ねた焜炉は、三河産のカクコンロ(図4)に取って替わられます。

## 3．近世から近代への土器生産の生産体制

　関東地方における土器生産は、中世段階では地域ごとに分散し、小さな流通圏ごとの生産が行われていました。都市江戸の成立と共に、都市周辺における生産拠点の集中、西日本からの技術と在地技術への吸収が、江戸幕府の間接的関与と共に17世紀に大きな転換をみせ、小規模生産集団ごとの器種分割と、徒弟制度に基づく小規模窯経営を基本とした近世的土器生産体制が成立する、と私はとらえています。近世を通じ、陶磁器等との競合を経て、生産品目に変化は生ずるものの、基本的な構造に変化はなかったのです(小林　1994a、ほか)。図5に、火鉢・手あぶりなどの近世から近代への変化を示しますが、用いられ方、すなわち機能的には異なっているものがあります。それは、居住空間での日常生活の暖房具から、機織り仕事の際の暖房具や炬燵の中の丸火鉢、養蚕用の大火力の暖房、繭煮鍋用や真綿のばしといった養蚕作業用の道具となったものが目立ちます。しかし、図6に示すように、主要器種における形態的な変化は少なく、技術的な連続性はあきらかです。

　図7は、絵画に示された土器や、瓦の生産の様子です。1は伏見と思われる土器生産、2は今戸の土器生産を表現した絵画です。火鉢などの小売りを兼ねている製作工房の様子が描かれています。3は、亜欧堂田善の今戸瓦焼図(銅版画)です。亜欧堂田善は司馬江漢と並ぶ江戸時代の代表的な銅版画家です。煙が立ちのぼる窯を中心に、こてを手にする人物と火搔き棒で火を搔く人物が左右に描かれ、後ろを流れる隅田川には、漁をする船や屋形船、遠くに浅草寺の門前に通じる大川橋がみえます。絹本油彩(池長孟コレクション、神戸市立博物館)にも本図と同構図の作品があり、田善が銅版画制作から遠ざかっていた文化年間(1804～18)のものと想定できます。これらの絵図や図1に示した発掘されている窯跡を見ても、近世から近代初頭には、基本的に同一の構造の窯を用い、少数の職人が専従している生産構造が見て取れます。

　近代にいたり、都市民の日常雑器供給は、鉄道等流通網の発展もあり、他

第Ⅱ部　近現代考古学の射程

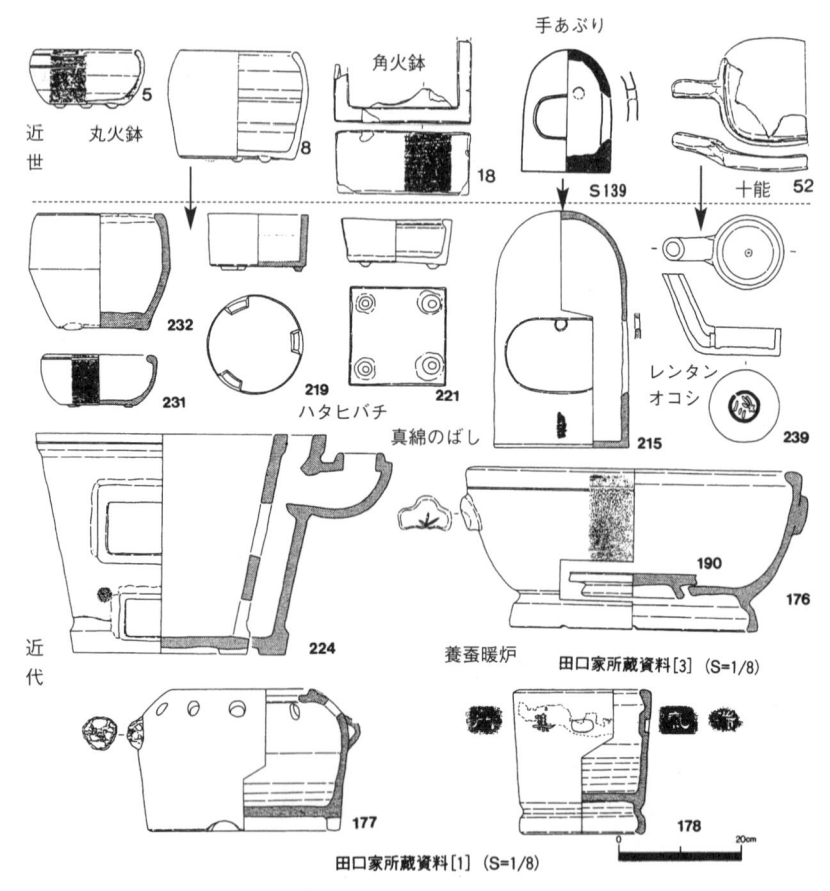

図5　近代における養蚕関係の土器(多摩地区)とその祖型 (都市江戸：上段)

地域(図4の三河高浜製の角焜炉〈高浜市 1971〉など)・他製品(大正期以降能登のケイソウ製七輪など)との競合に敗れ、土地再開発もあって、生産基盤自体が隅田川周辺から、都市郊外へ拡散を余儀なくされます。特に東京近郊へ分散した土器・陶器雑窯は、植木鉢など日常雑器、カワラケ・胞衣壺・人形など特殊品への特化とともに、最も零細な土器生産集団が、養蚕業、とくに明治期以降の温暖育など養蚕法の改良発展(松浦 2002)と結びつき、大小の暖房具生産へと特化するようです(小林 1992)。

近現代における土器生産（小林）

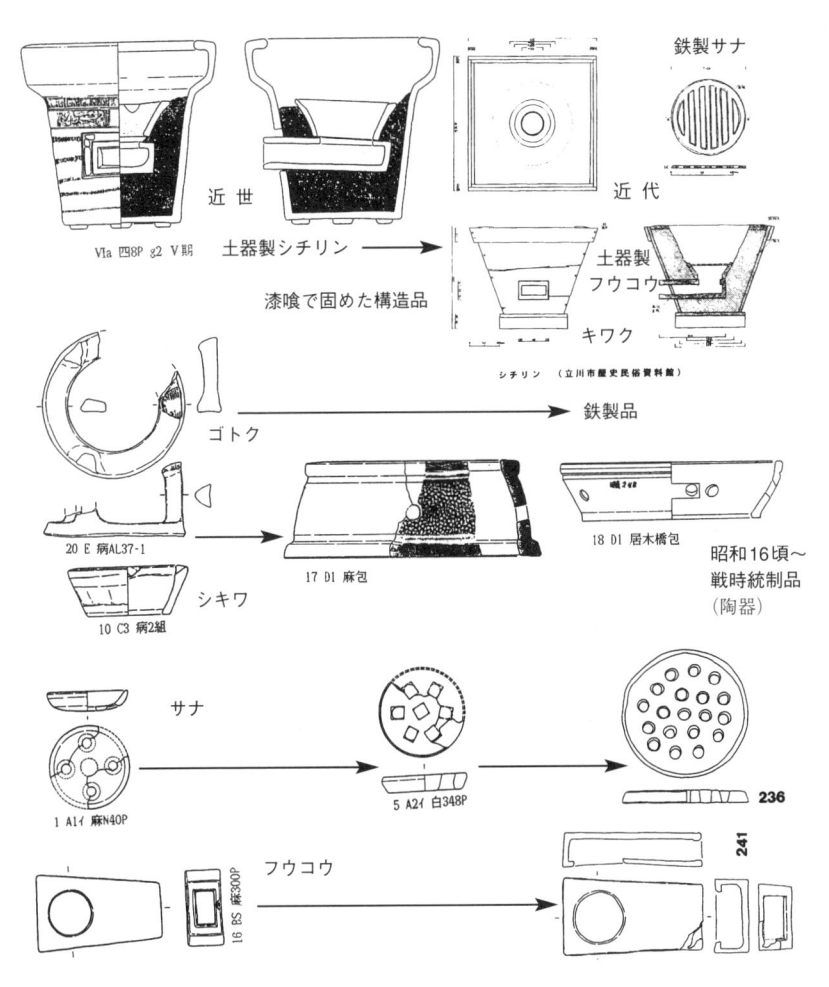

図6 暖房具の形態・構造の変化

　東京周辺で見ますと、図1の葛飾区白井氏の窯や橋本氏の窯のように、比較的東京の近郊に残り、植木鉢やホウロク（盆の送り火用など）など、都市生活に残る土器製品に特化したケースと、図2の東村山市田口氏の窯や埼玉県大沼焼（小川 1990）のように、養蚕用の製品に特化したケースとが見られます。東村山市の田口氏の窯については、考古学的・民俗学的な調査がおこな

*221*

第Ⅱ部　近現代考古学の射程

1　『人倫訓蒙図彙』　元禄3年(1690)
　　火桶づくり(深草か)　土風呂

2　『江戸名所図会』　天保5年(1834)
　　今戸焼き　土風呂

3　今戸瓦焼図　亜欧堂田善画
　　1748～1822(寛延1～文政5)

図7　近世から近代の土器・瓦生産施設

われ(小林 2000、など)、八王子市や所沢市などに広がっている可能性がある製品の流通圏なども検討されました。

　以上のように、近代の土器生産は、基本的には近世の生産集団の継承を受けると考えられるのですが、一部では、士族に対する殖産として行われた場合も指摘されています(福井県の若狭瓦など〈水野・山口 1983〉)。

　以上の変化を表1にまとめます。土器自体が、都市生活での必需品としての位置を喪失するとともに、近代の土器生産は、分散化・小規模により、縮小の途を余儀なくされます。しかし、産業としての位置付けは相対的に低下しつつも、人形など工芸品生産として、また地場産業・零細手工業者として産業界での位置を維持し、戦時統制下には、燃料等の配給統制を受けると共に、代用品生産等を行い、産業構造全体の中での特定のニッチェを占め続け

表1 江戸在地系土器の変遷

|  | 17世紀 成立期<br>中世～近世初期 | 18-19世紀 最盛期<br>近 世 | 19-20世紀 転換期<br>近 代 | 20世紀後半 衰退期<br>現 代 |
|---|---|---|---|---|
| 生産地 | 隅田川近郊へ強制的に集中 | 隅田川近郊 | 東京郊外へ拡散 | 郊 外 |
| 製 品 | かわらけ皿・火鉢・焙烙<br>日常雑器 | 火鉢・焙烙のほか多様<br>日常雑器 | 植木鉢・焙烙・人形・エナ<br>日常雑器からの変化<br>および養蚕関係へ特化 | 植木鉢・焙烙・人形<br>日常雑器の一部 |
| 技 術 | ろくろ・タタラ板づくりなど | ろくろ・タタラ板づくりなど | ろくろ・タタラ板づくりなど | 機械ろくろ・カタ |
| 生産体制 | 小規模・専門化<br>瓦生産からの分離 | 組織化・徒弟制、大都市対応<br>(近世的土器生産体制) | 再組織化・家内制<br>非日常品or農村対応へ | 個人的な従事<br>生産体制・組織の解体 |
| 統 制 | 政治機構による育成・統制 | 統制と自治 | 放 置 | (戦時経済統制) |
| 競 合 | 西日本土器・陶磁器 | 陶磁器・漆器・金属器 | 東海土器・地方雑窯 | 陶磁器・化学製品へ |

ます。現在にいたって、日常生活と経済の一翼を支えた土器・土器生産は、昭和30年以降、ほぼその役割を終えつつある、といえるでしょう。

考古学研究に、物質文化研究の一端としての役割がある以上、近現代における生産・消費・廃棄の物質文化プロセスを、遺跡出土遺物や民俗資料をもととして、時間的空間的に配置された歴史的再構成のなかに位置付け、文化的復元をおこなうことは、一次的な資料化として、まずおこなうべき作業であると考えます(小林・渡辺 2002)。その上で、日本における近代化と伝統的生活の保存という2元的な価値観のなかでの、生産と消費またはその一体化した形での物質文化としての土器を、生活者として、また、研究者としての我々自身のアイディンティティーとして、再構成し続けていきたいと思います。

(国立歴史民俗博物館)

### 引用参考文献

飯塚 好 1986『埼玉のかわら』 埼玉県立民俗文化センター

植木 弘 1981『文京区白山四丁目遺跡』

江戸東京博物館 1996『館蔵資料報告1 今戸焼』

小川 望 1990「大沼焼のレンタンオコシ」『江戸在地系土器研究会通信』No.18

大橋康二 1980「中世以降の土器生産に関する一考察」『考古学の世界』2 学習院考古会

小俣 悟 2004「「入谷土器」について―東京都台東区入谷遺跡出土資料の検討―」

第Ⅱ部　近現代考古学の射程

　　　　　　　　　『江戸遺跡研究会会報』No.96
木立雅朗　1997「伏見人形の窯をめぐって―近世京都の窯業についての予察―」
　　　　　　　　　『立命館大学考古学論集』Ⅰ
小林　克　1991「第24回勉強会の記録と報告」『江戸在地系土器研究会通信』
　　　　　　　　　No.23（『合冊江戸在地系土器研究会通信』Ⅰ収録）
小林謙一　1991「江戸における近世瓦質・土師質焜炉について」『江戸在地系土
　　　　　　　　　器の研究』Ⅰ
小林謙一　1992「暖房具に見る考古資料と民具資料の関係」『江戸遺跡研究会大
　　　　　　　　　会　考古学と江戸文化』
小林謙一　1994a「江戸在地系土器生産の展開に関する予察」『江戸在地系土器
　　　　　　　　　の研究』Ⅱ
小林謙一　1994b「現存今戸焼職人の調査」『民具研究』105
小林謙一　2000「近世以降の土器窯に対する考古学的調査成果からみた田口家土
　　　　　　　　　器焼成窯の考察」『武蔵村山市史調査報告書第9集　武蔵村山
　　　　　　　　　市中藤田口窯調査報告書』
小林謙一　2002「埋められたカワラケ」『江戸在地系土器の研究』Ⅴ
小林謙一・辻真人　1991「博多瓦町焼きの土器職人の調査」『江戸在地系土器研
　　　　　　　　　究会通信』21
小林謙一・両角まり　1992「江戸における近世土師質塩壺類の研究」『東京考古』
　　　　　　　　　10
小林謙一・渡辺貴子　2002「物質文化研究としての近現代考古学の課題―大橋遺
　　　　　　　　　跡出土の近現代ガラス容器の検討から―」『東京考古』20　東
　　　　　　　　　京考古談話会
埼玉県民俗文化センター　1986『埼玉の瓦』
末木　健　1990『山梨県生産遺跡分布調査報告書（窯業遺跡）』山梨県教育委員会
鈴木裕子　2002「『京都陶磁器説井図』の素焼窯」『江戸在地系土器の研究』Ⅴ
関口広次　1988「隅田川沿岸の窯業」『古文化談叢』第20集
高浜市史編纂委員会　1971『三河土器のあゆみ』高浜市史資料第十一
田中一廣　1994「京都・岩倉木野の土器窯―近世土師器焼成窯の紹介―」『滋賀
　　　　　　　　　考古』第12号
東京都東大和市教育委員会　1980『多摩湖の歴史　普及版』

松浦利隆　2002「高山社創成期の研究―清温育の成立を中心として―」『ぐんま史料研究』第18号
水野九右衛門・山口信嗣　1983『福井県窯業誌』　福井県窯業誌刊行会
水野信太郎　1999『日本煉瓦史の研究』　法政大学出版会
水本和美　2003「新宿区水野原遺跡の発掘調査―幕末期を中心に―」『江戸遺跡研究会会報』No.92
両角まり・小林謙一　1991「江戸在地系土器研究における現存土器窯調査の意義」『江戸在地系土器研究会通信』No.23
平田禎文　1996「南陸奥三春藩における土器生産遺跡の調査―丈六窯とその周辺―」『中近世土器の基礎研究』XI
藤原　学　1998「達磨窯の成立」『網干善教先生古希記念考古学論集』
米川幸子　1992「民具に見る多摩の暖房具」『考古学と江戸文化』

第Ⅱ部　近現代考古学の射程

# 「江戸ー東京」における家畜利用

姉崎　智子

## 1．はじめに

　動物利用における近代化は、「家畜」の規格化と大量生産化によって特徴付けられます。現在、我々が利用しているさまざまな家畜動物は、中石器時代から新石器時代にかけて相次いで家畜化され、比較的長い間家畜とその野生原種の間には遺伝的連続性のみられる「ゆるやかな飼育」が保持されていました。

　しかし、18世紀後半にイギリスで生じた産業革命以降、質の良い商品としての畜産物をより生産的に作り出すために、その連続性は家畜育種家（breeder）等によって遮断され、完全に切り離されました（野澤・西田 1981）。人為淘汰と近親交配をあわせもちいて均質化あるいは規格化し、商品として大量に生産するようになったのです。

　さて、日本列島においては古くから家畜の利用はおこなわれてきましたが、一般に、鎖国政策により欧州で確立したような近代的な畜産の導入は大幅に遅れたといわれています。近世から近代にかけての動物利用、とくに「家畜」の利用にどのような相違がみられるのかについて、本稿では遺跡より出土する動物遺体の検討をとおしてみていきます。

## 2．「江戸ー東京」の遺跡と動物遺体

　遺跡から出土する遺物のなかには陶磁器や木製品などの人工遺物のほかに、貝殻や動物の骨などが含まれることが少なくありません。これらの自然遺物は過去の人々が利用したものの一部が残存したものであり、食生活など当時の人間活動や、環境利用などを復元するための直接的な証拠となり

ます。

　こうした遺跡から出土する動物遺体について、動物の生態や形態に関する知識を導入した分析をおこない、人間と動物との関わりやその背景となった自然環境の復元を目指す学問領域を動物考古学といいます。

　日本においては、とくに縄文時代の生業や環境復元の研究において重要な位置を占める傾向にあります。近年では東京都心部の再開発にともない、江戸時代以降の遺跡から出土する動物遺体の分析も進められるようになりました(山根　2000)。

　江戸時代以降の遺跡において検出される動物遺体では比較的貝類や魚類が多い傾向にありますが、陸棲哺乳類も多量に出土しています。陸棲哺乳類遺体には、シカなどの野生動物のほかに、イヌ・ネコ・ブタ・ヤギ・ヒツジといった家畜動物も含まれています。

　つぎに、いくつかの遺跡を取り上げて、近世と近代における人々と陸棲哺乳類との関わりについてみていきたいと思います。

## 3．材料と方法

　都内に分布する50以上の遺跡から、近世の陸棲哺乳類の骨が多量に出土しています。遺跡の性格は、大名屋敷、武家地、町屋、寺地など多岐にわたりますが、ここでは大名屋敷のうち動物遺体がまとまった量出土している汐留遺跡(仙台藩)、尾張藩上屋敷跡遺跡(尾張藩)、薩摩鹿児島藩島津家屋敷跡第2遺跡(薩摩鹿児島藩)の3遺跡をもちいることにしました。また、近代の遺跡を対象とした調査が少ないものの、汐留遺跡と明石町遺跡からは比較的多量な動物骨が出土していることから、分析に用いることにしました。汐留遺跡は旧新橋停車場と、その建築ための外国人技術者用官舎があった場所であり、明石町遺跡は外国人居留地であったことが知られています。

　近世3遺跡と近代2遺跡について、最小個体数をもとに陸棲哺乳類の割合を比較しました。最小個体数(Minimum Number of Individual)とは、NISP(破片数)や重量とともに遺跡から出土する動物遺体を定量化する1つの方法で、他の方法に比べて個体を重複して数えることを防止するメリットがありま

第Ⅱ部　近現代考古学の射程

す。算出方法としては、観察部位の重複や骨年齢を考慮したのち、各骨格部位のうちもっとも数の多かったものの点数を用いるのが一般的です。なお、尾張藩上屋敷跡遺跡(尾張藩)と明石町遺跡については、報告書に記載されたデータを用いています。

## 4．近世から近代への動物の割合の変化

　近世と近代の遺跡から出土する動物を比較すると、まず「家畜」と「野生」の割合に違いがみとめられます。図1は、近世3遺跡、近代2遺跡から出土した陸棲哺乳類を便宜的に「家畜」と「野生」にわけて、最小個体数をもとに比較をおこなったものです。「家畜」には、イヌ・ネコ・ウマ・ウシ・ヤギ・ヒツジ・イノシシ／ブタの6種類が、「野生」には、シカ・カモシカ・タヌキ・キツネ・アナグマ・クマ・サルの8種が含まれています。イノシシ／ブタについては、「野生」か「家畜」の分別が難しいケースが多いため「イノシシ・ブタ」として一括し、便宜上「家畜」として取り扱いました。また、ウサギについては、ノウサギかカイウサギの明記がないものが存在し、検出量も少ないことから分析から除外しました。

　比較の結果、近世では「家畜」の割合が75％、「野生」の割合が25％を占め、「家畜」動物が多く利用されている一方で、「野生」の割合も比較的高い

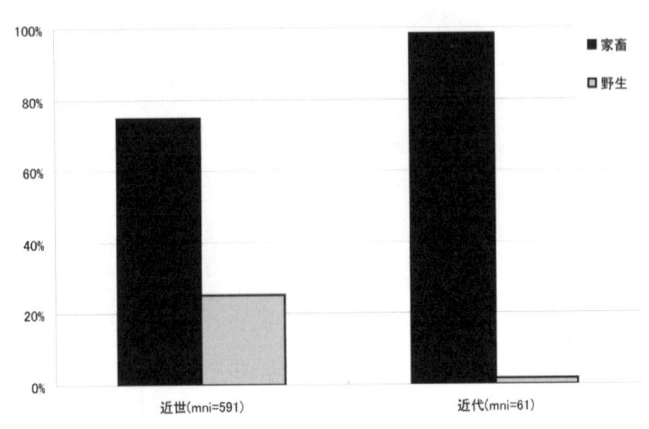

図1　近世と近代に利用された「家畜」と「野生」の割合（最小個体数）

傾向にあります。ところが、近代では「家畜」の割合に増加がみとめられ、97％を占めるのに対し、「野生」はわずか2％を占め、その割合には著しい減少がみとめられました（$\chi^2=17.345$、$p=0.000$）。また、確認された「野生」動物の種類にも減少がみとめられ、近世ではシカ・キツネ・タヌキなどを含む8種が確認されていますが、近代ではシカ1種がみとめられたに留まりました。

　つぎに、近代に割合の増加がみられた「家畜」について、遺跡ごとの内容を詳しくみてみましょう。図2は、江戸時代の汐留遺跡、尾張藩上屋敷跡遺跡、薩摩鹿児島藩島津家屋敷跡第2遺跡から出土した「家畜」について最小個体数をもとに比較をおこなったものです。なお、汐留遺跡については、仙台藩上屋敷跡から出土した資料のみをもちいています。分析の結果、確認された6種類の「家畜」（イヌ、ネコ、ウマ、ウシ、ヤギ・ヒツジ、イノシシ／ブタ）のうち、汐留遺跡では、イヌが「家畜」動物の47％、ネコが37％を占めることが示されました。その大半は、埋葬された個体です。その他のウマやイノシシ／ブタ、ウシの占める割合は低いことがわかりました。尾張藩上屋敷跡遺跡でも、汐留遺跡と同様にイヌとネコの占める割合は高く、イヌは41％、ネコは36％を占めます。その他の動物では、イノシシ／ブタの占める割合が14％、ウマが7％と低い傾向がみとめられました。薩摩鹿児島藩島津家屋敷跡第2遺跡では汐留遺跡、尾張藩上屋敷跡遺跡とは異なる傾向がみとめられ、イヌやネコの占める割合はいずれも10％以下と低い傾向がみとめられたのに対し、イノシシ／ブタは顕著に高く、71％を占めることが示されました。また、これらのイヌ、ネコ、イノシシ／ブタの形態は、骨形態学的な分析から多種多様であることが指摘されています（山根ほか 2003）。このことから、江戸時代の上屋敷内では、さまざまな「家畜」および「野生」動物が利用され、その利用の度合いには多様性のあることが示唆されます。

　さて、近代の遺跡における「家畜」利用の様相はどうでしょうか。図3は、汐留遺跡、明石町遺跡から出土している「家畜」について最小個体数をもとに比較をおこなったものです。確認された「家畜」は、近世と同様にイヌ、ネコ、ウマ、ウシ、ヤギ・ヒツジ、イノシシ／ブタの6種類です。比較の結

第Ⅱ部　近現代考古学の射程

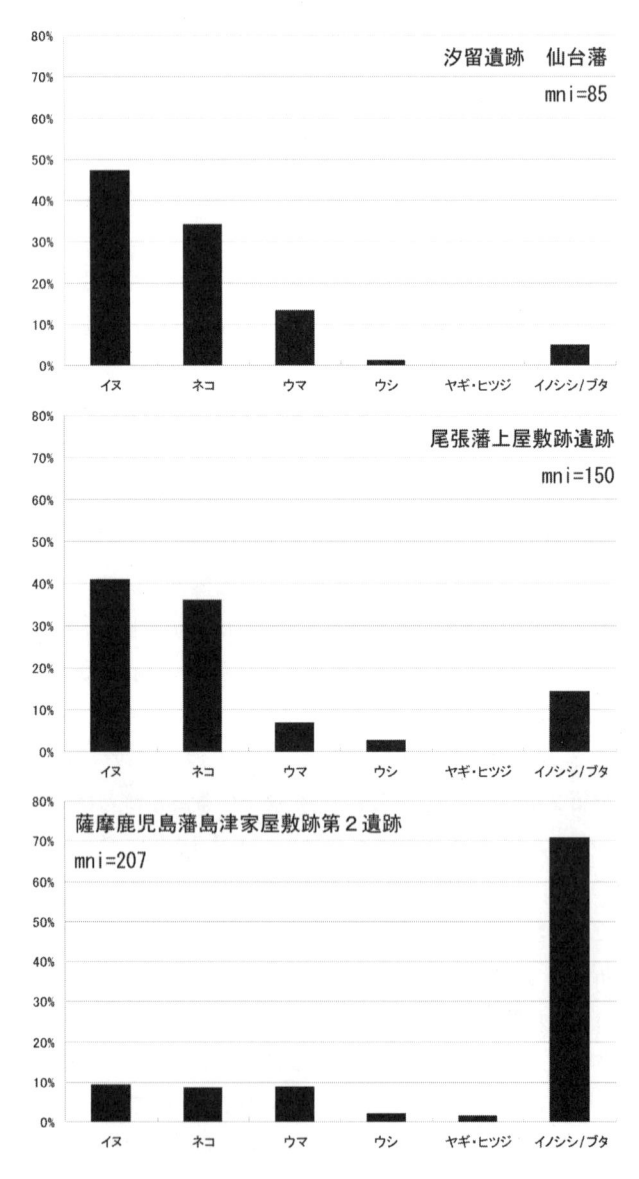

図2　江戸上屋敷出土の「家畜」動物（最小個体数）

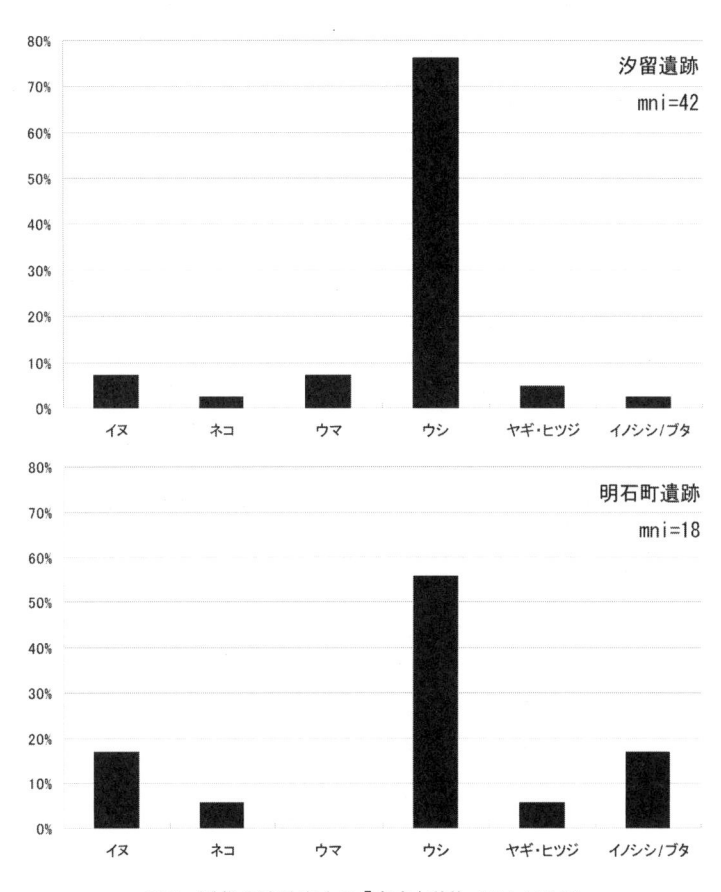

図3　近代の遺跡出土の「家畜」動物（最小個体数）

果、汐留遺跡、明石町遺跡ともにウシの割合が顕著に高いことが示されました。汐留遺跡では76％、明石町遺跡では56％を占めます。その他の動物では明石町遺跡でイヌが17％、イノシシ／ブタが17％を占めますが、その他の動物はいずれも10％以下と低い傾向がみとめられました。これらのウシの大半は切断された四肢骨であり、切断サイズにはある程度の規則性がみとめられます。また、汐留遺跡からは四肢骨のみならず、肋骨にも切断痕のあるものが(西本ほか 2002・2003)ワインボトルなどとともに出土しています。

第Ⅱ部　近現代考古学の射程

　このことから、近代では「野生」動物の利用は減少し反対に「家畜」動物、とくにウシの利用が顕著になることがわかりました。
　まとめると、近世から近代にかけては「野生」の割合と種数が減少し、「家畜」の割合に偏る傾向がみとめられました。また、近世では、イヌ、ネコ、イノシシ／ブタといった「家畜」が多く利用されていたのに対し、近代になるとウシに顕著に偏ることが明らかになりました。

## 5．畜産発達史にみる動物利用

　さて、近世から近代にかけてみられた「家畜」利用の変化の背景には、どのような状況があったのでしょうか。それを読み解くには、動物遺体から得られた情報だけではなく、文献資料などの異なるコンテクストからの情報が必要です。
　畜産発達史をみると(e.g.農林省畜産局　1966　など)、江戸から明治にかけては大きく分けて6つの画期がみとめられます。これらを概観してみると、1つ目は、慶長19年(1614)の幕府直轄牧場の設立と、元禄年間(1688～1704)におこなわれた「和牛の蔓」の改良です。「和牛の蔓」とは、現在でいうところの「系統」に相当します。花山蔓、赤鼻蔓など各地域内で交配され、形成された特色ある和牛集団の系統を示しています。このことから、牛馬に関しては江戸のはやい時期から、品種改良が進められていたことがうかがえます。2つ目は、享保年間(1716～1736)にみられる、牛馬の外来種の輸入と乳製品の利用です。3つ目は、幕末にみられる外国人居留地を中心とした地域における牧場の設立と牛乳、肉牛の販売です。4つ目は、明治初期における牛馬羊の外来種の積極的な輸入の開始と、養豚の奨励、士族救済対策としての牧畜会社「牛馬会社」の設立と外国人技術者の招聘です。5つ目は、明治中頃以降にみられる畜産改良の定着と、牛乳の蒸気殺菌の義務付けです。そして6つ目は、明治末から大正にかけておこなわれた畜産の整備です。
　これを動物遺体の結果と照らし合わせてみると、江戸時代には「家畜」の品種改良がすでにおこなわれており、上屋敷においてもさまざまな家畜が利用されていたことが伺われます。また、近代の明石町遺跡と汐留遺跡におい

てウシが顕著に多い背景には、幕末以降みられる外国人居留地の出現と、居留地を中心とした地域におけるウシ利用の顕在化があったことが推察されます。言い換えるならば、外国人居留地あるいは旧新橋停車場であったという両遺跡の性格が、近代になるとウシの利用に偏る傾向に貢献していると考えられます。

## 6．まとめ

　遺跡出土の動物遺体の分析から、江戸時代にはイヌ、ネコ、イノシシ／ブタ、ウマ、ウシ、ヤギ・ヒツジといった多種多様な「家畜」が利用されていることが明らかになりました。また、これらの動物の骨形態には多様性がみとめられ、外来種の移入や品種改良がおこなわれていたことが示唆されます。これは、動物利用における近代化の特徴の1つである「家畜」の品種改良が、江戸時代におこなわれていたという家畜発達史における画期の1つにみられた事象と矛盾しません。

　また、近代の明石町遺跡と汐留遺跡においてウシが顕著に多い背景には、幕末以降みられる外国人居留地の出現と居留地を中心とした地域におけるウシ利用の顕在化があったことが推察されます。

　品種改良と並ぶ近代化のもう1つの特徴である「家畜」の大量生産化は、文献史料によると明治中頃からみられるようになります。しかし、ミルクプラントなどを含めた特定種に関する専門的な経営、大量生産型の近代的家畜が成立するのは昭和に入ってからのことです。その点からすると、欧州と比較して近代的な家畜の定着は大幅に遅れたといえるでしょう。

　近代以降の動物遺体の報告例は極めて少ないため、現段階において具体的に論じることはできませんが、動物利用の近代化は明治になって突如として出現し定着したのではなく、段階を経ながら進行していったことが少なくとも以上の結果から指摘できます。今後の資料の増加を期待したいと思います。

第Ⅱ部　近現代考古学の射程

　謝　辞

　本稿をまとめるにあたり、山根洋子氏(港区立港郷土資料館)、港区立港郷土資料館、東京都埋蔵文化財センターには大変お世話になりました。深く御礼申し上げます。

(京都大学霊長類研究所)


引用文献

ＪＡ東京中央会　1996『江戸・東京　暮らしを支えた動物たち』(社)農山漁村文化協会

牛乳新聞社(編)　1934『大日本牛乳史』　牛乳新聞社

昭和女子大学食物学研究室　1971『近代日本食物史』　近代文化研究所

西本豊弘・鵜澤和宏・姉崎智子・江田真毅・太田淳子・樋泉岳二・山根洋子・最上加奈　2000「汐留遺跡出土動物遺体」『汐留遺跡Ⅱ』東京都埋蔵文化財センター　pp315-335

西本豊弘・小林園子・樋泉岳二・太田敦子　2003「汐留遺跡出土の動物遺体」『汐留遺跡Ⅲ』　東京都埋蔵文化財センター　pp214-301

農林省畜産局(編)　1966『畜産発達史　本編』　中央公論事業出版

農林省畜産局(編)　1966『畜産発達史年表』　中央公論事業出版

野澤謙・西田隆雄　1981『家畜と人間』出光科学叢書18

山根洋子　2000「江戸の動物考古学」『江戸時代への接近』　東京堂出版　pp69-72

山根洋子　2003「2. 明石町遺跡出土の鳥類・哺乳類遺体」『東京都中央区　明石町遺跡』　都市基盤整備公団・明石町遺跡調査会　pp177-180

山根洋子・姉崎智子・西本豊弘　2002「江戸薩摩藩邸の動物」『江戸動物図鑑』港区立港郷土資料館　pp70-79

# 第 Ⅲ 部

# 近現代考古学の諸相

# 近現代考古学調査の可能性
―民俗学・民具学と近現代考古学、連携調査実践の試み―

角南 聡一郎

　筆者と近現代考古学との関わり及びその可能性について、フイールドでの経験を中心に、この場をお借りして簡単に述べてみたいと思います。

　筆者は2000年に、香川県善通寺市旧練兵場遺跡の発掘地調査に携わったことから、近現代考古学に興味を抱くようになりました。当遺跡は、まさに旧陸軍第11師団の練兵場が所在した場所でした。筆者が担当した調査も、当初の主たる調査目的は弥生時代の集落でした。周知のように遺跡調査は、上層から下層へ、新しい時代から古い時代へと進行していきます。調査開始時点に発見したのは、近現代の善通寺陸軍病院臨時第一分院などと関係した遺物であり建物跡でした。

　遺物には「森岡虎夫」銘を有する牛乳瓶、蹄鉄、土管などがありました。当時、筆者は考古学とは古い時代のみを対象としていると思っており、近現代考古学などには無関心でした。しかし、民俗調査や地域史については多大なる関心を寄せていました。これらの出土資料についても、見方を変えれば何か考古学的価値があるのではないかと判断し、調査を実施することにしました（角南聡一郎 2002「近現代の景観復元と練習用塹壕」『旧練兵場遺跡』善通寺市・(財)元興寺文化財研究所）。旧陸軍第11師団跡地には、現在、陸上自衛隊が駐屯しています。その敷地内を中心に多くの第11師団関係の建造物が現存しており、偕行社などは指定文化財になっています。また善通寺市自体が、第11師団と自衛隊によって繁栄したということもあってか、市民の方々が戦争関係文化財について、他の地域よりも理解・関心があるという気運も幸いでした。

　近現代考古学の特徴の一つとして、モノの使用者、製作者に対して聞き取りが可能であるという点があります。当然そこで、前述した出土資料につい

ての聞き取りを実施していきました。牛乳瓶については、森岡虎夫氏の夫人(故人)にもお会いすることができ、戦前の牛乳製造について詳細を知ることができました。しかし、森岡家にはこの牛乳瓶は一本も伝えられていませんでした。聞き取りに伺ったことから、親戚内でこの牛乳瓶の出土がちょっとした話題となったそうです。後日、市内で弥生時代を中心とした旧練兵場遺跡のシンポジウムを実施しましたが、筆者の強い要望から、出土牛乳瓶も展示させていただきました。瓶は一般の市民方々には弥生土器に劣らず好評であったと聞きます。

調査地は刑場であった、という現代の民話を住民からしばしば耳にしました。病院の跡地であるということから生じた話なのでしょうが、そのような史実はありません。調査地にはそれまで市営住宅が存在していて、この民話はそこに住まう立場の弱い人々に対しての差別的発言となっていました。はからずも、発掘調査の実施と正しい歴史を追究することによって、こうした差別に根拠が無いことを、明らかにすることができたことになります。

旧練兵場遺跡では、陸軍病院の排水用に使用された多くの土管が発見されました。これらの土管は、香川県西部の三豊郡豊中町岡本で生産された岡本焼製とわかりました。岡本焼の窯は時代の波には勝てず、現在では一基が続けておられるのみですが、かろうじてこちらに聞き取りを実施することができました。

一般的に旧練兵場遺跡しかり、近現代考古学＝戦跡・戦争考古学というイメージがあるでしょう。しかし、戦争という状況は偶然的産物で、日常生活の実態を正確に把握していかなければ、真の民衆の歴史にはなりません。事件史(イベントの歴史)にしかなり得ないと考えます。そのような意味でも、考古学的方法を用いて事件性以外の、当時の生活様式復元を実践していくことは重要であると考えられます。

近代化・現代化は地域ごとでその速度は異なっています。その差異を明らかにするためにも、民俗資料・近現代考古学資料の両者の連携調査は重要であると考えられます。民俗資料では現存しない資料については出土資料も有力な情報源でしょうし、岡本焼のような文献資料が皆無な資料には、考古資

料と民俗資料の比較検討が重要であると考えられます。

　旧練兵場遺跡では、近現代考古学資料と関係させながら、民俗・民具調査を併行して実施することにより、地域史を志向する近現代考古学の可能性を模索しました。この試みは、一定の成果が提示できたとのではないかと自負しています。

((財)元興寺文化財研究所)

第Ⅲ部　近現代考古学の諸相

# 近現代考古学と現代社会

桜井　準也

　わが国において考古学は「古代のロマン」を追及する浮世離れした学問として捉えられることが多いようです。はたして考古学は現代社会と切り離された存在なのでしょうか。考古学は「過去」の遺跡や遺物を扱いますが、遺跡や遺物は常に社会や権力と関わる存在でした。例えば、古代や中世における古墳や横穴墓の再利用は当時の権力者が土地所有の正当性を主張するために行われたと考えられています。また、近世における陵墓(山陵)の選定や修復・管理は、その地域に古くから存在した古墳に陵墓(天皇陵)という新たな意味を付与しました。そして、近代になると通常の古墳は史蹟として文化庁が管轄し、陵墓は皇室の財産として宮内庁が管轄することになりました。このように、近代における天皇制やナショナリズムの定着に遺跡が利用されてきたのです。

　それでは、近現代考古学は現代社会とどのように関わる分野なのでしょうか。まず、遺跡の保存・活用の問題について考えてみましょう。わが国における発掘調査は開発行為に伴う事前調査がほとんどで、必然的に遺跡は記録保存された後に破壊されることになります。遺跡や遺構が保存され、一般に公開・活用されるためには調査担当者の熱意と多大な努力が要求されます。この状況は一般社会においていまだ認知度の低い近現代遺跡の場合、より切実な問題です。近現代遺跡の中でも戦争遺跡や近代化遺産のように各地で注目を浴びつつある遺跡については、その歴史的価値を訴えることにより保存運動に結びつく可能性がありますが、他の時代の遺構が存在する中で調査が実施される通常の近現代遺跡の場合は遺構の記録や遺物の回収すら容易でない状況であり、遺跡や遺構の保存や活用は難しいというのが現状です。しかし、近現代遺跡の存在を訴え、その学問的意義をアピールしていくためには、埋蔵文化財という枠にとらわれないで近現代遺跡を積極的に有効活用してい

く方法を探ることが必要です。その一つは観光資源としての近現代遺跡の活用です。例えば、アメリカのシアトルで話題になっている地下に偶然保存されていた近代遺跡を見学するツアー（アンダーグラウンドツアー）では毎日多くの観光客を集めています。その人気の根底には「つくりもの」ではない「ほんものらしさ」（真正性）が存在しているようです。このような遺跡の観光資源としての利用については批判的な意見も多いようですが、地域の活性化や近現代考古学の普及に繋がる近現代遺跡の積極的な活用法をわが国でも考えていく必要があります。

　次に、近現代考古学あるいは歴史考古学が先史時代の考古学と異なる点として、直接地域住民とつながりをもつ存在であることがあげられます。近現代考古学や歴史考古学は発掘調査という方法によって忘れられた地域の記憶（歴史）を呼び戻すことできるのです。その結果、発掘された遺構や遺物が民族や集団のアイデンティティーの創出に重要な役割を果たすことも想定できます。1960年代後半以降、アメリカでは初期移民の遺跡やかつての黒人居住区の発掘調査が盛んに実施されました。このような記録を残さなかった人々の生活を垣間見ることを可能にしたのが歴史考古学であり、自分たちの先祖の姿がそこに投影されたのです。そして、これらの遺跡や遺物は彼らのアイデンティティーを創出する契機となりました。わが国においても遺跡や遺物が地域や集団のアイデンティティーを創出する役割を果たすことが容易に想像できます。

　最後に、近現代考古学を実践するうえで注意する必要がある点として、近現代考古学は過去や現代の社会が内包する様々な差別の問題を避けて通れないことがあげられます。また、近現代遺物の研究を進めていくと必然的に個人に到達し、プライバシーの問題に突き当たります。これらの問題にどのように対処していくかは、近現代考古学にとって今後の重要な課題です。

　このように、近現代考古学は考古学が現代社会と向き合う学問であることを教えてくれる研究領域なのです。

（慶應義塾大学）

第Ⅲ部　近現代考古学の諸相

# 歴史考古学とアメリカ文化の記憶

鈴木　透

　文献資料は、過去の全てを語ってくれるわけではありません。歴史考古学の重要な利点は、文献資料と物的証拠を組み合わせたり、文献資料には反映されにくいデータを収集することによって、文献資料のみからのアプローチの限界に挑戦できる点にあります。その意味で歴史考古学は、文献資料の残る時代の研究一般に貢献できるわけですが、その手法が発展を遂げた重要な拠点はアメリカでした。これには、歴史考古学という学問の可能性と射程を考える上で、重要なヒントが含まれているといえましょう。

　国家としてのアメリカ合衆国の歴史が始まったのは、既に文献資料が存在していた時代です。現に、アメリカのいわゆる先史考古学は、白人入植以前の先住インディアンの世界を主たる対象としてきました。では、なぜ考古学的手法が、わざわざ文献資料の豊富な時代の研究にも積極的に活用されるようになったのでしょうか。先史時代は考古学、文献資料のある時代は歴史学といった住み分けが、歴史の短いこのアメリカという国において次第に意味を失っていった背景には、過去をいかに表象するかという問題がこの国で重要な争点として浮上してきていることが深く関係しています。

　公民権運動や女性解放運動に代表される1960年代のリベラリズムの台頭は、価値観の多様化を促し、マイノリティーの権利意識の高まりと連動した多文化主義のうねりは、もはやアメリカ社会では決して無視できないものとなりました。それ故、歴史教育や博物館展示など、公共空間における過去の見せ方・語り方を白人男性中心主義的視点から解放するよう求める圧力が強まり、公式の歴史が語ろうとしてこなかった過去に対して積極的に目を向けるべきだという気運が高まっていったのです。そして、そうした公式の歴史が語ろうとしてこなかった過去を提示するとともに、従来の歴史観をよりバランスの取れたものへと塗り替えるための有効な手段として、歴史考古学が

活用されてきているのです。

　例えば、1876年のリトル・ビッグホーンの戦いが行われたカスター古戦場では、1980年代半ばに発掘が実施され、第七騎兵隊を率いたジョージ・アームストロング・カスターをめぐる従来の神話が覆されることになりました。先住インディアンに取り囲まれながらもカスターは一人最後まで立ち尽くして国家に尊い犠牲を捧げたとする「カスターのラスト・スタンド」神話は、そもそも白人側の目撃証言のないフィクションでしたが、この伝説は絵画や文学、映画などアメリカの文化表現媒体に繰り返し登場する、アメリカを代表する愛国的言説の一つとなっていきました。しかし、考古学的な調査の結果、カスターの部隊が恐らく非常に短時間に混乱の内に壊滅したことが判明したことは、カスター神話を解体するとともに、カスターのみを祭り上げるような、白人側の一方的な歴史観そのものにメスを入れる重要な契機となりました。現に連邦議会は、1991年にこの古戦場の名称からカスターの名を削り、リトル・ビッグホーン古戦場と改めるとともに、そこに戦いのもう一方の当事者である先住インディアンのためのメモリアルの建設を決定しました。カスター神話を解体し、先住インディアンの側の記憶を復権し、未来のアメリカが共有すべき記憶装置を開発していくという一連の動きは、分裂の危機と人口構成の変化にさらされているアメリカにおいて、新たな国民的価値観と集団的記憶の再構築に向けた試行錯誤に歴史考古学が密接に関わってきている様子を映し出しています。

　このようにアメリカにおける歴史考古学の発展は、文献資料の限界を意識しながら、公式の歴史や神話化された過去を検証し、多様な立場の人々を包摂するような記憶表現や記憶装置を開発していこうとする発想と深く結びついています。そこには、単なる過去の見直しという次元にとどまらず、未来のためにいかなる過去を掘り起こし共有していくべきかという問題意識が強く感じられます。それは、歴史考古学が、近代が隠蔽しようとしてきたものを告発し、近代という時代に対する認識を新たにしながら、それを超えていく地平を模索する作業の重要な一翼となりうることを示しているといえるでしょう。

（慶應義塾大学）

# 社会科学と物質文化研究

朽木　量

　人間の社会生活は、モノを生産し、時には商品としてそれを販売し、消費するという行為に集約されます。そうした社会生活の基盤となるモノを取り上げ、とくに生産・消費という観点からモノと社会との諸関係を考察することはマルクス等の経済学を中心として、多くの社会科学で話題にされてきました。それと同時に、経済的な諸関係に還元されない、モノと人との社会的諸関係についての言及も少なからず行われています。本稿では、そうした社会科学での物質文化論の幾つかを、各研究者がモノをどのように捉えたかというテーマ毎に分類して概観し、物質文化研究の学問的広がりについて述べたいと思います。

## ステータスやアイデンティティーの記号としてのモノ

　アメリカの政治・経済学者ヴェブレンは階級を弁別するための記号としてのモノの価値に注目して、見せびらかすためにモノを使うという「衒示的消費」の概念を持ち出しました(Veblen 1953)。同様に、ブルデューは社会構造と文化的差異の関係に注目し、社会的階級や立場によって座り方やしゃべり方等の慣習的行動が異なり、所有するモノも変わってくることを示しました(Bourdieu 1979)。これらの論考に基づく場合、モノはその所有者のステータスやアイデンティティーの記号として機能し、他者から自分を区別し卓越化させる役割を負っていることになります。

## 異文化あるいは同一文化内での意味や等価性の媒体としてのモノ

　モノの価値は物質的様態だけにあるのではなく、人のニーズによっても判断され、ニーズを決定する要素には象徴的意味も含まれているという考え方で、モノの交換やその際の互酬性を研究した民族学者の多くがこの観点に言

及しています。例えば、サーリンズは消費の概念を取り上げて、モノに象徴的価値を与える「実践理性」と結びつけました(Sahlins 1976)。また、商品の交換を通して行われる価値の交換の政治性に言及したアパデュライによれば、モノは文化的な歴史を持ち、個々のモノの価値はその由来と過去の所有者や交換の儀礼的実践の歴史によって決まると述べています(Appadurai 1986)。ダグラスとイシャウッドも、モノの消費選択は合理的・経済的決定よりも社会的慣習によって成り立っているとしています(Douglas & Isherwood 1979)。

### 記号や美的価値の運搬者としてのモノ

人のニーズの合理性に注目し、例えば広告という言説の中で価値を与えられている神話体系を消費しているのが消費活動だとする記号論的考え方で、代表的研究者としてはボードリヤールが挙げられます(Baudrillard 1976)。また、フェザーストーンは商品や消費文化の芸術への取り入れを論じて、芸術の一形式としてのライフスタイルを論じています(Featherstone 1991)。これらの論議はモノに内包される意味を与えられた言説としての記号や個人の嗜好を反映した美的性向がモノにまつわって存在しており、それらが消費活動を決めているとしています。したがって、モノの価値はその物質的様態にあるのではなく、消費者・使用者としての個人へ記号や美的価値を運ぶ媒体としての機能に価値があるとする点で一致しているのです。

### ライフスタイルやアイデンティティーの指標としてのモノ

前項のフェザーストーンの議論は本項でのモノの捉え方とも関連しています。ラントとリビングストーンはハイテク商品は主に若者によって消費され、家電製品は家族によって用いられるなど、ライフコースの段階と個々人の社会的な要求により商品が消費される様を論じました(Lunt & Livingstone 1992)。換言すれば、モノとモノの所有のされ方はライフスタイルや個人のアイデンティティーを知る際の指標となっているとする考え方です。

第Ⅲ部　近現代考古学の諸相

　以上の様々な分野におけるモノと人との関係についての分析に共通するのは、モノと人とが相互に影響しあっていることを指摘している点です。つまり、我々はモノを消費する際に他者の影響を受けているのです。モノを通じて他者との関係を取り結んでおり、逆にモノを分析することは我々が社会を考察するための手がかりとなることを多くの研究が示しています。しかしながら、上述の諸研究の多くはモノの交換や象徴的意味、ライフスタイルやアイデンティティーの理解に重きを置いており、モノの使われ方や、人がモノと如何に住んでいるかということ、モノが如何なる歴史的・社会的コンテクストの中で生み出され使用されるのかについてはあまり注目してきませんでした。

　同時にこれまでの物質文化研究は、現実の個別的な消費活動を具体的に観察し、実体論的な議論を展開するというよりは、理論的で思弁的な議論が先行した研究が多かったようです。その結果、モノの物質的様態に根ざす交換価値や使用価値、使用者や所有者の精神的側面に根ざす文化的・象徴的価値、社会や階層による差異に根ざす衒示的・記号的価値に議論が集中してきました。しかし、モノはただ一つで所有されるのではなく、他のモノとの関連性の中で所有され、使用されています。例えば、自らの階層やステータスに合わないモノであっても、贈与等によって、たまさかに保持されることもあります。そのものが所有者を取り巻くコンテクストに合っているか否かは他のモノとの比較の中で判断されるべきものです。つまり、文化的・象徴的価値や衒示的・記号的価値は所有者を取り巻く多様な関係性の中で決定されるのです。したがって、理論的かつ思弁的にモノを取り出して論じたり、個別のモノ単品に依拠した議論の中では文化的・象徴的価値や衒示的・記号的価値を充分に評価することは出来ません。この点からも、モノが他のモノとどのような関係におかれ、モノがどう使われ、人がモノと如何に住んでいるかということを具体的に検討していく必要があります。

　一方、考古学は、モノの生産・入手から使用・廃棄に至る様々な過程でのモノのありようを他のモノとの共伴関係も含めて具体的に復元することに長けています。その点で、入手に至る消費活動に重きを置いていた今までの社

会科学における物質文化研究に対し、考古学が使用・廃棄に至る一連の流れから、他のモノとの共伴関係も含めてモノを群として捉えて説明することの意義は大きいと思われます。また、考古学が蓄積してきた膨大な個別具体的なデータは、これまでの理論的な物質文化研究に資するところが大きいのです。最近の民族学でも、モノの使われ方やありように対する関心が高まってきており、家庭内の全ての生活財を対象とした現代の消費生活に関する総合的な民族誌なども蓄積されつつあり、その動向が注目されます。

　モノの使用や人とモノとの関係は交換・贈与・購入などで入手されることで終わるのではなく、使用され続ける限り継続し、時には廃棄されてもなお思い出として残ることで人とモノとの関係は継続するのです。モノと人との関係をそうした生産・使用・廃棄の流れの中で具体的に把握し多角的に分析する総合的な物質文化研究が求められています。　　　　　　　（千葉商科大学）

考古学リーダー3
近現代考古学の射程～今なぜ近現代を語るのか～

2005年2月25日　初版発行

編　集　メタ・アーケオロジー研究会
　　　　代表　桜井準也（編者）

発行者　八木環一

発行所　有限会社 六一書房　　http://www.book61.co.jp/
　　　　〒101-0064　東京都千代田区猿楽町1-7-1　髙橋ビル1階
　　　　TEL 03-5281-6161　FAX 03-5281-6160　振替 00160-7-35346

印刷・製本：藤原印刷

ISBN 4-947743-25-5　C3321　　　　　　　　　　　　　　Printed in Japan

## 『考古学リーダー』発刊にあたって

　六一書房を始めて18年が経った。安斎正人先生にお願いして『無文字社会の考古学』の新装版を出させていただいてから7年になった。これが最初の出版であった。

　思えば六一書房の仕事は文字通り、「隙間産業」であったかも知れない。最初から商業ベースに乗らない本や資料集ばかりを集め、それを売ることに固執した。今、研究者が何を求め、我々に何を要求しているのかを常に考えた。「本を売るのではない、情報を売るのだ。そうすれば本は売れる。」と口ぐせのように言ってきた。

　六一書房に頼めばこの本を探してくれるかも知れないと、問い合わせが入るようになった。必死で探した。それが情報源となり、時にはそのなかからベストセラーも生まれた。研究会や学会の方からも声がかかるようになった。循環路ができ、毛細血管のような情報回路が出来てきた。

　本を売ることに少しだけ余裕が出来てきたら、本を作りたくなった。そしてふだん自分達が売っている本を自分で作ってもいいじゃないかと考えてみた。時には著者に迷惑をかけながらも、本を出してみた。数えたら、もう10冊を越えていた。

　今回、本書の出版準備を進めていくなかで、シンポジウムを本にまとめあげていただいた西相模考古学研究会の伊丹さんと立花さんの情熱に感心しているうちに『叢書』を作りたいという以前からの思いが頭に浮かんできた。最前線で活動している研究者の情熱を伝えてこそ、生きた情報であり、今までそうした本を一生懸命売ってきたのだから、今度はそういう『叢書』を作ろうと思った。伊丹さんに相談したら、思いを理解していただき、『考古学リーダー』という命名までしていただいた。

　「世に良書を問う」というのは出版する者の責務であるが、独自な視点を堅持してゆきたいと思う。多くの方々の助言、苦言を受けながら頑張ってゆきたい。皆さんにおもしろい、元気のでる企画をお持ちいただけたら幸せである。

2002年11月

六一書房　八木　環一

考古学リーダー1
# 弥生時代のヒトの移動
## ～相模湾から考える～

### 西相模考古学研究会編

2002年12月25日発行／Ａ５判／209頁／本体2800円＋税

※シンポジウム『弥生後期のヒトの移動ー相模湾から広がる世界ー』開催記録
小田原市教育委員会・西相模考古学研究会共催　2001年11月17・18日

―― 目　次 ――

**シンポジウム当日編**
| | | |
|---|---|---|
| 地域の様相1 | 相模川東岸 | 池田　治 |
| 地域の様相2 | 相模川西岸 | 立花　実 |
| 用語説明 | | 大島　慎一 |
| 地域の様相1 | 相模湾沿岸3 | 河合　英夫 |
| 地域の様相1 | 東京湾北西岸 | 及川　良彦 |
| 地域の様相2 | 駿河 | 篠原　和大 |
| 地域の様相2 | 遠江 | 鈴木　敏則 |
| 地域の様相2 | 甲斐 | 中山　誠二 |
| 地域を越えた様相 | 関東 | 安藤　広道 |
| 地域を越えた様相 | 東日本 | 岡本　孝之 |
| 総合討議 | | 比田井克仁・西川修一・パネラー |

**シンポジウム後日編**
| | |
|---|---|
| ヒトの移動へ向う前に考えること | 加納　俊介 |
| 引き戻されて | 伊丹　徹 |
| シンポジウムの教訓 | 立花　実 |

=== 推薦します ===

　弥生時代後期の相模は激動の地である。人間集団の移動や移住、モノや情報の伝達はどうであったのか。またどう読み取るか。
　こうした問題について、考古誌『西相模考古』でおなじみの面々が存分に語り合うシンポジウムの記録である。この一冊で、当日の舌戦と愉快な空気をよく味わえた次第である。

明治大学教授　石川日出志

*Archaeological L & Reader Vol.1*

六一書房

考古学リーダー2
# 戦 国 の 終 焉
～よみがえる 天正の世の いくさびと～

**千田嘉博 監修**
**木舟城シンポジウム実行委員会 編**

2004年2月16日発行／A5判／197頁／本体2500円＋税

木舟城シンポジウム開催記録
木舟城シンポジウム実行委員会・福岡町教育委員会主催　2002年11月30日

―― 目　次 ――

**第Ⅰ部　概説**
　木舟城の時代　　　　　　　　　　　　　　　　　　　　栗山　雅夫
**第Ⅱ部　基調講演**
　戦国の城を読む　　　　　　　　　　　　　　　　　　　千田　嘉博
**第Ⅲ部　事例報告「その時、木舟城は…」**
　戦国の城と城下町の解明　　　　　　　　　　　　　　　高岡　徹
　木舟城のすがた　　　　　　　　　　　　　　　　　　　栗山　雅夫
　木舟城の城下町　　　　　　　　　　　　　　　　　　　酒井　重洋
　天正大地震と長浜城下町　　　　　　　　　　　　　　　西原　雄大
　木舟城の地震考古学　　　　　　　　　　　　　　　　　寒川　旭
　越前一乗谷　　　　　　　　　　　　　　　　　　　　　岩田　隆
**第Ⅳ部　結語「シンポジウムから見える木舟城」**
　戦国城下町研究の幕開け　　　　　　　　　　　　　　　高岡　徹
　地道な調査を重ね知名向上を願う　　　　　　　　　　　栗山　雅夫
　木舟を知って遺跡保護　　　　　　　　　　　　　　　　酒井　重洋
　協力して大きな成果をあげましょう　　　　　　　　　　西原　雄大
　地震研究のシンボル・木舟城　　　　　　　　　　　　　寒川　旭
　激動の13年　　　　　　　　　　　　　　　　　　　　　岩田　隆
　これからが楽しみな木舟城　　　　　　　　　　　　　　千田　嘉博
**第Ⅴ部　「木舟シンポの意義」**

――― 推薦します ―――

　本書は、北陸・富山県のある小さな町、福岡町から全国発信する大きな企画、木舟城シンポジウムを収録したものである。考古学・城郭史・地震研究の研究者が集まった学際的研究としてももちろん評価できるが、このシンポジウムの対象を、歴史に興味を持ちはじめた中高生などの初心者から研究者さらには上級者まで観客にしたいと欲張り、それを実現した点も高く評価できる。いかに多様な読者に高度な学術研究を理解させるかということに最大限の努力の跡が見える。「21世紀の城郭シンポジウムはこれだ！」といった第一印象である。

　　　　　　　　　　　　　　　　　　　　中央大学文学部教授　前川　要

*Archaeological L & Reader  Vol. 2*

六一書房